深圳地铁盾构隧道
技术研究与实践
ShenZhen DiTie DunGouSuiDao
JiShu YanJiu Yu ShiJian

主　编◎刘建国
副主编◎王建新　张恒
主　审◎陈寿根　郭海

人民交通出版社

内 容 提 要

在当前我国城市地铁大发展的形势下，本书以深圳地铁盾构隧道工程建设中的数据、经验和教训为依托，全面客观地对特殊地段盾构技术进行研究、总结和提升，并加以系统阐述，提出了诸多宝贵的理念、原则和经验，对我国规模庞大的地铁隧道及地下工程建设将有极大的指导意义。

全书共分五章，主要内容包括盾构技术概述、深圳地质特点和盾构机选型、深圳地铁盾构隧道技术研究、深圳地铁盾构隧道技术应用工程实例和经验总结。

本书可供我国从事隧道及地下工程修建的设计、施工、科研技术人员以及高等院校相关专业的广大师生参考、学习，亦可供国外同行参阅和交流。

图书在版编目(CIP)数据

深圳地铁盾构隧道技术研究与实践/刘建国主编.
--北京：人民交通出版社，2011.9
ISBN 978-7-114-09270-1

I.①深… II.①刘… III.①地下铁道—隧道施工—盾构法—深圳市 IV.①U231

中国版本图书馆 CIP 数据核字(2011)第 138839 号

书　　名：	深圳地铁盾构隧道技术研究与实践
著 作 者：	刘建国
责任编辑：	刘彩云
出版发行：	人民交通出版社
地　　址：	(100011)北京市朝阳区安定门外外馆斜街3号
网　　址：	http://www.ccpress.com.cn
销售电话：	(010) 59757969，59757973
总 经 销：	人民交通出版社发行部
经　　销：	各地新华书店
印　　刷：	北京市密东印刷有限公司
开　　本：	787×1092　1/16
印　　张：	14.5
字　　数：	331 千
版　　次：	2011年9月　第1版
印　　次：	2012年1月　第2次印刷
书　　号：	ISBN 978-7-114-09270-1
定　　价：	48.00 元

(有印刷、装订质量问题的图书由本社负责调换)

深圳地铁盾构隧道技术研究与实践

作者简介

刘建国 从事隧道及地下工程施工、设计和研究工作27年。曾担任中铁隧道集团三处总工程师,现任深圳市市政设计研究院副总工程师、中国矿业大学兼职教授等职。主持或参加了许多大型铁路、公路、市政地铁工程施工技术工作,主持深圳地铁5号线的设计、科研和管理工作。获国家科技进步二等奖1次,省、部级科技进步奖多次,国家专利3项等。在国家级杂志发表论文20余篇,主编并已出版著作1本。1999年和2000年,分别荣获中国中铁、铁道部"青年科技拔尖人才"称号,2009年获深圳市"高层次人才"称号,2010年获得深圳市政府特殊津贴。

深圳地铁盾构隧道技术研究与实践

序 一

当前我国的城市轨道交通建设方兴未艾，北京、上海、广州等城市已经开通运营的地铁线累计里程均在 200km 以上，目前全国已批准建设地铁的城市近 30 个，每年投入地铁建设的资金在数千亿元以上，地铁建设市场前景广阔。在建筑物密集的繁华市区和复杂地质地铁隧道的施工方法中，盾构法与浅埋暗挖法相比，更具有优势，盾构法的应用会越来越广泛。盾构法具有对周围环境影响小、自动化程度高、施工快速、质量好、安全环保等优点，但是盾构法施工也有其自身的短处，与常规设备不同，盾构机是根据具体施工对象定制的特种设备，盾构的设计和施工必须与工程地质紧密结合，与工程特点相匹配，才能充分发挥盾构的优势，保证盾构法施工的工程质量和安全。在盾构隧道施工实践中也会出现各式各样的问题，因此，盾构施工同样需要不断提高其施工技术，不断总结经验，这样才能充分发挥盾构法的优势，不断克服自身的缺点和不足。

深圳地铁的地质状况及周边环境特点突出，尤其其地层非均质差异性大、软硬不均的特点在其他城市地铁建设中是未曾遇到过的，该复合地层对于盾构施工来讲是极其困难的，而且没有太多类似工程经验，所带来的施工风险和施工难度是相当大的。在深圳地铁一、二期建设中，遇到了很多困难，取得了许多宝贵的成功经验和失败教训，值得认真研究总结。《深圳地铁盾构隧道技术研究与实践》一书，是一本专业性、技术性、实践性很强的专著，本书着重总结了十几年来深圳地铁盾构施工的实践经验，真实地介绍了不同地质和不同环境条件下盾构法施工技术的宝贵经验和教训，并通过理论研究分析，总结出了一系列技术理论，极大地丰富了我国特殊复杂地层盾构设计施工技术。

该书理论紧密联系实际，图文并茂，深入浅出，展现了盾构法施工的最新技术并突出工程应用，可参考性强，是盾构法施工技术领域的一部力作，对国内盾构法施工具有很好的指导、借鉴作用，可供从事盾构隧道设计、施工的同行们学习借鉴。

本书作者付出了智慧和汗水，认真钻研，和相关单位和人员紧密协作，攻克了盾构隧道设计、施工技术难题，安全、优质地建成了深圳地铁一、二期工程，取得了丰硕的技术成果。本书交付出版，为我国的地铁和隧道工程技术发展作出了贡献，应著作者之约作序以表祝贺之意。

中国工程院院士　王梦恕
2011 年 5 月

深圳地铁盾构隧道技术研究与实践

序 二

随着中国城市化的高速推进,开发城市地下交通是实施中国城市可持续发展的必然选择和重要途径。地下铁道因其运输能力大、速度快等特点,在人们的日常生活中发挥着越来越重要的作用,尤其在人口密集的大城市,其对于缓解地面交通压力,效果更是不可替代的。盾构施工法作为一种安全而又环保的施工方式得到了广泛的应用。目前,我国城市轨道交通正面临着史无前例的发展高潮,北京、上海、广州等城市在已经开通运营多条地铁线的基础上以每年 40~50km、近百亿元的投资速度推进,同时还有已经批准建设地铁的 25 个城市也在同时进行紧张的地铁建设,每年总投入达数千亿元以上。

盾构施工虽然具有很多优点,而且在一百多年的发展过程中盾构机性能不断改进,设计和施工技术理论不断完善,但是由于施工引起的地层移动会影响周围建筑、道路、管线等,这种危害和事故仍时有发生,同时隧道自身也因施工不当而容易产生不良后果。深圳地铁二期工程盾构法隧道施工长度可观,下穿工程多且复杂,包括穿越铁路、公路、各种管线、河流、建筑物等,还有穿越淤泥、黏土、砂卵石、孤石、硬岩和软硬不均等多种复杂地层;盾构法隧道工程所在的深圳地区雨量充沛,地下水丰富,地下水位高,施工难度极大,比其他城市施工风险更高。

《深圳地铁盾构隧道技术研究与实践》一书比较全面、透彻地阐述了盾构隧道的起源及发展历史、盾构施工原理、盾构选型、盾构施工技术,研究和总结了深圳地铁盾构穿越复杂地层和复杂建(构)筑物施工技术。该书理论紧密联系实际,图文并茂,深入浅出,突出工程实用性,可参考性强。本书的出版将极大地丰富和完善中国在各种复杂地层条件下的盾构施工技术,为我国今后在各种复杂地质条件下应用盾构法施工奠定了坚实的基础。

相信读者能从本书中得到借鉴和参考,本书的出版为提高和完善盾构法隧道施工技术作出了贡献!

西南交通大学教授　麦倜曾
2011 年 5 月

深圳地铁盾构隧道技术研究与实践

前 言

深圳地铁开始建设十多年来，一直在进行着盾构施工的实践，我们也一直在从事着深圳地铁的技术研究工作，希望能总结出具有深圳特色的盾构隧道施工技术和经验，出版一本著作。机会缘于深圳地铁5号线，该线路是我国一次性建成盾构法隧道最长的城市轨道交通项目，基于该线路盾构工程"施工距离长，地质条件复杂多变，线路周边建（构）筑物密集，地下水位高"等工程特点，开展深圳地铁穿越复杂地层和建（构）筑物以及盾构在特殊条件下的施工方法等关键技术研究。研究中采用技术调研、理论分析、计算机数值模拟、现场试验和归纳总结等手段，针对盾构穿越复杂地层和浅基建筑物施工关键技术作了深入细致的研究，攻克了"地层结构复杂、近接盾构隧道建（构）筑物多和空推施工距离长"等技术难题，取得了"穿越复杂地层盾构隧道施工控制技术"、"下穿复杂建（构）筑物盾构隧道施工控制技术"、"复杂地质条件下盾构机选型及刀具配置优化技术"、"管片结构力学特性及拼装质量控制技术"、"盾构始发和到达施工关键技术"、"矿山法施工段盾构空推技术研究"、"盾构隧道施工孤石综合处理技术"等一系列技术成果。这些技术成果的研究成功及在施工中的应用，为实现深圳地铁5号线盾构工程安全、快速、高效、优质地完成合同节点目标及确保施工工期发挥了非常重要的作用，保护了城市环境，确保了人民生命和财产的安全，显著增加了土压平衡盾构法隧道施工对复杂地质条件的适应性，提高了盾构机在城市建（构）筑物密集地区施工的安全性；同时，为国内外类似盾构隧道工程的设计与施工提供了非常有价值的参考和借鉴。

本书以介绍深圳地铁二期工程5号线盾构隧道设计、施工技术为主线，结合工程科研和工程实践，作一全面和系统的论述，力求做到理论和实践的统一。全书分五章，由刘建国教授级高工主编并统稿，王建新、张恒副主编，陈寿根、郭海主审。中国中铁5号线参建单位技术人员、深圳市地铁公司、中铁西南科学技术研究院、西南交通大学等单位提供了部分基础资料。在编著本书的过程中，参考了有关单位和学者的技术资料，并引用了其中部分内容及试验数据，在此一并表示感谢！

我们在研究过程中，得到了王梦恕院士、麦倜曾教授等专家学者的具体指导和帮助；在现场调研、理论分析、试验和技术总结过程中，得到了中铁南方投资有限公司等单位和同仁的大力支持和帮助，在此对他们表示衷心的感谢！

尽管付出大量心血，但书中不妥之处在所难免，恳请专家及同行批评指正。

作 者
2011年5月于深圳

深圳地铁盾构隧道技术研究与实践

目　录

第1章　盾构技术概述	1
1.1　盾构技术发展历程	1
1.2　盾构隧道施工原理	4
1.3　盾构隧道施工主要技术环节	4
1.4　盾构分类	6
1.5　盾构隧道建设风险管理	7
1.5.1　风险管理的概念	9
1.5.2　地铁盾构隧道工程风险识别	9
1.5.3　地铁盾构隧道工程风险分析及防治	9
第2章　深圳地质特点及盾构机选型	12
2.1　深圳复杂的地层特点	12
2.2　深圳地铁盾构机选型及适应性	14
2.2.1　盾构机选型原则	14
2.2.2　盾构机选型依据	15
2.2.3　复合式土压平衡盾构机的针对性功能	18
2.3　刀盘刀具磨损规律研究	18
2.3.1　刀盘磨损规律及控制对策	18
2.3.2　刀具的种类与破岩机理	20
2.3.3　刀具磨损规律及控制对策	23
2.4　特定地层条件下盾构掘进合理刀具配置技术	30
2.4.1　淤泥地层条件下盾构掘进合理刀具配置技术	30
2.4.2　黏土地层条件下盾构掘进合理刀具配置技术	30

  2.4.3 砂卵石地层条件下盾构掘进合理刀具配置技术 ·············· 30
  2.4.4 硬岩地层条件下盾构掘进合理刀具配置技术 ················ 31
  2.4.5 软硬不均地层条件下盾构掘进合理刀具配置技术 ············ 31

第3章 深圳地铁盾构隧道技术研究 ···································· 32
 3.1 深圳地铁盾构隧道施工工法研究 ···································· 32
  3.1.1 盾构始发施工技术 ·· 32
  3.1.2 管片拼装质量控制技术 ·· 44
  3.1.3 盾构到达施工技术 ·· 66
  3.1.4 盾构平移施工技术 ·· 72
 3.2 盾构机掘进参数选择研究 ·· 75
  3.2.1 不同地层盾构土压力和推力分析研究 ·························· 75
  3.2.2 特定地层土压力计算方法适应性分析 ·························· 81
  3.2.3 盾构推力的计算及影响因素 ···································· 91
  3.2.4 盾构掘进参数对地表沉降的影响分析 ·························· 97
 3.3 矿山段盾构空推施工技术 ··· 101
  3.3.1 盾构过矿山段施工流程 ······································· 101
  3.3.2 施工重难点 ·· 101
  3.3.3 过矿山段盾构设计技术 ······································· 102
  3.3.4 过矿山段盾构施工技术 ······································· 103
  3.3.5 盾构空推时的注意事项 ······································· 107
 3.4 盾构施工辅助工法研究 ··· 108
  3.4.1 盾构出洞竖直冻结加固技术 ··································· 108
  3.4.2 端头墙玻璃纤维筋格栅加固技术 ······························· 120
 3.5 盾构管片结构力学特性 ··· 125
  3.5.1 测试准备、元件安装和数据采集 ······························· 125
  3.5.2 软硬不均地层试验成果及分析 ································· 130
  3.5.3 黏土地层试验成果及分析 ····································· 135
  3.5.4 近接桩基管片力学特性试验成果及分析 ······················· 138

第4章 深圳地铁盾构隧道技术应用工程实例 ························· 142
 4.1 黏土地层应用工程实例 ··· 142
  4.1.1 工程概况 ·· 142
  4.1.2 盾构掘进技术措施 ··· 142
  4.1.3 形成泥饼的原因及防止对策 ··································· 143

4.2 上软下硬地层应用工程实例 …… 144
4.2.1 工程概况 …… 145
4.2.2 盾构施工主要难点及原因分析 …… 145
4.2.3 穿越软硬不均地层盾构施工技术措施 …… 146

4.3 花岗岩球状风化体地层应用工程实例 …… 147
4.3.1 工程概况 …… 147
4.3.2 孤石的物理性质及主要特征 …… 147
4.3.3 孤石形成的原因及其探测 …… 148
4.3.4 孤石对盾构施工的影响 …… 151
4.3.5 孤石处理方法 …… 151
4.3.6 孤石处理方法的比较 …… 161

4.4 全断面硬岩地层应用工程实例 …… 163
4.4.1 工程概况 …… 163
4.4.2 盾构掘进主要困难及原因分析 …… 163
4.4.3 硬岩地段盾构掘进施工对策 …… 165

4.5 长距离基岩隆起地段应用工程实例 …… 168
4.5.1 工程概况 …… 168
4.5.2 基岩处理措施 …… 168

4.6 穿越建(构)筑物盾构施工工程实例 …… 169
4.6.1 盾构下穿管线施工关键技术 …… 170
4.6.2 盾构下穿广深准高速铁路施工关键技术 …… 173
4.6.3 盾构下穿公路施工关键技术 …… 179
4.6.4 盾构下穿立交桥施工关键技术 …… 182
4.6.5 盾构下穿河流施工关键技术 …… 196
4.6.6 盾构下穿浅基建筑物施工关键技术 …… 203
4.6.7 盾构下穿构造物保护技术研究 …… 209

第5章 经验总结 …… 213

参考文献 …… 216

后记 …… 218

第1章 盾构技术概述

1.1 盾构技术发展历程

　　盾构是一种钢制的活动防护装置或活动支撑。在它的掩护下,头部可以安全地开挖地层,尾部可以装配预制管片、砌块或现浇钢筋混凝土,迅速、安全地形成隧道的永久衬砌。它借助于支撑在已拼装衬砌上的千斤顶不断前进。如果采用装配式衬砌,当盾构推进时,要及时将衬砌与土层之间的空隙用浆液填实,防止周围地层的继续变形和围岩压力增长[1-3]。

　　1818年,法国工程师布鲁诺尔(Mare Isambard Brunel)在伦敦从船蛀在船板上蛀孔,再用分泌物涂在孔的四周中得到启示,发现了盾构法掘进隧道的原理并注册了专利,所谓的敞口式手掘盾构的原型问世(图1-1)。布鲁诺尔专利盾构由不同的单元格组成,每个单元格可容纳一个工人独立工作并对工人起到保护作用(图1-2)。布鲁诺尔于1823年拟定了横贯伦敦泰晤士河的一条道路隧道的计划。1825年英国国会通过该计划后工程动工,中途因地层下降致使工程终止。布鲁诺尔总结了失败的教训,制作了一个改进型的方形铸铁框盾构,于1834年再次动工,经过7年的精心施工,在1841年终于贯通了横贯泰晤士河的隧道[4-6]。

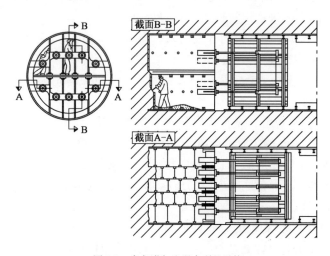

图1-1　布鲁诺尔注册专利的盾构

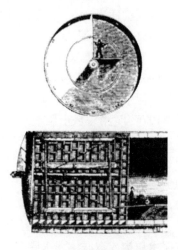

图1-2　布鲁诺尔螺旋盾构

1869年,工程师詹尼斯·亨利·格瑞海德(Janes Heary Greathead)负责建造横贯泰晤士河的第二条隧道。格瑞海德采用新开发的圆形盾构,扇形铸铁管片,工程进展顺利,如图1-3所示。1874年,格瑞海德发现在强渗水性的地层中很难用压缩空气支撑隧道工作面,因此,开发了用液体支撑隧道工作面的盾构,通过液体流,土料以泥浆的形式排出,如图1-4所示。

图1-3 格瑞海德圆形盾构

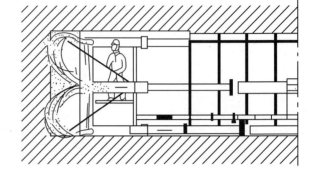
图1-4 格瑞海德泥浆盾构

随后格瑞海德在1887年南伦敦铁道隧道施工中采用了盾构和压气组合工法获得成功,为现在的盾构工法奠定了基础。

布鲁诺尔发明盾构法之后的另一个技术进步是用机械开挖代替人工开挖。第一个机械化盾构专利可追溯到1876年,英国人John Dickinson Brunton和George Brunton申请了该项专利。这台盾构有一个由几块板构成的半球形的旋转刀盘,开挖的土料落入径向装在刀盘上的料斗中,料斗将渣料转运至皮带输送机上,再将它转到后面从盾构中运出。这一构想后来被用于修建地铁隧道工程。

1959年,用液体泥水支撑隧道工作面的想法由Elmer C. Gardner成功地试用于一条直径为3.35m的排污隧道。

1960年,斯内德瑞特(Schneidereit)提出了用膨润土悬浮液的活动工作面支撑。在这之后,罗瑞兹(H. Lorenz)申请了用加压膨润土浆来稳定隧道工作面的专利。

1963年,土压平衡盾构,首先由日本Sato Kogyo公司开发出来。当时Sato Kogyo公司正寻求在地下水位以下松软且流动的地层中掘进隧道的方法。

1964年,英国人摩特·亥(Mott. Hay)、安德森(Anderson)及约翰·巴勒特(John Bartlett)申请了泥水加压平衡盾构掘进机原理专利。

1974年,第一台土压平衡盾构在东京被采用。该盾构由日本制造商IHI(石川岛播磨重工)设计,其外径为3.72m,用它掘进了1900m的主管线。在以后的年代里,很多制造厂商生产了土压盾构、压力保持盾构、软泥盾构、土壤压力盾构、受压的土壤盾构、泥压盾构,或泥浆状的土壤盾构等名称各异的"土压平衡盾构"。所有这些名称的盾构基本上都应用了同一种工法,国际上称之为"土压平衡系统"(EPBS)。

1986年,日本研制了世界上第一台双圆泥水加压式盾构,如图1-5所示。该盾构又称双头型泥水盾构或双联体泥水盾构,由日本日立造船株式会社为日本熊谷组承包商制造。这台双圆泥水加压式盾构由两个直径为7.42m的盾构组合而成,盾构横向总宽度为12.19m,刀盘呈半重叠状。1988 年,该盾构用于日本新建京叶线的京桥双线隧道施工,长度约 620m。

1992 年,日本研制成世界上第一台三圆泥水加压式盾构(图 1-6),并成功用于大阪市地铁 7 号线商务公园车站工程施工。

 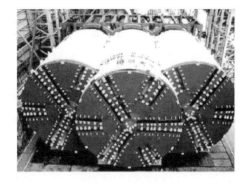

图 1-5　双圆盾构　　　　　　　　　　　图 1-6　三圆盾构

20 世纪 60 年代以来,盾构工法得到了很大发展,其特点是完善了圆形断面的各种平衡方式的盾构工法——压气盾构、挤压盾构(网格盾构)、土压盾构、泥土加压盾构、泥水盾构等,但以泥水盾构和土压盾构工法为主。

盾构法在我国起步较晚,但近年来取得了迅猛发展。在我国的第一个五年计划期间,阜新煤矿的疏水道工程及 1957 年的北京市下水道工程中进行过小口径盾构技术的尝试,但系统全面的盾构试验是 1963 年于上海塘桥正式起步的。上海 1966 年开始的 $\phi 10.22 \text{m}$ 的打浦路过江隧道工程、1988 年建成的 $\phi 11.3 \text{m}$ 的延安东路过江隧道工程等都是应用盾构技术在软土地层施工的成功例子。20 世纪 90 年代以来,仅上海用盾构技术建造的各类隧道总长度已超过 100km。此外,近年上海还开发了矩形盾构、双圆搭接土压盾构;广州地铁公司建造了广州地铁 1 号、2 号线(复合盾构);深圳地铁公司建造了深圳地铁 1 号线(复合盾构);南水北调工程中线建造了穿越黄河河底的引水隧道($\phi 8.8 \text{m}$);南京地铁公司建造了南京地铁 1 号线($\phi 6.34 \text{m}$);天津地铁公司建造了天津地铁 1 号线($\phi 6.34 \text{m}$);北京地铁公司建造了北京地铁 5 号线($\phi 6.2 \text{m}$);2003 年 6 月,上海翔殷路隧道开工,采用 $\phi 11.58 \text{m}$ 的超大型泥水平衡盾构掘进;近年来建成的上海上中路隧道工程盾构直径达 14.87m,如图 1-7 所示;上海长江隧道盾构机直径 15.43m,是目前世界上最大的盾构隧道,如图 1-8 所示。由于我国南水北调隧道、武汉越江隧道,尤其是地铁隧道的建设,盾构技术在全国范围内得到飞快的发展,这充分说明我国

图 1-7　上海上中路盾构隧道　　　　　　图 1-8　上海长江隧道盾构

已跻身世界盾构技术的先进行列。但是我国盾构技术的发展还存在着许多不足,如盾构工法种类不多,各种特种异圆形断面及特种功能盾构工法应用少;地中盾构对接技术、竖井隧道的一体化施工技术、盾构直接切削竖井井壁的进出洞技术等,目前仍属空白。

1.2　盾构隧道施工原理

盾构隧道施工原理就是利用盾构的盾壳在开挖隧道时充作临时支护,然后在盾壳的保护下拼装管片,形成永久衬砌。盾构法的主要施工工序是:开挖、支护、注浆。图1-9为盾构施工示意图。

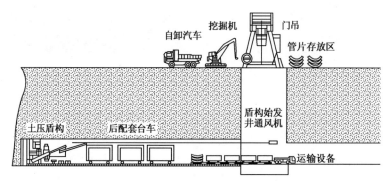

图1-9　盾构施工示意图

施工过程大致是先在隧道某段的一端建造竖井(盾构始发竖井和接收竖井)或基坑(始发基坑和接收基坑);把盾构主机和配件分批调入始发竖井中,在预定始发位置上组装成整机,并调试设备;从竖井或基坑的墙壁开孔处始发,在地层中沿着设计轴线,向另一竖井或基坑的设计孔洞推进;盾构推进中所受到的地层阻力,通过盾构千斤顶传至盾构尾部已拼装的预制隧道衬砌结构,再传到竖井或基坑的后侧壁上;盾构机掘进到预定接收竖井或基坑时,掘进结束。在盾构钢筒中段周圈内面安装顶进所需的千斤顶,钢筒的尾部是具有一定空间的壳体,在盾尾内可以拼装一两环预制的隧道衬砌环。盾构每推进一环距离,就在盾尾支护下拼装一环衬砌,并及时向紧靠盾尾后面的开挖坑道周边与衬砌环外周之间的空隙中压注足够的浆体,以防止隧道及地面下沉。盾构在推进过程中不断从开挖面排出适量的土方。

1.3　盾构隧道施工主要技术环节

盾构法施工是一个非常复杂的工程过程,它对周围环境的影响与施工的主要技术环节密切相关。早在1969年Peck就指出盾构法施工引起的地层损失以及对相邻结构的影响与施工的具体细节是分不开的。因此,理论分析时只有准确把握盾构施工的主要因素才能得出符合实际情况的结果。盾构施工包括以下几个主要技术环节。

(1)盾构机的安装

这是盾构施工的重要环节之一,其主要任务是完成盾构机的拼装、调试和初始推进,为进入正常施工循环做准备。拼装作业在专门的工作井中进行,其中主要设施包括:能使盾构准确就位的拼装台、为盾构起始推进提供支撑的后背和临时装置、能使盾构准确开始掘进的进洞口、井内垂直运输系统等。

(2)盾构机的推进

盾构机推进主要依靠千斤顶推力的作用。首先要解决的问题是根据地质条件采用适当的开挖面保护措施,控制施工速度,保证施工安全并将对地面设施的影响控制在预定范围。盾构在前进过程中要克服正面土体的阻力和盾壳与土体之间的摩擦力,总推力要大于正面推力和四周摩擦力之和。推力过大会使正面土体因挤压而前移和隆起,过小会影响盾构的推进速度。

盾构的推进速度由千斤顶的推力和进出土量决定,速度过快会使盾构上抛,过慢会使盾构下沉,不利于盾构姿态的(包括推进坡度、平面方向和自身转角)控制。盾构后退易引起土体损失,从而造成切口上方的土体沉降。在土压平衡盾构施工中,密封舱内的土体压力要求与开挖面的土压力大致平衡。盾构推进的轨迹一般为蛇形,在推进中要随时测量和控制好盾构前进的方向,及时发现和纠正偏差。纠正偏差的基本方法是调整千斤顶推进的顶力分布。此外,配合调整盾构后部的注浆压力和注浆部位也有助于纠偏。

(3)衬砌的拼装

衬砌拼装由盾构机内专门的起重和移动机构来完成,盾构每推进一环衬砌宽度,即进行一环管片拼装。管片拼装过程中要减小盾构的后退量,关键是保证环面的平整度以及管片与管片之间、管片与盾尾之间的密封性。施工中应随时修正拼装误差,防止误差过度积累;在隧道转弯段,调整衬砌环的厚度也是保证设计轴线的措施之一。

盾构隧道衬砌是在盾构机盾尾拼装而成的,是盾构隧道主要的受力结构,当省略二次衬砌时,为隧道唯一的支撑结构。盾构法隧道管片式衬砌结构是由若干弧形的管片拼装成环,然后每环之间逐一连接而成的,管片与管片、环与环之间通过螺栓或其他方式连接。

管片的拼装方式有通缝和错缝两种。所有衬砌环的纵缝呈一直线的情况称为通缝拼装,如图1-10所示。环间纵缝相互错开的情况称为错缝拼装,如图1-11所示。

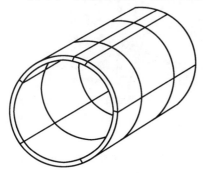   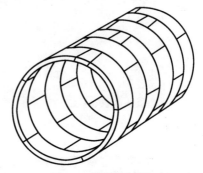

图1-10 通缝拼装管片   图1-11 错缝拼装管片

(4)壁后注浆

盾构外径与衬砌外径大小不等,衬砌管片脱离盾尾后在衬砌外形成间隙。注浆对控制地面沉降、改善衬砌结构的受力、提高衬砌的防水性能均有重要作用。合适的浆体材料、注浆时机、注浆设备对保证工程耐久性、方便施工均有重要意义。注浆压力一般取1.1~1.2倍的静止土压力,通常采用0.3~0.4MPa,为拱顶土压力的2倍以上。一般压浆量为理论压浆量(等于施工间隙)的140%~180%。

1.4 盾构分类

实际上,盾构机的类型很多,按开挖方式不同可将盾构机分为:手掘式盾构机——开挖和出土工作由人工完成,如图 1-12 所示;半机械式盾构机——大部分的开挖和出土工作由机械进行,如图 1-13 所示;机械式盾构机——开挖和出土工作均采用机械方式完成,如图 1-14 所示。从盾构技术的发展进程看,手工挖掘式、半机械挖掘式趋于淘汰,取而代之的是自动化程度非常高的全机械式。按照对开挖面土体支撑稳定方法的不同可将盾构机分为:敞胸式盾构机和闭胸式盾构机,敞胸式盾构机适用于自稳性比较好的土层,闭胸式盾构机依靠气压、液压或土压进行开挖面的压力平衡。按照盾构断面形式的不同可将盾构机分为:矩形、马蹄形、椭圆形、圆形、双圆形、三圆形等多种形式,从而满足了隧道功能对隧道截面的要求,做到经济实用、不浪费空间。

 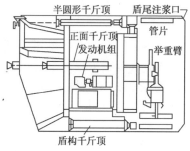

图 1-12　手掘式盾构机及其原理

 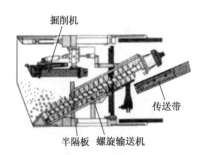

图 1-13　半机械式盾构机及其原理

 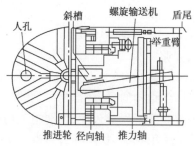

图 1-14　机械式盾构机及其原理

土压平衡式盾构与泥水平衡式盾构是目前最为常用的能够转动掘削的两种盾构类型,并且各自又衍生出许多新的种类来。这两种盾构的区别在于弃土的排出方式不同,土压平衡式盾构与泥水平衡式盾构的工作原理分别如图 1-15、图 1-16 所示。土压平衡式盾构通过向掘削下来的弃土中加入泥浆或气泡等材料,使其具有流塑性从而能被螺旋机排出;而泥水平衡式盾构则是采用水力泥浆排除方式,具有压力的膨润土泥浆从地表泥浆站通过管道向下输送到隧道内盾构机的压力舱室。

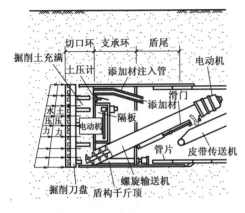

图 1-15　土压平衡式盾构工作原理

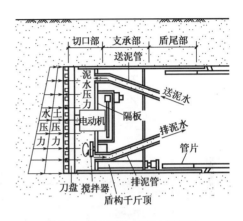

图 1-16　泥水平衡式盾构工作原理

不同类型的盾构机对土体介质的适应情况不同,正确选择盾构机是隧道施工成功的关键。

1.5　盾构隧道建设风险管理

随着我国扩大内需政策力度的进一步加大,地铁建设已成为拉动内需的一股重要力量。预计在 2015 年之前,全国将建成 1700km 的城市轨道交通,总投资将超过 6000 亿元。大规模、高速度的开发建设,必然存在高风险。特别是,地铁施工不仅具有地下工程本身的不确定性,而且沿线建(构)筑物密布、地下管线设施极其复杂,工程地质与水文地质的不确定性和复杂多变,对车站、区间工程实施的安全影响非常大,工程设计与施工技术水平也是影响安全的重要因素。近十年来,地铁施工中出现的安全事故不胜枚举,见表 1-1。比较典型的事故有图 1-17 所示的上海轨道交通 4 号线涌水事故和图 1-18 所示的杭州地铁坍塌事故。

图 1-17　上海轨道交通 4 号线涌水事故

图 1-18　杭州地铁坍塌事故

近年来地铁施工中的安全事故　　　　　　表 1-1

事故时间	事故地点	事故描述	事故后果
2001-05-25	深圳地铁	竹子林车辆段土石方工地塌方	造成1死1伤
2001-08-20	上海地铁4号线	鲁班路施工突发滑坡	4人被埋而死亡
2002-04-19	深圳地铁	施工现场吊车车臂滑落	造成2死4伤
2003-07-01	上海地铁4号线	旁通道工程涌水、涌沙	3栋建筑物严重倾斜,经济损失约1.5亿元
2003-10-07	北京地铁5号线	崇文门站工地临时钢管架体倒塌	造成3死1伤,直接经济损失达29.7万元
2004-03-17	广州地铁3号线	番禺大石站发生滑坡	1名工人死亡,停工5d
2004-04-01	广州地铁3号线	地下连续墙结构塌方	车站附近民房受到一定影响
2005-05-14	北京地铁5号线	东单工地洞内支架坍塌	造成1死1伤
2005-07-21	广州地铁	海珠广场工地基坑挡土墙突然发生坍塌	部分墙体开裂,5人被困
2005-08-01	北京地铁5号线	和平西桥工地吊车坍塌	1名路人死亡
2005-11-03	广州地铁4号线	新造站右线隧道内一侧壁上的电缆组坠落	2死1重伤
2006-02-27	北京地铁10号线	起重器吊斗坠落	3名工人死亡
2006-06-27	北京地铁10号线	三标段发生坍塌	2名工人死亡
2007-02-05	南京地铁2号线	发生坍塌,自来水管爆裂,燃气管道着火	导致5000多户居民停水、停电、停气
2007-03-28	北京地铁10号线	苏州街车站入口塌方	6名工人死亡
2007-05-28	南京地铁2号线	茶亭站基坑滑坡	2名工人死亡
2008-04-02	深圳地铁3号线	荷坳段工地发生坍塌	3人死亡2人受伤
2008-11-08	南京地铁1号线	高架箱梁浇筑前进行试压的支架坍塌	7名工人被埋
2008-11-15	杭州地铁1号线	大面积塌方事故	21人死亡10人受伤

　　2003年7月1日,上海轨道交通4号线旁通道工程施工作业面内,因大量水及流沙涌入,引起隧道部分结构损坏及周边地区地面沉降,造成3栋建筑物严重倾斜,防汛墙局部塌陷,直接经济损失约1.5亿元。

　　2008年11月15日,杭州地铁萧山湘湖站施工现场突然发生路面大面积塌陷事故,导致风情大道75m路面坍塌,并下陷15m,21个鲜活的生命陨落,震惊国内外[7]。

　　因此,在地铁建设飞速发展的同时,如何减少地铁施工过程中的事故成为迫切需要解决的问题。

　　近年来,风险管理的思想逐渐进入研究者视线,根据风险评估发现地铁施工中的复杂问题,并利用风险管理与控制的措施来处理这些问题。在构建科学、合理的安全风险体系的基础上,开展安全风险管理工作,成为解决地铁施工事故频发问题的新思路。

1.5.1 风险管理的概念

所谓风险管理是指对可能遇到的风险进行预测、识别、分析,并在此基础上有效地应对风险,以最低成本实现项目总目标的科学管理方法。风险管理在掌握有关资料、数据的基础上,对风险进行分析,运用各种管理方法和技术手段对项目活动的风险进行有效控制;主观上尽可能有备无患,在无法避免时能寻求切实可行的补救措施,从而减少意外损失。

对于项目风险管理的过程,至今还没有形成一个公认的、标准的意见。美国项目管理协会 PMI 在 2000 年版的 PMBOK 中将其分为 6 个阶段:风险管理计划(risk management planning)、风险识别(risk identification)、风险估计(risk assessment)、风险量化(risk quantification)、风险处理(risk response planning)、风险监控(risk monitoring and control)[9-10]。

风险管理的主要工作,通常包括四个程序:

(1)风险识别,即确定项目风险的种类,可能有哪些风险发生。

(2)风险分析与评价,评估风险发生的概率及风险事件对项目的影响。

(3)风险对策决策,制订风险应对措施。

(4)风险控制,在项目实施中对风险进行监测控制。

1.5.2 地铁盾构隧道工程风险识别

地铁盾构隧道工程中的风险存在于不同阶段,并且对业主、承包商、设计方、咨询管理方具有不同的意义。本书谈到的风险主要是存在于盾构隧道工程的建设实施阶段,风险的类型主要为施工过程中可能对安全、质量以及第三方财产造成危害的施工风险,不涉及自然风险、设计风险、财务风险、市场风险、合同风险等。

地铁盾构隧道工程施工风险分析的主线是建造竖井、盾构拼装、盾构出洞、盾构推进、管片拼装、同步注浆及二次注浆、盾构继续推进、盾构进洞、嵌缝、封手孔、防水堵漏、质量检查与评定、钢模与管片制作,还有施工监测、地基加固、盾构机检测与维护等环节。结合隧道工程建设的盾构选型、地质条件、水文条件、周围建筑和构造物、地下管线等可以进行详细的风险识别。

1.5.3 地铁盾构隧道工程风险分析及防治

(1)盾构机适应性和可靠性(盾构选型)风险

在盾构隧道施工过程中,由于盾构机械选择不当及机械性能问题所造成的风险事故有以下几种可能:大刀盘、刀头磨损;泥浆泵及管路磨损、堵塞;主轴承磨损、密封件防水失效;盾尾密封系统不可靠或长时间磨损,导致周边水土流失,盾构机内涌水或沉陷;数据采集系统、传感器失灵;液压推进系统漏油;注浆管路堵塞;磨损或受到较大的偏心力矩致使主轴承断裂,盾构机无法工作。

广州地铁施工中,日本产的二手盾构机在地铁区间隧道中推进时曾发生主轴承断裂。这种事故如果发生在武汉长江底隧道中,则将造成巨大的损失。

盾构机选用正确与否是工程成败的重要因素。因此,开挖机械的选择及其施工的可靠性,包括保持开挖面的稳定、切削刀盘的种类、出土方式、主轴的扭矩、推进能力以及最为关键的盾构机械的密封性能等方面,均应认真对待。为保证盾构机推进不出现无法现场维修更换的机械故障,要求盾构机主要部件原材料性能优良,无损伤;主轴承在长时间挤压力和扭转力矩负荷的作用下,基本不变形,无磨损;液压推进系统品质优良;配置钨合金的盘刀和滚刀,防止砂砾复杂地质条件下刀具快速磨损,刀头在刀盘上应采用螺栓固定型,以便于在常压或局部气压下更换磨损刀头。

根据德国易北河隧道施工经验,要求在常压下进入刀盘轮辐更换切土圆盘和刮土器,但任何对切削刀盘钢构件或次要轮辐上刮土刀具的维修,必须在压缩空气条件下进行;泥浆泵应当有足够的扬程,泥水输送的管路应采用耐高压、耐磨损的管材。

(2)盾构进出洞施工风险

国内外盾构施工经验表明,盾构进出洞的安全是盾构隧道施工一个非常重要的环节。目前,国内盾构隧道多起事故均发生在盾构进出洞阶段,主要表现在盾构进出洞端头地层的加固、盾构进出洞盾构姿态的控制、泥水平衡的建立、洞口密封等方面。

因此,选择合理可靠的地层加固方案对洞口附近的土体进行加固、良好可靠的密封止水装置、加强施工质量监测,对盾构安全进出洞至关重要。

(3)地表沉降过大风险

引起该风险的原因:盾构选型不当,土体自立性差,地下水位勘察失误,土层变化较大,土层受扰动较大,平衡压力设定偏低,推进速度慢,出土量过大,施工监测不及时准确,管片拼装时盾构后退,注浆量不够,补压浆不及时,注浆压力不适当,注浆材料不合格,注浆浆液配合比不当,注浆部位不合理。

防治此项风险的措施:合理选择盾构类型;采用辅助工法保证开挖面的稳定;地质水文变化较大地段加密勘察;精心施工,减小对土层的扰动;加强开挖面土压力的监测,保持开挖面土压力的平衡;加强推进速度控制,尽量不使或少使前方土体受挤压;严格控制出土量,保证盾构切口上方土体能微量隆起;加强对监测点的监控;加强盾构千斤顶的维修保养工作,管片拼装时保证安全溢流阀的压力达到规定值;盾尾脱出后及时压浆;压浆量充足;严格控制压浆压力;采用两次以上的压浆;浆液的选择、采购、储运、配比和拌制必须合理;合理选择注浆部位,保证注浆均匀。

(4)检查更换刀具风险

由于受地层条件及刀具耐磨性能的影响,盾构机在隧道掘进施工达到一定工程量后,刀具将会磨损,如果不及时进行换刀处理而继续掘进,轻则无法保证正常的掘进速度,重则会使盾构机无法掘进施工,甚至影响盾构机的寿命。因此,盾构机在施工过程进行开舱换刀是必要的工作。按目前盾构机的工作环境、施工工艺及技术,开舱换刀过程会受到周围地质环境的影响。在不带压的情况下进行开舱换刀,只有在地层比较稳定、无大量地下水涌出、无有毒气体存在的情况下才能进行,否则容易造成安全事故,因此对盾构机开舱换刀的地层条件的选择和判断是十分重要的。

防治此项风险的措施有:合理、慎重选择换刀地点,尽量避开建筑物及地下管线;加强渣土改良、掘进姿态控制等措施,减少对刀具的磨损;优化刀具布局,选择合适的刀具形式、合理的刀具组合,设置刀具间合适高差,提高盾构对地层的适应性能;通过降水增加掌子面的稳定性,防止坍塌;改进盾构设备,增加刀盘开口挡板,防止塌落土方对作业人员造成的伤害;必要时,可通过地面注浆加固土体,以保证土体稳定。

(5) 盾构穿越建(构)筑物的风险

地铁修建时经常穿越城市闹市区和居民住宅区,此时保证各类建(构)筑物的安全,是工程施工的重中之重,应通过采用主动与被动措施来积极可靠地保证盾构施工的安全。盾构穿越建筑物时,可以对建筑物桩基进行注浆加固以提高地基的刚度,减小盾构施工引起的变形沉降;当盾构机下穿河流时,可首先对河床底部进行注浆加固,同时在加固层上部铺设一层混凝土板,从而避免盾构机通过时对河床扰动过度而产生切口冒顶的现象;盾构施工对地层中燃气、供水和电缆等管道产生较大影响时,要采取悬吊、注浆加固和隔离等方法对管线进行保护;当盾构机通过区域内有建筑物或立交桥等构筑物桩基侵入隧道断面时,需要采用桩基托换的形式将原来承重的桩基所受荷载引到不侵入隧道断面的两侧新的桩基上,从而保证建筑物和构筑物的安全。

(6) 管片拼装的风险

管片拼装是盾构法施工的重要环节,其安装质量的好坏不仅直接关系到成洞的质量,而且对盾构机能否继续顺利推进有着直接的影响。

①管片在安装前,要再次确认管片种类正确、完好无缺和密封垫黏结无脱落,逆止阀、封堵盖完好无损,以及管片接头使用的螺栓、螺母、垫圈等附件准备齐全,然后才允许安装。

②管片拼装时采用错缝拼装方式,拼装时先拼装底部标准块,然后按左右对称顺序逐块拼装两侧的标准块和邻接块,最后拼装封顶块。封顶块拼装时先搭接4/5环宽,径向推上,再纵向插入。每环管片安装结束后要及时拧紧各个方向的螺栓,且在该环脱出盾尾后复紧。

③管片拼装后,环面不平整度应小于10mm,相邻环高差控制在10mm以内。按照正确的拼装方式拼装管片,可以有效防止管片错台、破损、上浮和渗漏水等现象的产生,保证盾构隧道的施工质量,确保今后地铁运营的安全。

第2章 深圳地质特点及盾构机选型

2.1 深圳复杂的地层特点

深圳地铁 5 号线是深圳市"南北贯通、西联东拓"、扩大内陆腹地对外交通的骨干线,西起前海湾,经宝安中心、新安旧城区、西丽、大学城、龙华拓展区、坂田、布吉,至黄贝岭,如图 2-1 所示。线路全长 40.001km,其中高架线路 3.424km,地下线路 35.801km,过渡段 0.776km。5 号线与既有、在建及规划的轨道交通 1 号线、2 号线、3 号线、4 号线、6 号线、7 号线、10 号线、15 号线、16 号线及穗莞深城际线、广深港城际线、东部城际线等轨道交通线路和国家铁路实现换乘。作为唯一一条对内连接东、中、西发展轴,对外连接广深、莞深、惠深城际线和厦深、广深港客运专线的城市轨道干线,地铁 5 号线对构筑近中期线网骨架、发挥轨道网络效益具有突出地位和不可替代的关键作用,是深圳市轨道交通网络中一条重要而特殊的骨干线。5 号线共设车站 27 座,其中高架站 2 座,地下站 25 座,平均站间距约 1.454km。

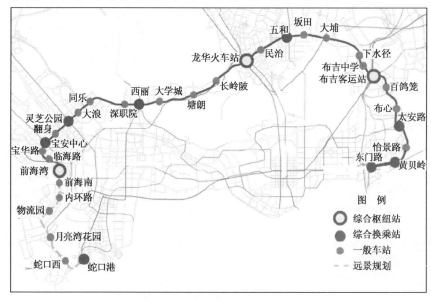

图 2-1 深圳地铁 5 号线线路图

全线七个标段中有六个标段存在需采用盾构法施工的区间隧道,盾构隧道穿越淤泥、黏土、砂卵石、孤石、硬岩和软硬不均等多种复杂地层,所穿越的区域雨量充沛、地下水丰富,施工难度极大。

(1)地形地貌

深圳市全境地势东南高、西北低,地形略有起伏,大部分为低山丘陵区,间以平缓的台地;西部为滨海平原。深圳市轨道交通 5 号线工程沿线通过地貌为平原、台地和丘陵。平原可分为海积平原和冲积平原,地形平坦,高程 0～20m;台地,地形平缓,略有起伏,高程 18～98m;丘陵,地形起伏,高程 50～175m。地质构造主要表现为加里东期的区域动热变质作用、震旦系区域变质作用和燕山期花岗岩岩浆侵入作用,混合花岗岩、花岗片麻岩在风化作用下形成残积层,上部主要为冲洪积的黏土层、砂层和圆砾层,地表为人工填土层,道路表层有混凝土路面、沥青路面。

(2)地层岩性

经过地质详细勘察和补充勘察揭露,本线路各区间范围内上覆第四系全新统人工堆积层(Q_4^{ml})、海积层(Q_4^m)、海冲积层(Q_4^{m+al})、花岗岩残积层(Q^{el}),下伏燕山期花岗岩(γ_5^3)、加里东期混合花岗岩($M\gamma^3$)、侏罗系中统角岩(J_2)、侏罗系中统碎裂化凝灰质砂砾岩以及凝灰质砂岩和震旦系碎裂化混合岩等。

区间隧道穿越地层主要为淤泥、素填土、杂填土、砂层、砂质黏性土、粉质黏性土和黏性土层、中砂、粗砂、砾砂、圆砾、砾质黏性土、砂质黏性土、全风化花岗岩、强风化花岗岩、中风化花岗岩、微风化花岗岩,凝灰质砂岩。

(3)水文地质

深圳市的气候属亚热带季风气候,日照时间长,雨量充沛。气候和降雨量随冬、夏季风的转换而变化。冬季无严寒,夏季湿热多雨,一年内有冷暖和干湿季之分。具有雨热同季,干凉同期的特点。但降水和气温的年季变化较大,台风、暴雨等灾害性天气也较多。春有干旱和低温阴雨,夏秋有台风,秋有寒露风,冬季有低温,无霜冻。每年 5～9 月为雨季。深圳年平均气温 22.4℃,1 月为 14.3℃,7 月为 28.3℃,极端最高气温 38.7℃,极端最低气温 0.2℃;年平均风速 2.6m/s,极端最大风速 40m/s;多年平均降雨量为 1933.3mm,雨季平均降雨量 1516.1mm,一日最大降水量 412mm,年降水日数 144.7d,连续最长降水日数 20d。

地下水按赋存条件主要分为松散岩类孔隙水及基岩裂隙水。孔隙水主要赋存在第四系黏性土、砂层、圆砾层及残积层中,砂层、圆砾层中略具承压性。基岩裂隙水主要赋存在花岗岩强～中风化层中,略具承压性,孔隙水与裂隙水局部具连通性。岩石富水性和透水性与节理裂隙发育情况关系紧密,节理裂隙发育的不均匀性导致其富水性和透水性也不均匀。地下水位埋深 0.6～17.8m,平均 3.20m,水位高程 0.93～76.82m,水位变幅 0.5～6.0m。地下水总的径流方向为由北东向南西。地下水的排泄途径主要是蒸发和以径流方式流入河流和海洋。补给来源主要为大气降水、河水、海水及地表水的渗透。地下水与河水互补,存在水力联系。

(4)不良工程地质

①淤泥质地层。盾构一标段前海湾—临海路区间通过填海片区淤泥层。该地层结构松软,承载力低,含水率高,容易产生触变、流变。盾构机主要在淤泥层下黏性土层中通过,盾构机掘进时会对地层产生较大扰动,引起地基变形和失稳,刀盘中心区域容易结泥饼,造成掘进

速度降低,切削扭矩增大,同时造成土舱内温度升高,影响主轴承密封的寿命,严重时会造成主轴承密封老化破坏。螺旋输送机由于排土不畅而无法形成土塞,排土口易产生喷涌,由于上层淤泥土流变性强,易下陷,可能会造成开挖面失稳,引发地层坍塌。

②软硬不均地层。深圳地质变化较大,软硬不均现象明显,地铁施工时常遇到岩性变化较大的地层,其中以上软下硬现象居多,致使盾构机掘进姿态控制困难,易发生盾构机向上偏移事故,同时工况转换频繁也会对地层产生扰动,易造成较大地表变形。盾构二标段洪浪—兴东区间盾构隧道所穿越地层同一断面软硬不均现象尤为突出,且变化频次高,硬岩单轴强度高达154MPa,施工难度大、技术要求高。

③硬岩地层。在盾构二标段翻身—灵芝区间部分地段以及长百区间大部分地段,隧道所穿越的地层是硬岩。岩质坚硬,最大单轴抗压强度达到295MPa。在硬岩中掘进,盾构刀具磨损严重,换刀频率加大,甚至有可能损坏刀盘,从而导致工期延误,因此,遇到硬岩时采用盾构空推的施工方法较为合理。

④孤石地段。盾构二标段宝安—翻身区间、翻身—灵芝区间和盾构四标段民五区间,盾构线路均遇到孤石。根据以往盾构掘进施工经验,孤石处理起来非常困难,如果处理不当,可能造成长时间停机、刀盘损坏以及盾构转向偏离隧道轴线等严重问题。

⑤断裂带。盾构七标段怡景路—黄贝岭区间,盾构隧道穿过3条断裂带,其中F7断裂带在右线投影长度为4.8m,F8断裂带在右线投影长度为10.5m,F9断裂带在左右线投影长度分别为31.5m和14.6m。

2.2 深圳地铁盾构机选型及适应性

2.2.1 盾构机选型原则

盾构机选型,一般按照适用性、可靠性、先进性、经济性相统一的原则进行,这几个方面互为补充、相互统一。各类盾构机特点见表2-1。

各类盾构机特点比较　　　　表2-1

项目	开放型	部分开放型	封闭型		
	机械挖掘式	闭胸式	土压平衡式		泥水平衡式
			削土加压式	泥土加压式	
工法概要	盾构前部安装有切削刀头,用机械连续开挖土砂,削刀面板亦起支撑开挖面的作用	开挖面密闭,在其上设有可调的出土口,开挖时盾构的前部贯入土砂之中,土砂呈塑性流动,并从出口排出	在切削密闭舱内充满开挖下来的渣土,以盾构的推进力对整个工作面加压,来抗衡开挖面上的压力,在保持开挖面稳定的同时,用螺旋输送机出渣	在切削密闭舱内注入混合添加材料、制泥原料土等改良土体,将其填满密舱,用盾构推进力对工作面加压来抗衡开挖面上的土压,用螺旋输送机出渣	向切削密闭舱内循环填充泥浆,抵抗开挖面的土压、水压,开挖下来的渣土以泥浆的形式通过流体输送方式运出
开挖方式	全断面切削刀盘	盾构机挤压贯入	全断面切削刀盘	全断面切削刀盘	全断面切削刀盘

续上表

项目	开放型	部分开放型	封闭型		
	机械挖掘式	闭胸式	土压平衡式		泥水平衡式
			削土加压式	泥土加压式	
开挖面管理	未设置挡土支撑机构	调节排土阻力、速度及开口大小保持开挖面稳定	调节土舱内土压力及排土量,控制开挖面稳定	调节土舱内的泥土压力及排土量,控制开挖面稳定	调节泥水压力,控制开挖面稳定
地层变化的适应性	不适应变化的地层	一般适用于砂、黏土未分选的冲积层	松砂、砂粒层较难适应	通过调节添加材料的浓度和用量,适应不同地层	松砂、砂粒层较难适应
障碍物的处理	能目视开挖面,但处理稍难	看不到开挖面,处理困难			
作业环境	稍差	无人工开挖,较安全	人工作业少,环境良好		
对周围环境影响	空压机噪声及渣土运输影响	渣土运输影响			泥浆处理设备噪声及振动、渣土运输
辅助措施	降水、压气及地层改良等措施	为防止地表下沉需进行地层改良	为改善开挖性能需对砂层进行改良	不需要辅助措施	易坍塌的细砂及砂粒层需进行改良
施工进度	若土质适合,无变化,与封闭型接近		快		后方设备能力强则进度快,设备故障影响大

(1) 适用性原则

根据工程水文地质要求和环境接口要求、施工要求,选择适合本工程施工的盾构设备。

(2) 可靠性原则

根据工程施工要求,如地表沉降要求、施工防水要求、管片衬砌要求和环境保护要求等工程技术,选择施工可靠的设备。

(3) 先进性原则

根据盾构行业发展情况,综合比较选择先进的盾构设备,以利于施工企业的集中管理和工人的人性化操作。

(4) 经济性原则

结合工程特点,根据市场比较,选择综合性价比高的盾构设备,满足工程造价的需要。

2.2.2 盾构机选型依据

根据盾构的发展历程,盾构机类型基本分为敞胸式盾构和闭胸式盾构。敞胸式盾构包括敞开式盾构、网格挤压式盾构、机械式和半机械式盾构;闭胸式(密闭式)盾构包括泥水加压式盾构、土压平衡式盾构和复合式盾构(习惯叫法,即掘进地层的复合、刀盘刀具的复合等,严格意义上属于土压平衡盾构机的一种)。目前隧道施工应用较多的是土压平衡式盾构和泥水平衡式盾构。下面介绍这两种盾构机选型的一般依据。

(1) 工程地质

根据隧道工程地质资料,综合分析隧道岩性和围岩类别,选择合适的盾构类型,确保施工安全可靠、地面建筑物的安全、施工进度目标的实现。不同类型的盾构适应的地质范围不同,所选择的盾构应能适应地质条件,保持开挖面稳定。

①根据围岩类别选型。土压平衡式盾构是依靠推进油缸的推力给土舱内的开挖土渣加压,土压作用于开挖面使其稳定,主要适用于粉土、粉质黏土、淤泥质粉土、粉砂层等黏稠土壤的施工;掘进时,由刀盘切削下来的土体进入土舱后由螺旋输送机输出,在螺旋机内形成压力梯降,保持土舱压力稳定,使开挖面土层处于稳定状态。盾构向前推进的同时,螺旋机排土,排土量等于开挖量,即可使开挖面的地层始终保持稳定。当渣土中的含砂量超过某一限度时,泥土的塑流性明显变差,土舱内的土体因固结作用而被压密,导致渣土难以排送;需向土舱内添加膨润土、泡沫或聚合物等添加剂,以改善土体的塑流性。对于砂卵石地层,由于粉砂土及黏土含量少,开挖面在刀盘的扰动下易坍塌,采用一般的土压平衡盾构机已经不能满足这种地层的需要,必须采取辅助措施,注入足够数量的添加剂,进行渣土改良,或者选择泥水平衡式盾构机。

泥水平衡式盾构利用循环悬浮液的体积对泥浆压力进行调节和控制,采用膨润土悬浮液(俗称泥浆)作为支护材料;将泥浆送入泥水舱内,在开挖面上用泥浆形成不透水的泥膜,通过泥膜表面扩张作用,以平衡作用于开挖面的土压力和水压力。开挖的土砂以泥浆形式输送到地面,通过泥水处理设备进行分离,对分离后的泥水进行质量调整,再输送到开挖面。从某种意义上说,在隧道掌子面平衡方面泥水平衡式盾构机比土压平衡式盾构机较优越。

②根据工程地质岩性颗粒级配关系曲线选型。一般来说,细颗粒含量多,渣土易形成不透水的流塑体,容易充满土舱的每个部位,在土舱中可以建立压力,平衡开挖面的土体。粗颗粒含量高的渣土塑流性差,实现土压平衡困难。目前常用的盾构类型与颗粒级配的关系曲线如图 2-2 所示。图中,右边白颜色区域为卵石砾石粗砂区,为泥水平衡式盾构适用的颗粒级配范围;左边灰颜色区域为细砂淤泥黏土区,为土压平衡式盾构适用的颗粒级配范围。因此一个工程的盾构选型,一个重要方面就是工程地质关于围岩级配试验的数据资料。

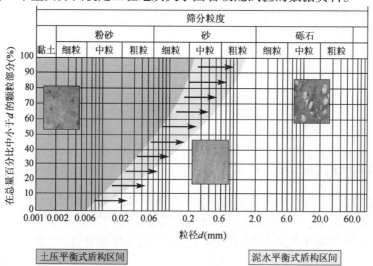

图 2-2　盾构机的适应范围

③根据特殊工程地质选型。以上所述土压平衡式盾构和泥水平衡式盾构在适用范围上有所区别,但是在一定条件下这种区别是可以统一的。比如说在北京、成都砂卵石比例很大的情况下,根据上述选型原则泥水平衡式盾构更加适合,但是传统土压平衡式盾构机在进行性能改造的情况下还是可以适应的,可以加入足够量的膨润土、泡沫剂、水等渣土复合改良剂,使盾构掘进的渣土呈流体塑性,这样土压平衡式盾构机也是完全可以胜任这种地质状况的。北京地铁采用土压平衡式盾构机进行施工的标段成功实例不少。又如上海、南京地层基本以砂土、淤泥为主,非常适合土压平衡式盾构机掘进,但是采用泥水平衡式盾构机,引入高性能的泥水分离设备,施工也是非常顺利的。广州、深圳地铁可以说是采用盾构机施工的一种典型的复合型地层,这样对于采用土压平衡式盾构机还是泥水平衡式盾构机各有利弊,不同机型在辅助工法上或者设备上采取措施,都是可以实现的。

(2)水文地质

盾构隧道施工另外一个重要盾构机选型依据就是隧道围岩水文地质因素,围岩渗水系数是盾构机选型常用的一个参数指标。图2-3是地层渗透系数和盾构机选型的关系示意图。

当地层的渗透系数小于10^{-7}m/s时,可选用土压平衡式盾构;当渗透系数在$10^{-7} \sim 10^{-4}$m/s时,可选用泥水平衡式盾构,在渣土改良的情况下,也可选用土压平衡式盾构;当地层的渗透系数大于10^{-4}m/s时,宜采用泥水平衡式盾构。对于渗水系数大的隧道采用土压平衡式盾构施工,螺旋输送机"土塞效应"难以形成,螺旋输送机出渣发生大量"喷涌"现象。这样对施工是非常不利的,同时引起的一个直接反应是土舱压力波动大,地面沉降不利控制;如果

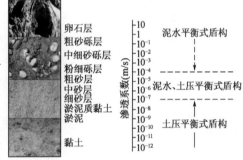

图2-3 渗透系数和盾构机选型的关系示意图

采用泥水平衡式盾构,甚至采用气垫等措施,泥水舱压力波动可以控制在很小的范围内,欧洲设备采用气垫一般可以控制在0.02MPa左右。对于渗透系数较小的隧道,如果采用泥水平衡式盾构施工,主要制约因素是隧道渣土排放需要较长的管道,同时需要昂贵的泥水处理设备,在环境要求高的场合还必须采用渣土压滤设备,同时耗费大量的膨润土,这样工程造价是比较高的。

(3)尽量少的辅助施工工法

对于盾构施工,一个重要观念,即掘进快速、工序少、人员程序化施工。辅助工法的增多给隧道施工带来很多不便:材料耗费大、工序复杂、工人技术能力要求高、管理困难。因此进行盾构机选型,应该综合分析施工成本,尽量采取少的辅助施工工法,保证隧道稳定高速掘进。

(4)环保要求

对于现代化隧道施工,进行盾构机类型的选择,环保要求应该引起施工界的高度重视,比如盾构施工带来的有形污染物、噪声、水源污染等各个环节应综合考虑。

根据以上几个方面,在主要满足工程地质和水文地质关键技术需要的情况下,同时兼顾辅助工法尽量少采用、环保高要求等因素,多方面调研,综合确定适合的盾构类型。

2.2.3 复合式土压平衡盾构机的针对性功能

本工程穿越深圳淤泥、黏土、软硬不均、孤石和微风化花岗岩等各种地质条件，与以往相比，这对盾构机性能提出了更高的要求。采用德国海瑞克的复合式土压平衡盾构机，按时顺利地完成了全线的掘进任务。针对深圳特殊地质，该盾构机具有以下一些主要的特殊功能，见表2-2。

海瑞克复合式土压平衡盾构机的针对性功能　　　　　表2-2

不良地质	盾构机的主要针对性功能或性能
岩性变化频繁,基岩面起伏大	具备土压平衡模式、敞开模式和气压模式三种掘进模式,并可在三种模式之间安全、快速转换,可分别适用于可能遇到的各类地层,既可在软弱地层中保证开挖面稳定,又可在硬岩中得到较高的掘进效率。刀盘具有适应土层和硬岩不同的布刀方式,除了装有普通刮刀和片式刮刀,还可安装盘形滚刀,根据该施工段不同的地质条件,刀盘上可安装不同数量的盘形滚刀和片式刮刀,盘形滚刀的刀座安装孔均可接受片式刮刀安装
砂层及涌水	盾构机添加剂注入系统,在土层中注入添加剂并充分搅拌,可将渣土改良成密水性好和流塑性渣土,止住切削面水的流入。主轴承密封、盾尾密封能承受0.3MPa的水压力,能有效地防止地下水侵入
黏土地层	刀盘设计为中央敞开式,特殊设计的刀盘中心开口率大,配合泡沫注入降低土的黏度,可大大降低在中心处形成泥饼的可能
坚硬岩层	在刀盘上可安装盘形滚刀以适应硬岩地层的掘进。Wirth设计制造的滚刀破岩能力强(可达150MPa),耐磨损性能好
球状风化岩	刀盘开口限制进入土舱的孤石尺寸。30cm以上的漂石会被阻挡在刀盘前面,盘形滚刀会将其分解成小块后进入土舱,否则,在土舱中加入压缩空气,人通过人闸进入土舱,利用液压锤或采用静态爆破的方法破碎

2.3 刀盘刀具磨损规律研究

2.3.1 刀盘磨损规律及控制对策

(1)刀盘的类型

盾构切削刀盘,简称盾构刀盘,是作转动的盘状切削器,由掘进地层的刀具、稳定切削面的面板、出土开口(槽口)、转动的驱动机构、轴承机构等组成。刀盘设置在盾构机的最前方,其功能是既能掘进地层土体,又能对切削面起一定的支撑作用从而保证开挖面的稳定。刀盘按照正面形状可分为辐条式、面板式和辐板式三种,如图2-4所示。盾构刀盘主要有开挖、稳定掌子面和搅拌渣土功能。

辐条式刀盘由辐条及布设在辐条上的刀具构成,属敞开式。其特点是刀盘的切削扭矩小,排土容易,土舱内土压可有效地作用到掘进面上,对于地下水压大、易坍塌的土体,易发生喷涌,辐条式刀盘只能安装切削刀。面板式刀盘由辐条、刀具、开口及面板构成,属封闭式。面板式刀盘可同时安装滚刀和切削刀具。本工程中的盾构刀盘即为面板式刀盘。辐板式刀盘兼有面板式和辐条式刀盘的特点,由较宽的辐条和小块辐板组成,切刀和滚刀分别布置在宽辐条的两侧和内部,开口率在35%~50%之间。

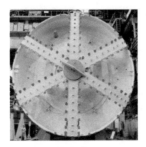
a)辐条式

b)面板式

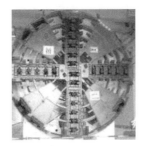
c)辐板式

图 2-4 刀盘形式

(2)刀盘形式的确定

盾构在施工中会遇到各种不同地层,从淤泥、黏土、砂层到软岩及硬岩等。在掘进过程中,作为盾构机关键部件之一的刀盘受力复杂,工作环境恶劣。刀盘的结构与盾构工程的成败、开挖效率、使用寿命及刀具费用密切相关。盾构的刀盘结构形式与工程地质情况有着密切的关系,不同的地层应采用不同的刀盘结构形式,因而盾构刀盘设计是盾构工法的关键技术。采用合适的刀盘类型是盾构顺利施工的关键因素。

对于软土地层,一般只需要配置齿刀和刮刀等切削刀具;对于硬岩地层,刀盘一般主要配置盘形滚刀。然而一条隧道要往往穿过地质结构变化多样兼有软土和硬岩的复合土层,或是软土和硬岩交替变换的多种地层。我国幅员辽阔,东西南北地质差异很大,复合地质更是多种多样。当盾构处于硬岩地层时,若刀盘配置以切削刀具为主,则切削刀具很容易被损坏,经常发生刀刃断裂或崩刀现象,甚至会把整个刀盘卡住,从而大大影响工作进度;而当盾构处于软土地层时,如果滚刀先行,则正常用于滚压岩石使之破裂的滚刀基本上是在与软土摩擦,而且刀盘中心位置容易结泥饼,造成滚刀偏磨,这样不但掘进效率会大大降低,而且将大大降低滚刀的工作寿命。

目前,无论进口的还是国产的盾构机,在复合地层中普遍采用的是兼有滚刀、齿刀和刮刀的复合刀盘。这种盾构往往是先依据地质勘察的结果配置刀盘的开口率、滚刀的分布以及刮刀或齿刀的位置;在以软土为主体的地层中,以齿刀和刮刀为主,辅以适当的滚刀;而在硬岩地层中,则布以大量的滚刀和适量的刮刀相配合。

刀盘开口率是刀盘面板开口部分的面积与刀盘面积的比值。开口率是影响盾构掘进速度的一个重要因素。刀盘的开口必须根据地质条件、开挖面的稳定性和挖掘效率来决定其形状、尺寸、配置。一般泥水平衡式盾构选用面板式,开口率为10%~30%;土压平衡式盾构可以选用辐条式、面板式和辐板式,其开口率范围较宽,一般为20%~70%。对于胶结黏性土之类的高黏附性土质,宜加大开口率;对于易坍塌性围岩,开口率应适当减小。刀盘开口位置应尽量靠近刀盘中心,且适当加大中心部位开口率以防止渣土在刀盘的中心部位流动不畅而形成泥饼。根据本工程地质情况,选用海瑞克土压平衡式盾构机,选用面板式刀盘,刀盘开口率为29%。

(3) 刀盘磨损及修复

盾构刀盘本体呈现外周及边缘侧板磨损大,中心及圆周中部磨损小的特点,在整个侧环面上形成一圈磨损凹槽。当刀盘做圆周运动掘进时,刀盘边缘线速度较大,更加容易导致刀盘的磨损。当周边刮刀及外周刀具被磨损破坏后,自然就使得刀盘外周边及边缘侧板受到了严重磨损。除此之外,孤石的存在也加重了盾构机刀盘的磨损,甚至在场地勘察、加固过程中掉入的钻杆等硬质金属也可能造成了盾构机刀盘磨损。但如果能够做好超前钻探勘察、渣土改良,及避免勘探或加固地层时掉入钻头、钻杆等工作,对预防盾构机刀盘磨损会起到一个良好的作用。当刀盘本体基本完好,大部分刀具磨损在容许范围内,剩余刀刃高度能够满足掘进任务时,没有必要更换整个刀盘,只需要对磨损的刀盘本体进行焊接修复和更换,即可保证盾构机正常进行下阶段的掘进施工。刀盘修复的原则是保证修复后的刀盘本体性能不低于原设计制造的水平,保证更换的刀具与出厂配备的刀具性能相匹配。

(4) 刀盘磨损控制对策

盾构施工过程中,有效控制刀盘磨损的措施包括:完善渣土改良、加强刀具检查和更换、加强盾构进出洞的掘进管理、提高刀盘耐磨性能以及进行合适的刀具配置。

2.3.2 刀具的种类与破岩机理

刀具布置和刀具形状在盾构机设计中是非常重要的内容。刀具布置方式及刀具形状是否适合应用工程的地质条件,直接影响盾构机的切削效果、出土状况和掘进速度。

按照刀具形状和作用方式,盾构常用刀具主要分为盘形滚刀和切削型刀两大类。盘形滚刀,常简称滚刀,包括单刃滚刀、双刃滚刀、中心滚刀等形式,见图2-5。切削型刀主要包括齿刀和刮刀两大类。盘形滚刀常用来对付硬岩地层,而齿刀和刮刀更适合于开挖软岩。刀具的开挖方式可以归纳为切削式、扰取式、破裂式。刀具的工作原理见表2-3。

a)单刃滚刀

b)双刃滚刀

c)中心滚刀

图2-5 滚刀类型

刀 具 工 作 原 理　　　　表 2-3

刀具类型		使用条件	工作原理
滚刀	单刃滚刀	硬岩	利用刀盘向前的压力和旋转的惯性力破坏岩石
	双刃滚刀		
切刀	刮刀	软岩、软土	通过刀刃切割土体并具有装载作用
	齿刀	软岩、软土	使岩体固结性能变差,破坏岩体结构

(1) 滚刀及其破岩机理

滚刀为破碎式刀具,利用刀刃滚压岩石,将岩石破碎,常用于各类软、硬岩石及砂卵石地层的隧道开挖。滚刀由刀圈、轮毂、轴及轴承密封等构成。

盾构所使用的破岩滚刀与切削刀相比,具有破岩效率高、比能低和刀具磨损量小的特点。在推进千斤顶的巨大推力和刀盘扭矩的共同作用下,排列在刀盘上的盘形滚刀紧压岩面,一方面绕刀盘中心轴公转,另一方面绕自身轴线自转。岩面被碾出一系列同心圆沟槽,同时在沟槽两侧的岩体内形成裂隙。在圆周方向上,第二个刀刃沟槽比第一个刀刃延迟一定的角度,当超过岩石受力极限时,第二条沟槽侧边的裂隙与第一条沟槽边的裂隙就会贯通,两条沟槽之间的岩石就形成碎块而掉落。滚刀破岩过程如图2-6所示。

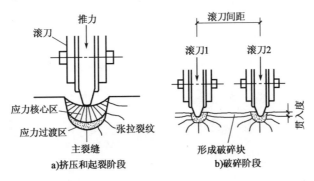

图2-6 滚刀破岩过程

滚刀截面主要有尖刃楔形截面、弧刃楔形截面和近似常截面3种类型,如图2-7所示。

随着刀具的磨损,尖刃楔形截面滚刀很快就会钝化而变得破岩效率低下,弧刃楔形截面滚刀稍好一些,而常截面滚刀随刀具的磨损能基本保持其恒定的断面尺寸。因此,现在一般采用常截面类型的滚刀来破碎岩石。盘形滚刀剖面示意如图2-8所示。

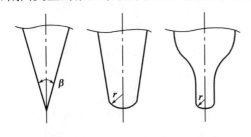

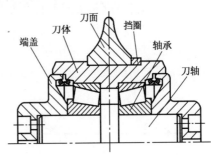

图2-7 滚刀截面形式及几何参数

图2-8 盘形滚刀剖面示意图

盘形滚刀的几何参数主要有:滚刀直径D、刀刃角β、刀尖圆弧半径(或刀尖宽度)r、滚刀的启动扭矩T等。滚刀截面形式、几何参数及岩石的物理力学性质对破岩力、切入深度、破岩效率、能量消耗等均有较大的影响。

双刃滚刀由两把单刃滚刀组合而成,与单刃滚刀相比,此类滚刀具有更高的耐磨性,但使其旋转所需要的刀具与土体间的摩擦力会更大,故一般适用于抗压强度较高的岩土地质条件的隧道掘进。同时双刃滚刀一般布置在刀盘中心或周边等刀具磨损量较大的区域,其切削原理同单刃滚刀。

（2）切削刀及其破岩机理

切削刀包括齿刀和刮刀，它们可以破碎天然单轴抗压强度在 30MPa 以下的岩石和软土，起到增大刀盘开口率、破碎块状渣土、保护刀盘结构和滚刀刀毂及提高掘进速度的作用（图 2-9）。

切削刀可应用于面板式和辐条式刀盘，安装于刀盘开口或辐条的两侧，主要适用于软黏土、砂土及砂卵石地层的开挖，在软土地层中用于刮削土体，在岩石地层中可用于刮渣，起装载作用。

切削刀的破岩机理主要是在盾构机向前推进的同时，刀具随刀盘旋转对开挖面土体产生轴向（沿隧道前进方向）剪切力和径向（刀盘旋转切线方向）切削力，不断将开挖面前方土体切削下来。切削时，刀具通常作两个方向的运动：一个是沿开挖面的运动，它起着分离岩土的作用；另一个是切入开挖面的运动，它改变切削的厚度，如图 2-10 所示。

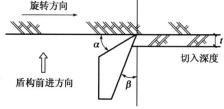

图 2-9　切削刀具类型　　　　　　　　图 2-10　盾构切削刀切削原理图

对于切削式刀具，其开挖的土屑具有不同的流动形态，主要与土砂的组成成分及其性状，以及切削角度、切削速度和切削厚度等因素有关，可以概括为流动型切削、断裂型切削、剪断型切削和剥离型切削 4 种形态，如图 2-11 所示。

（3）其他刀具

先行刀、仿形刀等则是按照刀具在刀盘上的作用的不同而分类的（图 2-12）。先行刀也称为超前刀。刀盘开挖时，超前刀在切削刀切削土体之前先行切削土体，将土体切割分块，为切削刀创造良好的切削条件。采用超前刀，一般可显著增加切削土体的流动性，大大降低切削刀的扭矩，提高刀具切削效率，减少切削刀的磨耗。

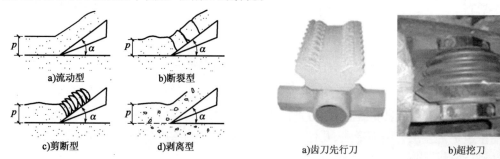

图 2-11　切削土屑的流动形态　　　　　　图 2-12　其他刀具类型

为保证盾构在超挖少、对周边土体干扰小的条件下，实现曲线推进和顺利转弯及纠偏，盾构需设置仿形刀。仿形刀也叫超挖刀，一般布置在辐臂上。施工时，可以根据超挖多少和超挖范围的要求，从辐臂一端径向伸出或缩回仿形刀，达到仿形切削的目的。

2.3.3 刀具磨损规律及控制对策

由于土壤或岩石有一定硬度,因此,刀具很难避免受到磨损。

(1)滚刀磨损特点

对更换下来的滚刀磨损情况进行统计,盾构刀具磨损的主要表现为:滚刀以正常磨损为主,非正常磨损为辅;刀圈严重偏磨、刀圈脱落,边缘刮刀磨损破坏严重;不同位置的刀具磨损程度不同,中心刀和周边滚刀磨损严重,正面滚刀磨损相对较轻。

刀具的破岩效率与滚刀的刃口宽度有关,随着刀圈磨损量的增加,刃口的宽度增加,当达到一定范围时会影响掘进速度,甚至不能再掘进。滚刀的正常失效是指刀圈刃口宽度超过规定值的均匀磨损。滚刀刀圈周边各部位的磨损程度基本一致,是刀具失效的主要形式。其磨损主要发生在相对比较单一、均匀的地层中,刃口宽度范围内磨损较均匀。正常失效的刀具更换下来后除刀圈由于磨损不能使用外,其他各部分均可正常使用。刀盘滚刀配置如图2-13所示。

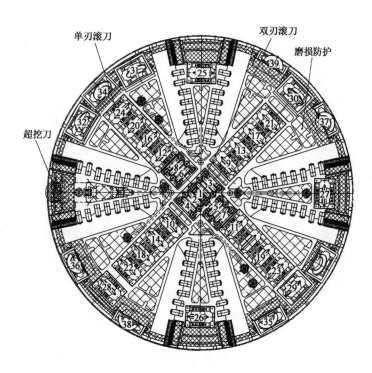

图 2-13 刀具配置

非正常磨损即非均匀磨损,滚刀刀圈周边各部位的磨损程度不一致,即发生了偏磨。在掘进过程中由于岩石情况发生变化或刀盘其他部件(如齿刀等)脱落卡在刀刃与岩壁之间,会导致刀圈局部过载而使刀圈应力集中、发生断裂,同时刀圈与刀体配合过盈量未达到要求也会造成刀圈断裂。根据试验段的统计,对于滚刀来说,非正常磨损主要包括刀圈弦偏磨、刀圈刃偏磨、刀圈断裂或迸裂和刀圈移位或脱落。

(2) 切削刀磨损特点

切削刀的磨损为两侧磨损大,中间磨损小,且磨损量随刀具编号数增大而增大。切削刀磨损主要有均匀磨损、偏磨损、刀刃崩落和刀体断裂等4种形式。

(3) 刀具磨损的原因

① 滚刀磨损的原因:

a. 正常磨损是滚刀最常见的磨损形式。当掌子面岩层能够给滚刀提供大于滚刀所需的转动力矩时,滚刀即随着刀盘和自身刀轴滚动,挤压破碎岩层,刀圈的各部位磨损均匀程度一样。

b. 滚刀偏磨的主要原因是开挖面松散,不能给滚刀提供足够的转动力矩,或者是刀箱内渣土结泥饼,使得滚动的阻力力矩增大致使滚刀不能随刀盘一起转动,滚动变为滑动,滚刀一侧长时间和开挖面摩擦,造成了滚刀的严重偏磨。

c. 刀盘侧面滚刀(图 2-14),在地层松散,抗力不足,不能提供足够的转动力矩时,容易造成松散地层直接和刀体的刀鼓接触,引起刀鼓的损伤;同时,侧面位置刀鼓暴露概率大,并且侧面位置线速度高,刀鼓很容易受卵石撞击使得滚刀轴承破坏,难以转动。掘进中滚刀受力如图 2-15 所示。

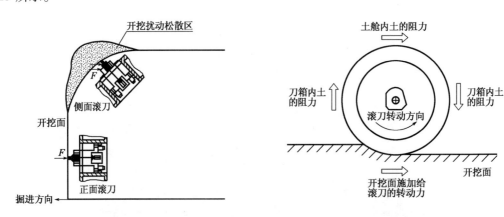

图 2-14　刀盘上正面滚刀和侧面滚刀　　　　图 2-15　掘进中滚刀受力示意图

d. 由于刀盘中心部位旋转的线速度小,渣土流通不畅,在结泥饼的情况下,滚刀刀箱被堵住,使得 $T_{刀箱}$ 和 $T_{土舱}$ 增大,$T_{阻}$ 大于 $T_{转}$,使得滚刀不能转动。因此,中心部位滚刀磨损严重的主要原因为刀盘中心结泥饼。

② 切削刀磨损原因:

a. 均匀磨损是切削刀最常见的磨损形式。当掌子面岩层被滚刀碾压破裂之后,齿刀和刮刀随着刀盘的转动而将破裂的岩层刮削下来,其各部位磨损均匀程度一样。

b. 切削刀偏磨的主要原因是齿刀刀刃各部位所刮削岩层的破碎程度不一样,导致齿刀刀刃各部位所受到的反力不同,造成了齿刀的偏磨;同时切削刀各部位的行程不同,也导致刀具磨损量不同,行程越大磨损量越大。

c. 刀刃崩落和刀体断裂都是由于刀盘转速较高时,切削刀尤其是离刀盘中心位置较远的齿刀和刮刀以较大的线速度刮碰到未被滚刀充分碾压破裂的岩层,切削刀受到极大的瞬间作用力,则最有可能在刀具较薄弱的部位断裂。若刀刃比较脆弱,则发生刀刃崩落;若刀体强度不如刀刃,则发生刀体断裂,甚至刀座断裂。

(4)刀具磨损的影响因素

①地质因素。影响滚刀磨损的重要地质因素主要有:岩石强度、硬度、研磨性、断裂带及地层的节理、裂隙发育程度、造岩矿物种类、开挖断面的地质均匀程度等。

刀具在不同岩层里切削,其磨损量不同。磨损量的大小一般取决于岩土层的抗压强度及岩土中的石英含量,岩土抗压强度越高及岩土中石英含量越大,刀具的磨损量就越大。岩石强度、硬度,与滚刀磨损速度呈正比关系;岩石节理、裂隙越发育,刀具破岩越容易,对刀具的磨损越小;而开挖断面越不均匀,岩性变化越快,刀具越容易发生不均匀磨损,在某些特殊情况下甚至对刀盘造成损坏性影响。

需要特别指出的是,造岩矿物种类对滚刀磨损有很大影响。岩石破碎时,首先是在矿物颗粒交界面处产生破碎,多数情况下颗粒本身不破碎。因此,岩石上的矿物与破碎下来的矿物颗粒都在磨损刀具,并且矿物颗粒的硬度越大,则磨损作用越大。一般而言,滚刀的研磨性随岩石中石英含量的增大而增大。

黏粒和粉粒含量多少,虽然不会对滚刀磨损造成直接影响,但当黏粒和粉粒含量高时,很容易产生泥饼,从而间接造成滚刀偏磨。

②刀具结构功能和破岩能力。刀具的磨损,还取决于本身的结构功能和对岩土的适应性或破岩性能。

a. 材质。在切削过程中,刀具切削部分在高温下承受着很大的切削力与剧烈摩擦,并伴随着冲击与振动。因此,刀具材料应具有的切削性能是高硬度和高耐磨性,足够的强度和韧度,高的耐热性。

一般刀具材料硬度越高耐磨性越好,但抗冲击韧度相对就降低。所以要求刀具材料在保持有足够的强度和韧度条件下,尽可能有高的硬度和耐磨性。高耐热性是指在高温下仍能维持刀具切削性能的一种特性,通常用高温硬度来衡量,也可以用刀具切削时材料允许的耐热温度值来衡量,它是影响刀具材料性能的重要指标。耐热性能越好的材料允许的切削速度越高。

b. 刀具在刀盘上不同位置布置对刀具磨损量的影响。刀具在刀盘上不同位置其线速度不同,其运行的轨迹同心圆环都不同。不同位置的刀具,相同掘进长度内滚刀走过的轨迹不同,发生不均匀磨损的概率不同,刀具磨损程度也会不同。布置在刀盘外围的刀具切削的岩土较多,越靠近刀盘中心的刀具切削岩土量越少。刀盘侧面滚刀,在地层松散,抗力不足,不能提供足够的转动力矩,容易造成松散地层和刀体刀鼓接触,引起刀鼓的损伤。

c. 滚刀各部件质量。滚刀由刀圈、轮毂、轴及轴承密封等构成,各部件质量情况均会对滚刀磨损产生不利影响。如轴承或轮毂材质差,长时间工作后会使轮毂损坏变形,甚至发生轴承弯曲的情况,影响正常转动;轴承密封质量差,当满舱掘进,且土压较高的状态下,水、土很容易进入轴承,造成密封失效,刀具无法转动或被彻底卡死;刀圈质量及其与轮毂的接合质量差,会造成刀圈崩裂、崩角。

d. 滚刀装配扭矩。滚刀装配扭矩即保证滚刀刀圈转动的最小扭矩。装配扭矩过大,会造成滚刀无法正常转动而造成偏磨;装配扭矩过小,滚刀轴承密封质量难以保证,易导致滚刀轴承密封损坏。

e. 滚刀直径。雷德(Rad P. F.)的模型试验结果表明,在相同条件下,随滚刀直径增大,破碎量逐渐减少。但施工实践证明,对于切削易崩解、易软化的全风化、强风化、中风化泥岩、粉质泥岩时,类似5～8m直径的盾构机在其他条件相同情况下,17in(1in=0.0254m)的滚刀较14in的滚刀破岩能力更有效,因此滚刀直径还需因地制宜进行选择。

　　f. 刀刃的数量。软岩中掘进,多刃滚刀效果较好;硬岩地层掘进,单刃滚刀效果较好。

　　g. 滚刀设计最大压力。当盾构有效推力过大,分配在单把滚刀上的压力已经大于其设计最大压力时,就会造成轮毂等损坏,密封失效,滚刀无法转动。

　　③刀盘形式与刀具组合因素。刀盘是刀具的载体,刀盘强度、刚度、刀盘开口率及开口均匀性,都与刀具磨损密切相关。刀具组合和刀间距是否合理也对滚刀磨损有着重要影响。中心刀的配置,滚刀、齿刀、刮刀的高差等因素都影响着刀具的磨损。

　　④施工控制因素。施工技术控制涉及磨损的具体因素有:有效推力、掘进度(贯入度)、切削环境(包括土舱压力、土舱内温度、开挖面动摩擦系数等)、刀具管理等。刀具的切削环境包括有无建立土压、开挖面表面干燥或湿润、土舱的温度以及注入土舱或开挖面的泥浆及添加剂的性能等,都与刀具磨损密切相关。

　　a. 土舱压力越高,刀盘面板前与开挖面之间的渣土越密实。一方面在盾构总推力不变的情况下,有效推力会明显降低;另一方面密实的渣土和磨蚀矿物与刀具接触时间大大增加,加快了滚刀均匀磨损。

　　b. 刀具切削岩土时,会产生大量的机械热能,热量大部分随着排渣带走;一部分被盾构机金属构件包括滚刀所吸收,使金属构件温度也升高;另外一部分被围岩的水和岩土所吸收。高土压时,大部分热量随着刀盘的转动,主要储积在刀盘面板和开挖面之间,如果围岩吸热性能也差,那么面板和开挖面之间会形成一个高热区。掘进速度低时,大量的热量同样无法消散,也形成高热区。

　　但是根据深圳地铁盾构掘进的情况看,由于丰富的地下水,对渣土起到了降温散热的作用,现场实测螺旋输送机排出的渣土温度通常不超过50℃。

　　c. 切削环境对摩擦系数影响也很大,从而影响研磨性,其影响程度甚至会超过自然因素。舱内注入泡沫时,因存在润滑作用而摩擦系数变得更小。空舱干燥环境与建立土压后的潮湿环境、泥浆环境、添加剂环境,其开挖面的动摩擦系数有很大的差异。为了减少刀盘扭矩、降低舱内温度、防止舱内结泥饼、喷涌或保持开挖面温度,一般常向土舱内注入水、泥浆、泡沫、聚合物、合成高分子树脂等添加剂。这些液体的注入,使动摩擦系数大大减小,有的地层可减小50%以上,致使同等有效推力的情况下滚刀可能无法顺利转动,继而发生偏磨。

　　(5)刀具的更换标准和更换原则

　　①刀具更换标准。在正常磨损情况下,盾构刀具更换标准一般为:当周边刀刀圈磨损掉10～15mm、面刀和中心双刃刀刀圈磨损掉20～25mm时就需要更换。此时刀圈的刀刃变宽,其冲击压碎和切削岩石的能力降低,盾构掘进时的推力和扭矩就会增大,从而加大了盾构液压系统和电机系统的负荷,而且切削下来的岩石也会磨损刀盘面,降低刀盘的使用寿命。而如果在达不到上述更换标准的情况之下频繁地进行刀具更换,则降低了刀具的利用效率,也将浪费许多宝贵的掘进施工时间。另外,在非正常磨损的情况下,如发生刀圈的刀刃破损严重、转动轴承损坏、刀具润滑油脂泄漏等情况,刀具就需要及时进行更换。因为这样会加重相邻刀具挤压切削岩石的负荷,不仅影响正常掘进,而且还会影响到与其相邻刀具的正常使用,会造成刀具连锁性大量破损。

②刀具更换原则：

a. 周边滚刀每天必须检查、量测,当它们的磨损程度达 10～15mm 时,就需要及时进行更换,否则开挖出的隧道洞径变小,会将盾构机身卡住或发生调向困难,影响盾构机的正常掘进。

b. 该更换的刀具一经发现就必须立即更换,否则该刀具削切、挤压围岩的能力降低以后,势必导致其周边相邻刀具削切、挤压围岩的负担加重,时间一长这些与之相邻的刀具也会损坏。如果恶性循环下去,许多刀具会同时一次性损坏掉,将给施工造成很大的经济损失。

c. 边刀和面刀的更换标准分别为 10～15mm 和 20～25mm 的磨损量。更换下来的边刀若未达到面刀的磨损极限量,则可以安装到面刀的位置继续使用。

d. 当更换新刀具后,在首次掘进时需放慢推进速度,使刀盘面上的刀具缓慢接触岩石。因为此时刀具边缘不在同一个平面上,新换上的刀具较突出,与掌子面围岩上旧的痕迹也不相配,推进速度较快时会很容易将新装的刀具损坏掉。

e. 在非检修期,应当将各种使用工具、各类型刀具及各种零配件准备就绪,一旦刀具出现问题就可以马上着手处理。

(6) 刀具更换频率和使用寿命分析

①刀具更换频率研究。

深圳地铁 5 号线 5302 标洪兴盾构左线区间里程 DK6+583.041～DK7+536.960,全长 953.919m,盾构机大多数时间在砾质黏性土中穿过,但在靠近洪浪站一侧有 244.33m 的全风化或强风化花岗岩侵入隧道上半部限界。在掘进该段盾构隧道过程中,常压开舱换刀两次,共换了 8 把滚刀,平均每掘进 119.24m 更换一把滚刀。

洪兴盾构右线区间里程 DK6+583.041～DK7+277.990,全长 694.949m,该线路除了在靠近洪浪站一侧有 220m 的全风化或强风化花岗岩侵入隧道上半部限界外,在区间隧道中段也有两段强风化花岗岩侵入隧道限界,其余的里程位置,盾构机均在砾质黏性土或砂质黏性土中穿越。在掘进该段盾构隧道过程中,只在隧道贯通后更换了两把滚刀,平均每掘进 347.50m 更换一把滚刀。可见,该刀具配置是符合本段线路地质条件的,如果操作合理,能够充分发挥刀具的切削能力,以较小的刀具损耗量进行持续有效的切削。

翻灵盾构区间里程 DK4+196.040～DK5+474.010,全长 1277.970m。当掘进 1135.5m 时,共换刀 6 次,更换滚刀 53 把,其中两次是带压换刀,带压换刀 12 把。其中,翻灵左线盾构隧道平均每 21.425m 更换一把滚刀。但是在 17m 的中风化花岗岩地段,更换单刃滚刀 14 把,平均每 1.21m 更换一把滚刀。在 861.256m 的砾质黏性土地层中,共换刀 39 把,平均每 22.083m 更换一把滚刀。盾构机在里程 DK4+882.6 处切削侵入隧道界限的创业立交 J1I 被托换桩基,以及在到达里程 DK4+612.754.040 的 2 号竖井前切削竖井的冲孔灌注桩以及混凝土反力墙,这些都大大增加了滚刀的磨损速度。从而可以推断,盾构机在砾质黏性土中掘进,平均更换一把滚刀,盾构机掘进距离远不止 22.083m。

翻灵右线盾构区间,前 5 次更换滚刀共计 60 把,平均每掘进 21.3m 更换一把滚刀。其中盾构机在通过长达 80m 的深孔爆破孤石段的过程中,更换了两次刀,共 27 把滚刀,相当于每掘进 3m 就要更换一把滚刀。在穿越 120m 的碧海花园下中风化和强风化花岗岩的过程中,共更换滚刀 28 把,平均每掘进 4.286m 更换一把滚刀。在右线区间里程 DK4+609.754～DK5+029.030 长达 419.276m 的砾质黏性土中掘进,盾构机只换了一次刀,共更换了 5 把滚刀,达到将近每84m更换一把滚刀的频率。

可见,该线路配置的刀具较适应于砾质黏性土或全风化花岗岩等强度较低的土层和岩层,掘进速度较快,刀具寿命较高;但是在较软的砾质黏性土和全风化花岗岩中,由于掌子面不能提供给滚刀足够的旋转扭矩,滚刀则有可能不旋转,导致偏磨,同时由于在软岩中盾构机刀盘容易结泥饼,其可将刀箱填满,从而导致滚刀被彻底卡死,滚刀偏磨的程度将不断加深。在较硬的中风化或微风化花岗岩中掘进,刀具磨损十分厉害,换算之后得到掘进距离大约3m,即两环左右就得换一把滚刀。为了避免耽误工期,一般至少要达到换4把滚刀的量才进行一次换刀,否则将极大地影响盾构施工持续顺利的进行。也就是说在中风化花岗岩中掘进,一般8环左右就要换刀一次;若遇到强度较大的花岗岩,换刀频率还将增大。而在砾质黏性土中掘进,平均每100m左右更换一把滚刀,各种地层滚刀更换频率见表2-4。

各种地层滚刀更换频率 表2-4

地 层 条 件	滚刀更换频率	备 注
砾质黏性土	100m/把	易结泥饼,导致偏磨
中风化花岗岩	3m/把	磨损严重,更换频率大

②刀具使用寿命分析。根据国际长距离隧道盾构刀具磨损经验,刀具磨损计算公式为:

$$S = K\pi DLN/v \tag{2-1}$$

从刀具磨损的计算公式可以推知刀具的寿命计算公式为:

$$L = \frac{Sv}{K\pi DN} \tag{2-2}$$

式中:S——刀具的磨损量(mm);

K——磨损系数(mm/km);

L——隧道盾构机掘进总距离(km);

D——刀具切削直径(mm);

N——刀盘转速(r/min);

v——盾构机设计推进速度(mm/min)。

刀具磨损系数与刀盘切削的土体性质有关,根据深圳地质条件和实际施工情况,分析得出,盾构刀具在深圳地区各种不同地质条件下的磨损系数,见表2-5。鉴于各种土层中磨损系数的不确定性,可根据第一次刀具更换时穿越各土层的推进距离,再精确计算第二次刀具更换的距离。由上述公式也可看出最外周刀具先磨损,因为最外周刀具线速度比中心处刀具大,所以检测磨损量时,可先查看最外周刀具的磨损情况,再查看中心处刀具的磨损情况。

刀具磨损系数 K 表2-5

地层条件	磨损系数(mm/km)
淤泥	0.004~0.008
黏土	0.008~0.015
砂土	0.015~0.025
砂砾	0.025~0.040
中风化花岗岩	0.6~0.8

根据刀具寿命的经验公式,可以计算得出深圳地区各种地层条件下的中心滚刀、面滚刀和边滚刀在正常磨损情况下的使用寿命,见表2-6。

各种地层中滚刀使用寿命 表2-6

地 层 条 件	中心滚刀(m/把)	面滚刀(m/把)	边滚刀(m/把)
黏土	4711.1	2355.6	1177.8
砂土	2826.6	1413.3	706.7
砂砾	1696	848	424
中风化花岗岩	42.4	21.2	10.6

(7)刀具磨损控制措施

为保证盾构机顺利高效地掘进,施工过程中应该在刀具制作、刀具配置和掘进参数设定等方面采取有针对性的技术措施。

①刀具材质的改进。刀具至少由两三种材料构成,即基体材料、硬质合金材料、刀具刃口堆焊材料等。针对深圳硬岩地层对刀具磨损严重的特点,必须对刀具的材质进行改进,提高耐磨性能;提高滚刀刀圈、轮毂、轴及轴承密封的质量和制作精度,从而提高滚刀的整体性能。采取了以下改进措施:在切削刀刀头表面增加耐磨堆焊层和网格耐磨焊层,在滚刀刀鼓上堆焊耐磨材料,防止滚刀刀体的破坏。

②刀具构造的改进。单刃盘形滚刀的刀圈刃口由最初的20.3mm先改为28.8mm,最终调整为30.0mm;而双刃滚刀的刀圈刃口由最初的19mm先改为22mm,最终调整为25mm。齿刀刀刃面增加1排硬质合金柱齿,齿尖增加片状硬质合金刀片,刀刃面调整为4排硬质合金柱齿,齿尖增加片状硬质合金刀片,刀刃正面增加2排圆柱硬质合金齿;齿刀的高度也由高出刀盘面160mm增加到175mm。由于刮刀磨损随刀具编号数增大而增大,因此,根据刀具位置适当加强刮刀的耐磨配置。

③加强刀具的管理。当盾构机穿越微风化地层时,刀具磨损较大。因此,在掘进过程中,根据岩层特点,合理配置刀盘及刀具,加强刀具管理,提前储备好充足的刀具以备更换。对于更换下来的刀具进行补焊,达到规范要求即可重新利用,从而提高了刀具的使用寿命,对于降低生产成本、节约检修更换时间,起到积极的作用。

④及时检查更换磨损刀具。在掘进过程中,应当根据刀具磨损规律,定期和不定期地对刀具进行检查。定期刀具检查制度:每掘进完成一定距离后,进行刀具的磨损常规检查,通过检查对照后,决定是否更换。刀具更换完成后,试运转后检查刀具的安装是否良好,若刀具安装不牢固,要重新复紧刀具螺栓。不定期刀具检查制度:现场施工人员通过掘进过程中推力、扭矩等参数异常以及刀盘发出的响声、出渣情况判断刀盘的运转和磨损情况。当推进艰难时,开舱对刀具进行检查,对刀具磨损进行评估。

⑤施工控制因素。选择合适的渣土改良材料,增大渣土流动性,可以有效减少渣土在刀箱里的结块以降低摩阻力矩。刀盘在一定转速和压力条件下进行地下挖掘,刀具承受非常高的工作压力和温度,恶劣的工作条件会降低刀具的使用寿命。因此,注入泡沫剂可以减少对刀具的磨损,并对刀具起到一定的润滑和冷却作用,同时可以减小对盾构机排渣系统中易损件的磨损。选择合理的掘进参数和稳定开挖面的辅助措施,改善刀具的受力状态,减少非正常破坏。

⑥刀具的修复。为了节约成本,争取低碳施工,应对于部分正常磨损的滚刀进行修复,对于仅发生刀圈磨损而未影响到轮毂、轴及轴承密封的滚刀,仅需将刀圈更换后便可继续投入使用。

2.4 特定地层条件下盾构掘进合理刀具配置技术

盾构刀具的布置方式需要充分考虑工程地质情况,进行针对性设计,不同的工程地质特点,采用不同的刀具配置方式,以获得良好的切削效果和掘进速度。

2.4.1 淤泥地层条件下盾构掘进合理刀具配置技术

在软弱土地层,一般只需配置切削型刀具,如切刀、周边刮刀、中心刀等。以南京地铁盾构为例,刀盘采用面板式结构,装有1把鱼尾形中心刀、120把切刀、16把周边刮刀及1把仿形刀。切刀安装在开口槽的两侧,覆盖了整个进渣口的长度。刮刀安装在刀盘边缘。刀盘的后部装有4个搅拌棒。刀盘是一个带有宽进料开口的切割式圆盘,有16个开口槽,其中8个渣槽接近刀盘中心。在刀盘中心有一个旋转接头,旋转接头是向刀盘前部注入膨润土、泡沫等和向仿形刀供油的主要通道。软弱土地层的刀盘结构相对简单。由于刀盘需要正反旋转,因此切刀的布置也在正反方向布置,为了提高切刀的可靠性,在每个轨迹上至少布置2把。在周边工作量相对较大,磨损后对盾构切口环尺寸影响较大,在正反方向各考虑了8把刮刀。考虑到刀盘的受力均匀性,刀具布置具有对称性。刀具安装采用螺栓固定,便于更换。在切刀或刮刀的刃口镶嵌有合金耐磨材料,以延长刀具的使用寿命。切刀的破岩能力为20MPa,可以顺利地通过进出洞端头的加固地层。

2.4.2 黏土地层条件下盾构掘进合理刀具配置技术

在黏土地层中掘进时,复合式土压平衡盾构机应该在刀盘的中心区和正面区尽可能多配置齿刀。这是由于土体强度不高,很难给滚刀提供足够的滚刀力矩,同时由于土体黏性较高,滚刀刀箱内堆满了渣土,不易塌落,在盾构机推进过程中产生的大量热量会使刀箱内土体的水分越来越少,而逐渐变硬,最终形成泥饼。滚刀极易因结泥饼而无法转动,造成偏磨现象。尤其是在刀盘中心较易结泥饼的位置(刀盘中心区直径2.0m范围内)宜少设或不设置滚刀,应将滚刀换为齿刀和鱼尾形中心刀,既确保了刀具切削黏土的有效性,又增加了刀盘的开口率,大大降低了刀具结泥饼的可能性。同时,刀具的布置要层次清楚,其中滚刀和齿刀的高差宜大于35mm,如此可增加滚刀和齿刀的切削效率,减少刀具磨损。

2.4.3 砂卵石地层条件下盾构掘进合理刀具配置技术

砂卵石土一般摩擦阻力大,渗透性好。在砂卵石地层中掘进时,在盾构的推进挤压下水分很快排出,土体强度提高,故不仅盾构推进摩擦阻力大,而且开挖面土压力也较大。另外,盾构土舱内刀具切削下来的砂土不易搅拌成均匀的塑流体。同时砂性土中石英含量较大,刀具磨损较严重。并且大粒径砂卵石不但切削或破碎困难,而且切削下来的渣土排出也十分困难;因此在刀盘设计时,应对刀盘形式、刀具形状及布置方式、加泡沫系统等内容作为重点统筹考虑。

在砂卵石地层中,盾构既可选用面板式刀盘,也可选用辐条式刀盘。采用辐条式刀盘时土压平衡更易于控制,土砂流动顺畅,不易堵塞刀盘开口,且刀盘扭矩阻力小,既能满足工程施工需要,保证有较好的掘进性能,又能节省设备投资。在刀具配置时,需设置切刀、周边刮刀、先行刀、中心刀、超挖刀等刀具。由于盾构掘进时,卵石、砾石在基岩内不易被固定,难以提供给滚刀足够的转动力矩和滚刀切岩的支撑力,导致滚刀破岩失效。因此,切刀是主刀具,用于开挖面大部分断面的开挖;周边刮刀也称保径刀,用于切削外周的土体,保证开挖断面的直径;先行刀在开挖面沿径向分层切削,预先疏松土体,降低切刀的冲击荷载,减少切削力矩;同时重型撕裂刀用于破碎强度较低和粒径较小的卵石和砾石;中心刀用于开挖面中心断面的开挖,起到定心和疏松部分土体的作用;仿形刀用于曲线开挖和纠偏;滚刀用于破碎粒径较大的砾石。

2.4.4 硬岩地层条件下盾构掘进合理刀具配置技术

纯硬岩地层,如秦岭 1 线隧道,隧道断面范围内以混合片麻岩和混合花岗岩两种岩石为主,刀具全部选用滚刀,无任何齿刀,且滚刀为重型刀具,耐磨性更强。有时,在刀盘面板周边开口处配备刮渣刮刀板。在城市地铁盾构隧道施工中,若遇到长距离的硬岩地段,则应该将正面区的一部分切刀更换为滚刀,提高盾构机的破岩能力,且避免切刀和刀盘的磨损。

本工程硬岩段盾构施工中,布设的主要刀具种类有滚刀(包括单刃滚刀和双刃滚刀)、齿刀、刮刀,其中滚刀和齿刀的刀座形式相同。用于制造刀盘钢结构的钢材质为 16MnR,刚度、强度均满足掘进要求。刀具具体布置为:双刃滚刀 4 把,单刃滚刀 32 把(其中周边滚刀 12 把),周边刮刀 16 把,正面切刀 64 把。滚刀高出齿刀 35mm,以便在硬岩地段掘进时保护齿刀和刮刀,滚刀与齿刀层次间距为 40mm,利于硬岩的破碎。

2.4.5 软硬不均地层条件下盾构掘进合理刀具配置技术

在软硬不均地层中盾构掘进,需要同时配置破碎硬岩的滚刀和适应于软土地层的切削刀具。首先通过滚刀进行破岩,然后切刀将初步破碎的岩土刮削下来,达到配合破岩的效果。滚刀的超前量应大于切刀的超前量,在滚刀磨损后仍能避免切刀进行破岩,确保切刀的使用寿命。在曲线半径小的隧道掘进时,为了保证盾构的调向和避免盾壳被卡死,需要有较大的开挖直径,因此刀盘上需配置滚刀型的超挖刀。为提高刀盘的寿命,刀盘面板及周边焊有耐磨条。

本工程中滚刀刀刃距刀盘面板的高度为 175mm,齿刀和刮刀刀刃距刀盘面板的高度为 140mm。滚刀高出齿刀 35mm,以便在硬岩地段掘进时保护齿刀和刮刀,滚刀与齿刀层次间距为 40mm,利于硬岩的破碎。滚刀的刀间距过大和过小都不利于破岩,间距过大,滚刀间会出现"岩脊"现象,间距过小,滚刀间会出现小碎块现象,降低破岩功效。在复合地层中周边滚刀的间距一般小于 90mm,正面滚刀的间距为 100~120mm;当岩石强度高时,滚刀的间距控制在 70~90mm 的范围内比较合理。

第3章 深圳地铁盾构隧道技术研究

3.1 深圳地铁盾构隧道施工工法研究

3.1.1 盾构始发施工技术

(1)盾构始发设计

①负环管片环数确定

盾构长度 $L=7.6$m,洞口围护结构在完成第一次凿除后的里程为 D_f,设计第一环管片起始里程为 D_{1S},管片环宽为 W_s,反力架与负环钢管片长为 W_r(自行设计加工的尺寸)。D_r 为反力架端部里程,N 为负环管片环数。在安装井内始发时最少负环管片环数:

$$N = (D_{1S} - D_f + 7.6)/W_s$$

一般情况下,负环环数取为7环,从0至负6环。

②负环管片拆除条件

根据盾构隧道施工经验,盾构机始发掘进达到60环、同步注浆浆液强度达到2.0MPa时,即可以拆除反力架及负环管片。

经验公式为:

$$F = \mu \cdot \pi \cdot D \cdot L \cdot P \tag{3-1}$$

式中:μ——管片与土体的摩擦系数,取0.3;

D——管片外径,取6.0m;

L——已安装的管片长度;

P——作用于管片背面的平均土压力,取100kPa。

盾构机额定最大推力为34210kN,取安全系数为1.5。则根据力学平衡原理,有:

$$F = 1.5 \times 34210 = 0.3 \times 3.14 \times 6.0 \times 100 \times L$$

求得 $L=90.79$m,取 $L=90$m,即推进60环即可满足拆除要求。拆除负环管片之前,将洞门附近的管片用6根槽钢沿隧道纵向拉紧,并拧紧螺栓,防止管片松弛。

③负环管片拆除方案

负环管片拆除有两种方法:一种是整环拆除,吊出后再分环成块(先在井底拆除管片的环向连接螺栓,然后用钢丝绳捆绑管片,利用龙门吊吊出始发井,吊至地面后,在地面上翻转水平放置,然后拆除纵向螺栓,分环成块);另一种就是在井底先分块,然后将拆分后的管片吊出(先在井底拆除管片的环向连接螺栓,然后再拆除封顶块与邻接块的连接螺栓,将封顶块捆绑吊出;然后依次拆除邻接块与标准块的连接螺栓,按照负环安装的相反顺序将管片分解吊出)。每环管片质量为20.15t。

采用45t龙门吊吊出整环管片的安全系数为2.23,满足要求。分块吊出的方法相对于整环吊出所需的时间要长,主要表现为分块吊出在拆除纵向螺栓的同时,还可在地下拆除环向螺栓;而整环吊出的方法需要为每环提供$28m^2$的场地进行环向螺栓的拆除。拆除负环根据实际场地情况综合考虑,然后再确定采用何种方法。

(2)盾构始发施工的重难点

盾构始发是盾构施工的关键点之一,也是盾构正常掘进前的试掘进。盾构隧道始发掘进的重难点包括负环管片的安装、选择合理的掘进参数以及掘进姿态的控制等。

①负环管片的安装

由于没有围岩侧壁的保护和支撑作用,在安装负环管片时,要放慢速度,一般一天只能拼装一环。尤其是在拼装负6环管片时,因为管片与基准环之间只有与螺栓直径差不多大小的栓孔,因此少许的方向偏差都将导致螺栓安装困难,很容易造成负环管片的破损,或是拼装失败。

②始发时掘进参数的选择

始发时,负环管片脱出盾构机后,周围无约束,在推力作用下易变形,掘进参数的选择不合适,将导致盾构姿态的不规则,容易产生抬头、低头以及蛇形掘进线路等问题。同时由于始发时,盾构机摩擦阻力较小,如果推力、扭矩大,推进速度和出土速度设定值过大,将导致盾构机前方地表沉降过大。因此掘进参数的选择也是始发时的难点。

③掘进姿态的控制

盾构始发时,盾构机安设在始发台上,不能过多调向,而且盾壳与始发台导轨之间的环向摩擦力也很小,盾构机容易旋转;同时由于始发段土层界面起伏较大,强度不均,盾构机也会产生水平方向的偏移。因此对于盾构机蛇形运动的修正,也是始发时需要处理的问题。

(3)盾构始发工艺流程

盾构机始发阶段的主要工序包括盾构始发掘进前的工作和盾构始发掘进工作。盾构始发工序流程为:盾构始发端头加固→洞门破除施工→轨线布置→始发托架的安装→洞门密封及止水装置的安装→反力架安装→盾构机组装与调试→安装负环管片→始发阶段刀具和掘进参数的选择→始发掘进姿态控制→始发阶段监控量测。

(4)盾构始发掘进前的工作

①盾构始发端头加固

根据翻身站始发端头工程地质、水文地质和端头结构等综合分析与评价,决定对端头地层进行单管旋喷桩加固,目的是控制地下水压力及防止盾构掘进时由超挖而引起的土砂流入,从而保证盾构机安全顺利地始发。要求加固后的土体在端头井围护结构凿除后能有良好的自稳性、防水性和匀质性。采用单管$\phi 600mm$旋喷桩,桩距按@450mm梅花形布置,桩间咬合

150mm,加固宽度和加固高度均为12m,即盾构隧道断面直径范围6m加上下左右各3m。加固土体单轴无侧限抗压强度不小于2.0MPa,渗透系数小于或等于1.0×10^{-6}cm/s。端头加固平面如图3-1所示。

②始发洞门破除施工

a. 洞门凿除施工顺序

洞门采用人工凿除,将洞门划分为9部分,凿除时按编号顺序先上后下、先中间后两侧进行作业。洞门凿除顺序为:破除钻孔桩表面喷射混凝土→割除钻孔桩表面钢筋网→破除围护结构的钻孔桩护壁的混凝土→割除围护结构钻孔桩护壁的钢筋→破除钻孔桩桩身混凝土→割除钻孔桩桩身钢筋→破除钻孔桩桩身的混凝土→清理废渣。洞门凿除施工示意图和施工顺序图分别如图3-2、图3-3所示。

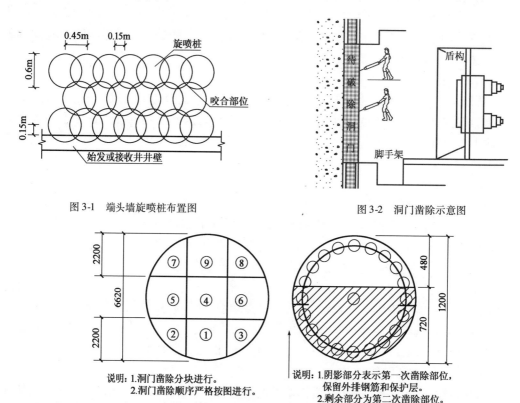

图3-1 端头墙旋喷桩布置图

图3-2 洞门凿除示意图

图3-3 洞门凿除施工顺序(尺寸单位:mm)

b. 洞门凿除施工方法

洞门凿除分两次进行,第一次洞门凿除的时间为盾构始发前10d,洞门采用人工凿除,将洞门划分为9部分,凿除时按编号顺序先上后下、先中间后两侧进行作业。凿除钻孔桩表面喷射混凝土,割除钻孔桩表面钢筋网,破除围护结构的钻孔桩护壁的混凝土,割除围护结构钻孔桩护壁的钢筋。第一次洞门凿除结束后,观察洞门掌子面的渗水情况,决定是否进行补充注浆;若水流量较大,则采用双液浆进行注浆加固。

二次洞门凿除是在盾构机刀盘贴至洞门围护结构时。此时,盾构机停止推进,保证密封舱内的泥土满舱,使切口正面的土压力降至0.08MPa。人工用风镐、钻机破除钻孔桩依照洞门破除先后顺序从上往下凿除桩身的混凝土；同时割除桩身钢筋，将洞门周围钢筋修整切割圆顺，尽量缩短洞门土体无支撑时间；凿除围护桩主筋内圈混凝土、混凝土保护层，凿除完毕后，用风镐修整洞门周圈混凝土面，使洞门周围圆顺；然后清理洞门凿除产生的废渣、脚手架等。

洞门凿除过程中，设专人注意观察洞门掌子面的渗水及稳定情况；若水流量较大，则进行补充注浆，必要时在盾构机中盾的位置压注聚氨酯，确保施工安全。洞门凿除施工如图 3-4 所示。

图 3-4 人工凿除洞门施工示意图

③洞门密封及止水装置的安装

盾构机初始掘进时，由于始发井内衬墙预留孔洞直径为 6620mm，盾构机前体直径为 6250mm，所以当盾构机前体进入内衬墙后，将会在内衬墙与盾构机前体机壳间形成 185mm 的空隙。为了防止在始发掘进时水和土体从间隙处流失，需增设临时密封装置。根据施工经验及本工程的实际情况，洞口密封采用简便有效的橡胶密封帘布板配折叶式密封压板（图 3-5）。安装顺序为：洞门圈预埋钢环（车站施工时已预埋）→安设双头螺栓→帘布橡胶板→圆环压板→折页压板→垫圈→螺母。洞门密封装置如图 3-6 所示。

图 3-5 折叶式密封压板

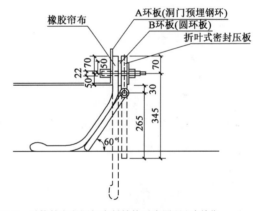

图 3-6 盾构始发段洞门密封结构示意图（尺寸单位：mm）

帘布橡胶板是由氯丁橡胶加棉纱线、尼龙线复合而成，通过它与管片密贴来防止盾尾出洞前渗漏水以及盾尾出洞后同步注浆时浆液外流。折叶式密封压板压紧帘布橡胶板，保证帘布橡胶板在注浆压力下不翻转，从而达到盾构始发施工阶段防水的效果。为了防止盾构机推进时，刀盘损伤帘布橡胶板，在盾构向前推进前应在帘布橡胶板外侧及边刀上涂抹黄油；在盾构机切口环进入洞门圈后，要密切关注密封装置效果，发现帘布橡胶板受损，要及时采取措施，使得折页式密封压板压好帘布橡胶板，以保证能起到良好的密封效果。

④施工轨道铺设

为满足盾构吊装下井及始发，在始发井及车站主体结构底板上铺设施工轨道。始发端前 100m 铺设单线轨道，至负环拆除后，为提高盾构工作效率，再根据车站可利用的净空条件在洞口或者车站内设置道岔，并铺设双线蓄电池车轨道。

站内均采用43kg/m钢轨铺设运输轨线,钢轨中心距为900mm,钢枕长度3m,采用I20槽钢自制轨枕,轨枕间距直线段1.2m,曲线段1m。站内分岔双线亦采用I20槽钢自制轨枕,用压板螺栓固定钢轨,轨枕间用钢筋拉牢,且两排轨道的中心间距不小于2.1m,保证站内并排两列机车组安全行驶,铺设双线要便于列车编组会车、渣车出渣、下材料等。

⑤盾构始发台的安装

在洞门凿除完成之后,根据盾构机设计姿态进行精确定位,在安装始发台前进行测量放样工作,准确定位后将始发托架与底板预埋钢板焊接连接。依据隧道设计轴线定出盾构始发姿态的空间位置,然后反推出始发台的空间位置,如图3-7所示。始发台用于盾构机始发时固定盾构机方位、承载盾构机的自重,以及调整盾构机中心达到设计高程。在负环管片拆除前,始发托架还起着固定负环管片的作用。

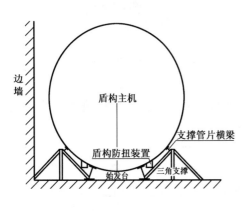

图3-7 盾构始发台

始发托架底部要垫平稳,保证接触面积满足要求,避免扭曲。由于始发托架在盾构始发时要承受纵向、横向的推力以及约束盾构旋转的扭矩,所以在盾构始发之前,先对始发托架两侧进行加固,可将水平H型钢支撑在车站侧墙上,以保证始发架左右稳定。横向型钢和纵向型钢焊接牢固,每层型钢均要使用连接支撑连成一个整体平台提高型钢的刚度防止侧翻;最后将托架放置在型钢平台上并与型钢焊接牢固。在盾构机主机组装时,在始发托架的轨道上涂硬质润滑油以减小盾构机在始发托架上向前推进时的阻力。另外,在进行盾构井底板及填充层施工时提前按始发相关尺寸,事先调整好高程、坡度,预埋好始发托架的连接、加固钢板,并预留好盾壳焊接和反力架立柱预留槽等。始发托架的安装高程根据端头地质情况适当进行抬高。始发托架加固情况如图3-8所示。

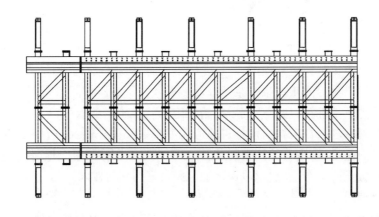

图3-8 始发托架平面图

⑥反力架和基准环的安装

在盾构机的主机等下井并在始发台上安装好后,将反力架和基准环由下至上分别吊入井下进行组装。反力架为盾构机推进提供反力,考虑反力架支撑不能全部直接撑在车站内墙上,需要考虑反力架增设斜撑。反力架和基准环的安装步骤如下:

a. 将反力架下横梁吊到井下,进行拼装,再将侧梁和上部吊入与下部组装在一起。

b. 将基准环的下半部吊入井下与反力架进行连接,经测量检查、调整使基准环的中心与反力架的中心重合,并最终与线路中心线一致,然后把它们连接组装固定好。

c. 根据测量的结果,对反力架进行水平方向和轴线方向的调整,使反力架和基准环的中心线与隧道的轴线一致。

d. 对反力架进行焊接固定。

e. 反力架与盾构始发井主体结构之间存在一定的距离,为确保盾构掘进过程中反力架的稳定及其受力均匀,在反力架与盾构始发井主体结构之间采用两根 I30 型钢焊接体系支撑,两根 I30 型钢所能承受的压力远远大于盾构始发千斤顶总推力控制在 8000kN 的要求。由于始发阶段,盾构机主要使用下部油缸千斤顶,为了安全起见,对下部支撑进行加密,以满足始发推力要求。反力架与始发井结构部位连接要牢固,以保证托架及反力架的受力均匀传递到始发井结构上。盾构始发反力架、基准环正面和侧面图如图 3-9 和图 3-10 所示,反力架的施工如图 3-11 所示。

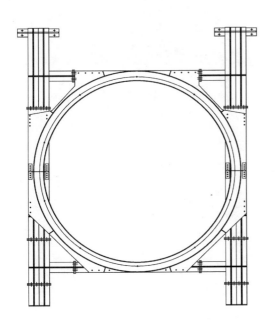

图 3-9 盾构始发反力架和基准环正面图

图 3-10 反力架和基准环侧面图

⑦盾构机吊装与调试

吊装的工序为:始发托架→后备台车→桥架→螺旋输送机→中盾→前盾→刀盘→盾尾。始发托架长约 9.732m。当井口尺寸完全可以满足始发架的整体(始发架两块在井上连接好为一体)下井时,用 90t 汽车式吊车完全可以满足始发架的吊装要求。始发架下井后的中心与钢环的中心应在一条直线上,与始发的要求尺寸完全符合。

盾构机附属设备尽量在地面安装,拖车附属设备的安装次序为先下部后上部。管线安装与设备安装同步进行。组装以液压、电气安装为控制要点,以大件吊装为重点。由于盾构机组装后刀盘直径达6280mm,质量达90t,盾体最大总质量达到320t,而一般龙门吊的吊装能力不足100t,因此必须采用一台250t履带吊机吊装以及一台90t汽车吊机。在组装过程中,250t履带吊机做主吊装机,用于刀盘、盾体各部件、螺旋输送机和拖车的吊装下井,汽车吊机则负责油泵等一些质量稍小的部件的吊装下井。刀盘吊装施工如图3-12所示,前盾和刀盘的吊装施工如图3-13、图3-14所示。

图3-11 反力架施工图

图3-12 刀盘吊装下井

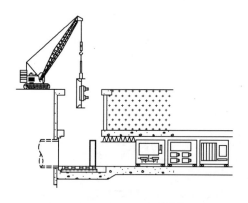

图3-13 吊装前盾示意图

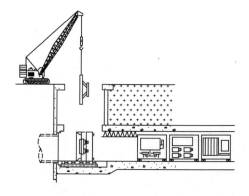

图3-14 吊装刀盘示意图

盾构机调试包括空载调试和负载调试。盾构机组装和管线连接完毕后,即进行空载调试。空载调试的目的主要是检查设备是否能正常运转。主要调试内容为:配电系统、液压系统、润滑系统、冷却系统、控制系统、注浆系统以及各种仪表的校正。在证明盾构机具有工作能力后,即进行负载调试。负载调试的主要目的是检查各种管线及密封设备的负载能力,对空载调试不能完成的工作进一步完善,以使盾构机的各个工作系统和辅助系统达到满足正常生产要求的工作状态。试掘进即为负载调试。调试工作在安装完成后两周内完成。盾构机在完成了各项目的检测和调试并合格后,即可认定盾构机已具备工作能力,可以进行始发工作。

(5)始发掘进阶段的技术措施

考虑到盾构机和后方台车的长度,以及管片与土体之间的摩擦力足以支持盾构机的正常掘进,故始发掘进长度设定为100m。及时掌握在复合地层条件下始发推进的各项参数,包括掘进模式、千斤顶总推力、推进速度,以及扭矩、转速和同步注浆参数等。分析地层的位移规律和结构受力情况,以及施工对地面环境的影响,并及时反馈调整施工参数,为全标段顺利施工做好参照。

①盾构机参数

本标段右线采用德国海瑞克公司生产的 $\phi6250$mm 复合式土压平衡盾构机始发掘进。盾构机主要参数见表3-1。

盾构机主要参数　　　　　　表3-1

序　号	项 目 名 称	盾构机性能参数
1	最小转弯曲线半径	250m
2	最大坡度	3.5%
3	总长	7.6m
4	总质量	312t
5	开挖直径	6280mm
6	前盾外径	6250mm
7	中盾外径	6240mm
8	盾尾外径	6230mm
9	盾尾间隙	30mm
10	最大掘进速度	80mm/min
11	最大推力	34210kN
12	包括后配套总长	80m
13	开挖、超挖直径	6280mm、6380mm
14	刀盘开口率	>25%

②始发掘进刀具配置

根据始发段盾构机穿越区间地层的特点,始发时布设的主要刀具种类有滚刀(包括单刃滚刀和双刃滚刀)、齿刀、刮刀和超挖刀,其中滚刀和齿刀的刀座形式相同。用于制造刀盘钢结构的钢材质为16MnR,刚度、强度均满足掘进要求。刀具具体布置为:双刃滚刀4把,单刃滚刀32把(其中周边滚刀12把),周边弧形刮刀16把,正面齿刀64把,超挖刀1把。滚刀刀刃距刀盘面板的高度为175mm,齿刀和刮刀刀刃距刀盘面板的高度为140mm。滚刀高出齿刀35mm,以便在掘进时保护齿刀和刮刀。滚刀与齿刀层次间距为40mm。

③始发阶段掘进参数的选择

以翻身站始发端头为例,根据该处的地质条件,选择半敞开式平衡模式推进,即保持土舱内一半的渣土,来平衡掌子面土体的稳定。在初始掘进段内,由于反力架的刚度和强度的要求以及要考虑洞门密封所能承受的最大水压,总推力不宜过大,对盾构的推进速度、土舱压力、注浆压力均应该作相应的降低,盾构机总推力保持在 7000～9000kN,推进速度控制在 20～30mm/min 以内,刀盘扭矩保持住 0.8～1.1MN·m,刀盘转速控制在 1.3～1.4r/min,建议土舱压力 0.9MPa,同步注浆压力设定为 0.2～0.3MPa,管片二次注浆的注浆压力为 0.2～0.4MPa,每环注浆量维持 $6m^3$ 左右。盾构始发各掘进参数随施工变化如图 3-15 所示。

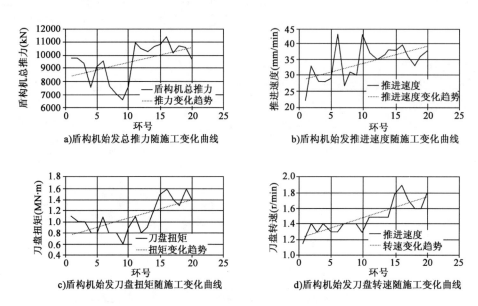

图 3-15　盾构机始发掘进参数随施工变化曲线

始发时,优先选用下部千斤顶,推力增加要遵守循序渐进原则。负环管片脱出盾构机后,周围无约束,在推力作用下易变形,为此在管片两侧用型钢支撑加固,并用钢丝绳将管片和始发托架箍紧;当盾构机外壳脱离洞门密封圈后,及时进行同步注浆;盾构穿过洞口土体加固段时,土层由硬至软,要加强盾构机的方向控制,并根据地层情况和地面建筑物的情况,综合确定始发试掘进的参数。始发阶段宜采用小推力、低速度、微调向、低压力的掘进模式。始发试掘进过程中加强监测,及时分析、反馈监测数据,动态调整盾构掘进参数,并为后续正常快速施工提供依据。

④盾构机掘进姿态控制

由于刀盘切削开挖面土体产生的扭矩大于盾构机壳体与隧道洞壁之间的摩擦力矩,盾构机会产生滚动偏差。同时,由于受土层界面起伏大、强度不均等原因的影响,盾构机也会产生方向偏差,过大的滚动旋转和方向偏差会影响管片的拼装,也会引起隧道轴线的偏斜。因此,需要对盾构机的姿态进行实时监测。

根据以往的施工经验,结合本标段区间隧道的具体情况,拟采用 SLS-T 隧道自动导向系统和人工测量辅助进行盾构姿态监测。本工程的盾构机带有自动测量激光导向系统。该系统配置了导向、自动定位、掘进程序软件和显示器等,能够全天候在盾构机主控室动态显示盾构机当前位置与隧道设计轴线的偏差以及趋势。据此调整控制盾构机掘进方向,使其始终保持在允许的偏差范围内。随着盾构推进导向系统后视基准点需要前移,必须通过人工测量来进行精确定位。为保证推进方向的准确可靠性，拟每周进行两次人工测量，以校核自动导向系统的测量数据并复核盾构机的位置、姿态，确保盾构掘进方向的正确。

始发阶段由于盾构机在始发台上，不能过多调向，而且盾壳与始发台导轨之间的环向摩擦力也很小，为防止盾构机旋转，刀盘应缓慢加力，使扭矩、推力缓慢增大，并在盾构机壳体上焊接角钢与始发井底板相连，以防盾体转动，并随着盾体的前进依次切除。当盾构机滚动偏差超过 0.5°时，盾构机会报警，提示盾构机操作手必须对刀盘进行纠偏。盾构机滚动偏差采用刀盘反转的方法纠正。严格控制盾构机操作，调节好盾构机推进千斤顶的压力差，防止盾构机发生旋转、水平姿态偏差过大而产生盾构机抬头或低头现象。对于盾构机蛇形运动的修正，应以长距离缓纠偏为原则，循序渐进；如果修正过急，蛇形反而会更加明显。同时根据盾构机前的掌子面地层情况及时调整掘进参数、掘进方向，避免引起更大的偏差。

⑤安装负环管片

本工程负环管片安装采用"3 + 2 + 1"方案，即：一块封顶块、两块邻接块和三块标准块，共 6 环负环。管片拼装采用错缝拼装方式。负环管片采用标准环。为防止负环管片失圆，采取错缝拼装，负 6 环管片封顶块位置定为 1 点位（封顶块向右偏移 18°）。在拼装负 6 环管片的第一块管片时，首先在负 6 环管片的 A2 块管片内弧面上画出管片向右偏移 18°后位于弧底的位置，拼装时以水平尺进行确定。

邻接块 B 和 C 安装时，在盾尾盾壳上焊接吊耳，并用导链进行固定，以支撑管片并保证施工安全，待封顶块纵向推插到位后，拆去导链，割除吊耳，紧固封顶块与邻接块的螺栓。负 6 ~ 负 1 环管片只粘贴丁腈软木橡胶板（纵缝）和软木衬垫（环缝），不粘贴止水条和自粘性橡胶薄片，管片连接螺栓也不需加遇水膨胀橡胶圈。从 0 环开始必须正常使用防水材料。

由于始发支座轨道与管片外侧有 125mm 的空隙（盾构始发台的尺寸是按照盾构机的前体 6250mm 设计，管片外径为 6000mm），为了避免负环管片全部推出盾尾后下沉，在始发台导轨上用方木楔楔紧，使其将负环管片托起。在每环管片推出盾尾后，在管片外的支撑三脚架纵向工字钢及始发台轨道上用木制或铁制的三角楔子及时进行支垫，将管片压力均匀地传递给三脚架。每环管片加设两个楔子，每间隔两个木楔子加设一个铁楔子。负环管片拼装示意图和拼装后的效果如图 3-16、图 3-17 所示。

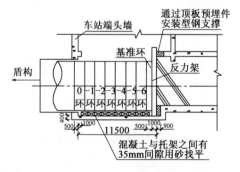

图 3-16 负环管片拼装示意图（尺寸单位：mm）

图 3-17 负环拼装施工图

在拼装好第二环负环管片后，让盾构机继续掘进，使盾尾密封刷脱离第一环管片，将 150mm × 100mm 的三角木楔楔进负环与支撑架之间的空隙内，左右两侧各楔两个木楔。用两根 16mϕ18mm 的钢丝绳绕过负环管片顶部,将绳头分别留在支撑架左右两侧,每个绳头上穿上紧线器,将紧线器的另一端挂在支撑架的吊耳上,旋转紧线器,将钢丝绳拉紧。在纵梁与负环管片的空隙内楔入 300mm×250mm 的三角木楔,每环负环管片左右两侧各楔入两个木楔。

⑥负环管片、始发托架和反力架的拆除

负环管片、始发托架及反力架拆除的施工步骤如下:

a. 先将反力架后面的钢支撑与中板分离,然后拆除钢支撑和反力架与基准环之间的螺栓,用千斤顶及电动葫芦将反力架后移一定距离,以便能够顺利吊出反力架。

b. 按安装基准环的相反顺序拆除基准环。先用两根起吊绳将基准环捆绑,用卸扣锁锁紧钢丝绳,确定捆绑牢固后,拆除基准环与负6环之间的纵向螺栓,然后用45t龙门吊将基准环吊出,移至预留场地,然后分块拆除。

c. 按安装反力架的相反顺序拆除反力架,按照"先捆绑固定、后拆除吊出"的原则,从上到下拆除连接螺栓,分块吊出。

e. 采用分块吊出:所有负环管片分两次拆除。掘进到90m后进行第一次拆除,第一次拆除所有负环的上部3块管片,即K块、B1块和B2块;第二次拆除所有负环的下部3块管片,即A1块、A2块和A3块。拆除时停止掘进,并要重新铺设轨线。

f. 最后拆除始发托架。首先用气割设备将始发托架与型钢之间的焊缝割除,然后用钢丝绳将托架进行捆绑固定,预吊确保牢固后,再将始发托架吊出始发井,吊至地面预留场地。

g. 始发托架吊出后应迅速恢复始发井内的轨道和水管、电缆等设备,为恢复正常施工提供条件。两种不同的拆除负环管片的施工方法如图3-18所示。

⑦监控量测

盾构始发时,因盾构土舱压力、注浆压力过大,或土舱压力过小、地层损失过大,或地下水位变化,或掘进时对土体的扰动等原因,可能造成始发场地的地面沉降,为此应该重视对始发时的监控量测,这对正常掘进时的掘进方向的控制有重要的引导作用。通过盾构机采集信息和地面监测信息相互校核,更好地指导施工,为区间隧道的顺利贯通提供安全、质量保证。地面监测项目包括:线路地表沉降观测、沿线邻近建筑物变形测量和地下管线变形测量。测点布置原则为:

a. 按监测方案在现场布设测点。当实际地形不允许时,在靠近设计测点位置设置测点,以能达到监测目的为原则。

b. 为验证设计参数而设的测点布置在设计最不利位置和断面,为指导施工而设的测点布置在相同工况下最先施工部位。其目的是为了及时反馈信息,以修改设计和指导施工。

c. 地表变形测点的位置既要考虑反映对象的变形特征,又要便于采用仪器进行观测,还要有利于测点的保护,并且测点必须埋入原土层。

d. 各类监测测点的布置在时间和空间上有机结合,力求同一监测部位能同时反映不同的物理变化量,以便找出其内在的联系和变化规律。

e. 测点的埋设应在盾构到达前15d完成,并及早进行初始状态的量测。

f. 测点在施工过程中一旦遭到破坏,尽快在原来位置或尽量靠近原来位置补设测点,以保证该测点观测数据的连续性。

a) 负环分块被调出井

b) 整环被拆除施工图

图 3-18　两种拆除负环管片的施工方法

在初始掘进段,每 10m 布置一个沉降监测断面,监测地面位移和水压,应及时反馈分析监测结果,掌握沉降变化规律,从而优化施工参数,动态调整盾构掘进参数,使盾构施工安全顺利地进行。地面沉降监测点布置如图 3-19 所示。

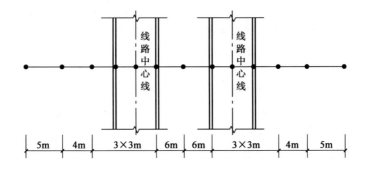

图 3-19　地面沉降监测点布置图

(6) 盾构始发注意事项

盾构始发是盾构施工中风险最大的环节之一,非常容易发生工程质量和安全事故。为了确保盾构始发安全和质量,必须要注意以下事项:

①为了控制推进轴线,保护刀盘,推进速度不宜过快,使盾构机缓慢稳步前进,推进速度控制在10mm/min。

②为了避免推进时刀盘损害洞门密封装置,始发前在刀头和密封装置上涂抹油脂减少摩擦。

③更换所有受损的盾尾刷,避免掘进一段距离后,出现盾尾漏水漏浆问题。在中途更换盾尾刷难度极大。

④盾构启动时,盾构司机必须检查千斤顶是否靠紧,开始推进和结束推进之前速度不宜太快;每环掘进开始时,应逐步提高掘进速度,防止启动速度过大;一环掘进过程中,掘进速度值应尽量保持恒定,减少波动。

⑤始发架导轨必须顺直,严格控制高程、间距及中心轴线,基准环的端面与线路中线垂直。盾构机安装后对盾构机的姿态进行复测,复测无误后才能开始掘进。

⑥推进速度的快慢必须满足每环掘进注浆量的要求,保证同步注浆系统始终处于良好的工作状态。

⑦始发初始掘进时,盾构机位于始发架上,因此需在盾构机重心中心位置两侧焊接防扭转支座来卡在始发架上,为盾构机始发提高反扭矩,在进入洞门后割除并打磨。

⑧在始发阶段,由于设备处于磨合阶段,要注意推力、扭矩的控制,同时也要注意各部位油脂的有效作用;掘进总推力控制在后盾支撑承受能力以下,同时确保在此推力下刀具切入地层所产生的扭矩小于盾构机始发架提供的反扭矩。

⑨盾构机始发时,在反力架和洞内正式管片之间安装负环管片,在外侧采取钢丝拉结和木楔在负环管片和托架钢轨之间支撑,以保证在传递推力过程中管片不会浮动变位。

3.1.2 管片拼装质量控制技术

在国内城市地铁隧道工程中,目前已越来越多地开始使用盾构机来掘进区间隧道,用预制混凝土管片作为永久衬砌。管片通常由专业的厂家提前制作,按其功能又通常分为两种,即标准环和转弯环。顾名思义,标准环是用于直线段,转弯环是用于曲线段。标准环与转弯环配合使用就可以拼装各种线形的隧道。管片选型直接关系到隧道线路、隧道质量等一系列隧道的关键指标,所以管片选型是否正确,将决定盾构工程的成败。在盾构法施工中,管片的选型和安装好坏直接影响着隧道的质量和使用寿命。

(1)管片的特征

深圳地铁5号线盾构管片环设计分为标准环、左转弯环和右转弯环三种管片环,管片环外径为6m,内径为5.4m,幅宽1.5m,厚度为0.3m。每环由6片管片组成,其中三块标准块,两块邻接块,一块封顶块;一环混凝土量为$8.06m^3$,质量约20t。管片混凝土强度等级为C50,抗渗等级为S12,钢筋采用HPB235、HRB335。

管片拼装除了这些特征外,在设计中还有拼装点位、楔形等一些特征。

①管片的拼装点位

本区间的管片拼装分10个点位,和钟表的点位相近,分别是1、2、3、4、5、7、8、9、10、11。

管片划分点位的依据有两个:管片的分块形式和螺栓孔的布置。拼环时点位尽量要求 ABA(1 点、11 点)形式,隧道管片要求错缝拼装,相邻两环管片不能通缝。管片拼装点位有很强的规律,管片的点位可划分为两类,一类为 1 点、3 点、5 点、8 点、10 点;二类为 11 点、2 点、4 点、7 点、9 点。同一类管片不能相连,例如 1 点后不能跟 3、5、8、10 这四个点位,只能跟 11、2、4、7、9 这五个点位。在成型隧道里两联络通道之间的奇数管片是同一类,偶数管片是同一类。

②管片楔形的种类

楔形管片分为前楔形、后楔形、等腰楔形(图 3-20)。本工程采用的管片为后楔形。后楔形和等腰楔形容易控制管片方向,纠偏比较灵活,前楔形一般不可取。

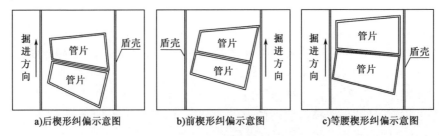

图 3-20　各类楔形纠偏示意图

如图 3-20 所示,在楔形量相同的情况下,后楔形管片纠偏的能力最强,前楔形管片纠偏能力最差。

③管片楔形量的确定

隧道在曲线上,外边长大于内边长,且盾构机姿态始终蛇行前进,所以要求管片在隧道里拼装时,可以灵活地调整走向,即需要管片设计楔形量。

确定管片楔形量的因素有三个,分别是线路的曲线半径、管片宽度、标准环数与楔形环数之比 U 值(U 值一般不小于 1)。深圳地铁 5 号线管片楔形量为 38mm。

(2)管片选型

①管片选型原则

管片选型的原则有两个:第一,管片选型要适合隧道设计线路;第二,管片选型要适应盾构机姿态。这两者相辅相成。

a.管片选型要适合隧道设计线路

当一个盾构工程开工之前,就要根据设计线路对管片作一个统筹安排,通常把这一步骤叫管片排版。通过管片排版,就基本了解了这段线路需要多少转弯环(包括左转弯、右转弯)、多少标准环,以及曲线段上标准环与转弯环的布置方式。管片技术参数见表 3-2。

管片技术参数表　　表 3-2

项　　目	技 术 参 数	项　　目	技 术 参 数
管片长度	1500mm	管片内径	5400mm
管片厚度	300mm	盾尾内径	6230mm
管片外径	6000mm	转弯环截面	后楔形
转弯环楔形量	38mm	盾尾间隙	盾尾内径 − 管片外径

每个盾构司机都要清楚线路的变化情况,因为纠偏环使用最多的地方是在缓和曲线到曲线之间,到曲线前就需提前安装纠偏环进行线路调整,以减少进入曲线后发生的纠偏过急现象。

b. 管片选型要适应盾构机姿态

管片在盾尾内拼装,所以不可避免地受到盾构机姿态的制约。管片平面应尽量垂直于盾构机轴线,也就是盾构机的推进油缸能垂直地顶推在管片上。这样可以使管片受力均匀,掘进时不会产生管片破损。同时也兼顾管片与盾尾之间的间隙,避免盾构机与管片发生碰撞而损坏管片。在实际掘进过程中,盾构机因为地质不均、推力不均等原因,经常要偏离隧道设计线路。当盾构机偏离设计线路或进行纠偏时,都要十分注意管片选型,避免发生重大事故。

②管片选型依据

a. 根据拼装点位进行管片选型

转弯环在实际拼装过程中,可以根据不同的拼装点位来控制不同方向上的偏移量。这里所说的拼装点位是指管片拼装时 K 块所在的位置。管片拼装点位在圆周上均匀分成 10 个点,即管片拼装的 10 个点位,相邻点位的旋转角度为 36°。由于是错缝拼装,所以相邻两块管片的点位不能相差 2 的整数倍。一般情况下,本着有利于隧道防水的要求,都只使用上部 5 个点位。根据工程实际情况,选择拼装不同点位的转弯环,就可以得到不同方向的楔形量。表 3-3 是翻灵盾构区间的管片左转弯环不同点位的楔形量表。

左转弯环楔形量表　　　　　　　　　　　表 3-3

点　　位	10 点	1 点	2 点	9 点	8 点
方向	左	左	左	左	左
右楔形量	38mm	34.4mm	24.8mm	34.4mm	24.8mm
上楔形量	19mm	7.83mm	0.93mm	30.2mm	37.1mm
下楔形量	19mm	30.2mm	37.1mm	7.83mm	0.93mm

右转弯环的情况与左转弯相反,这里就不再列举。通过管片不同点位的拼装,就可以实现隧道的调向。

b. 根据盾尾间隙进行管片选型

盾尾间隙是指盾尾与管片之间的间隙。如果盾尾间隙过小,盾壳上的力直接作用在管片上,则盾构机在掘进过程中盾尾将会与管片发生摩擦、碰撞。轻则增加盾构机向前掘进的阻力,降低掘进速度;重则造成管片错台,盾构一边间隙过小,另一边相应变大,这时盾尾尾刷密封效果降低,在注浆压力作用下,水泥浆很容易渗漏出来,破坏盾尾的密封效果。

盾尾间隙是管片选型的一个重要依据。在盾构掘进过程中,应及时跟踪盾尾间隙,发现盾尾间隙有变小趋势时,最好能通过千斤顶推力来调整间隙。如发现有一方向上的盾尾间隙接近 25mm 时,就要用转弯环对盾尾间隙进行调节。调整的基本原则是,哪边的盾尾间隙过小,就选择在哪边拼装反方向的转弯环。

拼装一环左转弯环之后,左边盾尾间隙将减小,右边盾尾间隙将增大;同时通过拼装不同的点位,还可以调节上、下方向的盾尾间隙。如此时盾构机在进行直线段的掘进,则必须注意在拼装完一环左转弯环后,选择适当的时机,再拼装一环右转弯环将之调整回来,否则左边盾尾间隙将越来越小,直至盾尾与管片发生碰撞。如盾构机处于曲线段,则应根据线路的特点进行综合考虑。

c. 根据油缸行程差进行管片选型

盾构机是依靠推进油缸顶推在管片上所产生的反力向前掘进的,我们把推进油缸按上、下、左、右四个方向分成四组。而每一个掘进循环这四组油缸的行程差值反映了盾构机与管片平面之间的空间关系,由此可以看出下一掘进循环盾尾间隙的变化趋势。由图 3-21 可以看出,当管片平面不垂直于盾构机轴线时,各组推进油缸的行程就会有差异,当这个差值过大时,推进油缸的推力就会在管片环的径向产生较大的分力,从而影响已拼装好的隧道管片以及掘进姿态。同时也可以看出如果继续拼装标准环的话,下部的盾尾间隙将会进一步减小。通常我们以各组油缸行程的差值的大小来判断是否应该拼装转弯环,当两个相反方向上的行程差值超过 40mm 时,就应该拼装转弯环进行纠偏。

德国海瑞克公司的土压平衡式盾构机,10 对推进油缸分为 A、B、C、D 四组,分别代表上、右、下、左四个方向,如图 3-22 所示。油缸行程可以通过位移传感器反映在显示屏上,通过计算各组油缸之间的差值,就能进行正确的管片选型。

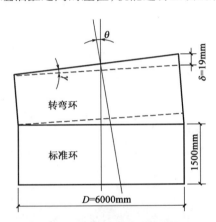

图 3-21 标准环和转弯环关系图

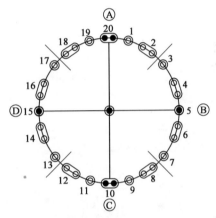

图 3-22 推进油缸分区图

d. 根据盾构间隙与油缸行程之间的关系进行管片选型

在进行管片选型时,既要考虑盾尾间隙,又要考虑油缸行程的差值。而油缸行程的差值更能反映盾构机与管片平面的空间关系,通常情况下应把油缸行程的差值作为管片选型的主要依据,只有在盾尾间隙接近于警戒值(25mm)时,才根据盾尾间隙进行管片选型。

e. 根据铰接油缸行程的差值进行管片选型

目前地铁盾构工程中大多采用的是铰接式盾构机,即盾构机不是一个整体,而是在盾构机中体与盾尾之间采用铰接油缸进行连接,铰接油缸可以收放,这样就更加有利于盾构机在曲线段的掘进及盾构机的纠偏。铰接油缸利用位移传感器将上、下、左、右四个方向的行程显示在显示屏上,当铰接油缸的上下或左右的行程差值较大时,盾构机中体与盾尾之间产生一个角度,这将影响到油缸行程差的准确性。这时应当将上下或左右的行程差值减去上下或左右的铰接油缸行程的差值,最后的结果作为管片选型的依据。

f. 根据盾构机掘进进行管片选型

盾构机应尽量根据设计线路进行掘进,避免产生不必要的偏差,这样基本可以根据管片排版进行管片拼装,也有利于管片按计划进行生产。如果盾构机偏离设计线路,在纠偏过程中也不要过急,否则转弯环管片的偏移量跟不上盾构机的纠偏幅度,盾尾仍然会挤坏管片。盾构掘进纠偏原则:蛇行修正应以长距离慢慢修正,修正过急,盾构蛇行将更加明显,因此要奉行缓纠偏的原则。

③管片选型错误引起的后果分析

a.除起填充作用的背后浆液外,管片是隧道唯一衬砌、受力体系。所以管片的正确选型非常重要,如管片选型错误,则会引起隧道渗水、管片开裂、管片错台。

b.导致油缸行程差过大,油缸作用在管片上的力不均匀,盾构机无法纠偏,管片会受到集中应力,容易把管片推裂。

c.不符合盾构机的姿态、线路走向,以及上一环的管片姿态时,新管片和上一环管片无法紧密接触,在盾构机的推力作用下,管片容易形成错台。

d. 当管片选型错误时,盾尾间隙较大的位置往往会有盾尾漏浆现象。此时,浆液进入尾刷根部,凝结后形成硬块,使尾刷变形范围减小,当盾尾间隙调整不合适时,造成尾刷磨损、管片刮裂、管片错台。

(3)盾构管片拼装施工流程

盾构管片拼装的施工流程:管片进场检查(图3-23)→粘贴防水材料(图3-24)→由技术人员和质检员检查防水材料粘贴情况(图3-25)→吊装下井(图3-26)→蓄电池车将管片运至盾尾→盾尾清理→缩回安装位置油缸→管片就位→拼装管片→管片螺栓连接→管片脱离盾尾后二次紧固螺栓。管片拼装流程图如图3-27所示。

图3-23 管片堆放

图3-24 粘贴防水材料

图3-25 质检员在检查管片

图3-26 管片吊装下井

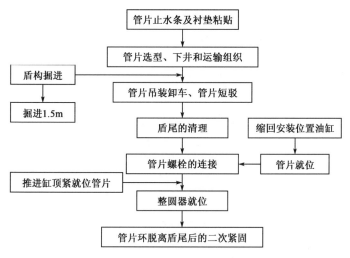

图 3-27 管片拼装流程图

(4) 管片拼装施工措施

管片拼装是盾构法施工的重要环节,其拼装质量的好坏不仅直接关系到成洞的质量,而且对盾构机能否继续顺利推进有着直接的影响。因此,管片在拼装前仍要进行一次检查,再次确认管片种类正确、质量完好无缺和密封垫黏结无脱落,管片的吊装孔预埋位置正确,逆止阀、封堵盖完好无损,以及其他主要预埋件和混凝土的握裹牢固,管片接头使用的螺栓、螺母、垫圈、螺栓防水用密封垫等附件准备齐全后,才允许拼装。每环管片拼装结束后要及时拧紧各个方向的螺栓,且在该环脱出盾尾后再次拧紧。

① 拼装机械设备

管片安装器整体外形为一圆环状,套装在 2 个安装器行走悬伸臂上,主要用于管片的拼装衬砌。其安装头具有 6 个自由度,包括随安装器的前后移动、旋转运动、伸举运动和绕管片自身的三轴旋转运动,管片安装手通过操作控制台能够精密控制管片的动作和定位。管片安装器由液压驱动,安装器旋转的旋转角度在 ±200° 范围内。

② 管片的堆放运输

a. 管片出厂前逐片进行尺寸、外观的检测,不合格者不允许出厂。外观的检测内容有:管片表面光洁平整,无蜂窝、露筋,无裂痕、缺角,无气、水泡,无水泥浆等杂物;灌浆孔螺栓套管完整,安装位置正确。对于轻微的缺陷进行修饰,止水带附近不允许有缺陷。

b. 达到龄期并检验合格的管片有计划地由平板车运到施工现场。管片运输时其间用垫木垫实,以免使管片产生有害裂纹,或棱线部分被碰坏。

c. 管片到达现场后由龙门吊卸到专门的管片堆放区。管片堆放区应选择适当,以免因其自重造成场所不均匀沉降和垫木变形而产生异常的应力而破裂。在卸之前对管片进行逐一的外观检测,不符合要求(裂缝、破损、无标志等)的管片立即退回。管片吊放到两节拖车上,之间用 10cm×10cm 方木垫隔。拖车上也预先安放了方木垫块以方便管片堆放。

标准管片和左、右转弯管片分开堆放,以方便吊运和存量统计。管片贴密封垫后,经专人检查合格(位置、型号、黏结牢固性等)才可吊下隧道使用。储存时,必须注意,不能让油类、泥等异物污损管片,混凝土管片的接头配件确保不发生腐蚀。

d. 管片下井采用龙门吊进行。洞内运输采用蓄电池车牵引管片车运输。管片车上的管片堆放有序,堆放次序是依据管片安装顺序。管片运输如图3-28所示。

e. 管片运到盾构机附近后,由专门设备卸到靠近安放位置的平台上,再送到管片安装器工作范围内,并被从下到上依次安装到相应位置上。当最后一块插入块安装紧固后,一环管片即安装完毕,可以进行下一环的掘进。

③一般地段的管片拼装

管片拼装时采用错缝拼装方式,先拼装底部标准块,然后按左右对称顺序逐块拼装两侧的标准块和邻接块,最后拼装封顶块。封顶块拼装时先搭接4/5环宽,径向推上,再纵向插入。本标段均采用M24弯螺栓,每环纵向10根,环向12根,计22根/环。管片拼装过程如下:

a. 用管片拼装机将管片吊起,沿吊机梁移动到盾尾位置。

b. 拼装过程中彻底清除盾壳安装部位的垃圾和积水,同时必须注意管片的定位精确,尤其第一环要做到居中安放。

c. 管片拼装采取自下而上的原则,由下部开始,先装底部标准块(或邻接块),再对称安装标准块和邻接块,最后安装封顶块,封顶块安装时,先径向搭接2/3,径向推上,然后纵向插入(图3-29)。

d. 拼装时千斤顶交替收回,即安装哪段管片收回哪段相对应的千斤顶,其余千斤顶仍顶紧。

e. 管片拼装要把握好管片环面的平整度、环面的超前量以及椭圆度,还要用水平尺将第一块管片与上一环管片精确找平。

f. 第二块管片与上一环管片和第一环管片大致对准后,先纵向压紧环向止水条,再环向压紧纵向止水条,并微调对准螺栓孔。

g. 边拼装管片边拧紧纵、环向连接螺栓(图3-30)。

h. 在整环管片脱出盾尾后,再次按规定扭矩拧紧全部连接螺栓(图3-31)。

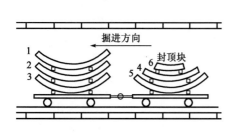

图3-28 管片运输示意图

图3-29 拼装管片

④特殊地段的管片拼装

a. 曲线段管片拼装

平面曲线采用左转弯、右转弯衬砌环进行调整,竖曲线用低压石棉垫片调整,蛇形修正用橡胶垫片调整。施工中注意标准管片和左、右转弯管片的衔接,拼装工艺与标准管片相同。

b. 区间内联络通道位置处的管片拼装

区间隧道的联络通道与正线隧道相接处采用特殊片,以通缝形式拼装。此时管片仍为封闭的,并在洞门周边设置一圈封闭钢梁,构成一坚固的封闭框架。在联络通道施工前,先拆除通道部位的特殊片,将洞口荷载完全传到框架上,再向里施工。此段管片安装时由于管片分块较多,因而注意标准管片和楔形管片的衔接,拼装工艺与标准管片相同。

图3-30 初紧螺栓

图3-31 复紧螺栓

c. 盾构始发管环拼装

首先要计算清楚始发部位的线路坡度,把第一环位置定准。拼装第一环时,要注意防护尾刷,拼环前先在尾刷和油脂腔涂满油脂。如果盾构机是第一次始发,尾刷比较柔软,容易压弯,拼环时管片就可以直接压上去。管片靠紧尾刷时,管片只能后退,不能前进,否则尾刷的钢压板将被破坏。

若盾构机是过站始发,尾刷没有得到很好的清理维护,弹性比较差,不易压弯,管片不能直接向上压,在盾尾没有尾刷的部位把管片先定好位(在盾壳上铺垫1m长、70mm的木条来协助拼装机定位),盾尾间隙调整到接近理论尺寸(75mm)时,用油缸配合拼装机把管片缓缓推到尾刷部位。

d. 半环拼装

在盾构始发和过站过程中,为了以后拆管片方便,或者出土下料,需要拼装半环。本工程中半环管片设4个横撑,对应4个管片螺栓位置。

本区间所拼半环的上部用两个I200型钢并焊做横撑,横撑端头加一块20mm厚400mm×400mm的钢板。架设钢支撑前,先把横撑端头钢板用短螺栓固定在管片上,再把两个并焊的工字钢提升到设计位置,把横撑端头钢板和横撑端头快速地焊在一起,接着点动相应的推力油缸,给横撑加力。

e. 管片拼装质量控制

成环环面控制:环面不平整度应小于10mm,相邻环高差控制在10mm以内。

安装成环后,在纵向螺栓拧紧前,进行衬砌环椭圆度测量。当椭圆度大于20mm时,应作调整。管片拼装允许误差见表3-4。

管片拼装允许误差 表3-4

项目内容	允许误差(mm)
相邻管片肋面允许不平整度	5
对应的环向螺栓孔的不同轴度	1.0
拼装成环后水平直径与垂直直径允许误差(浆液凝固后)	10
环缝张开	2
纵缝张开	2

⑤管片拼装中的注意事项

a. 每一环推进长度必须达到大于环宽300mm(1800mm)以上方可拼装管片,以防损坏K块止水条。

b. 管片吊装头必须拧紧。为避免管片旋转过程中安装头单独承受管片重量,应将4条压板均匀地接触管片。

c. 管片拼装过程中,第一块管片的位置尤为重要,它决定了本环其他管片的位置及拼缝的宽窄。管片高于相邻块,将会导致K块的位置不够;低于相邻块,纵缝过大,防水性降低。同时,第一块应平整,防止形成喇叭口。

d. 管片拼装应满足规范规定的偏差:高程和平面不侵限;每环相邻管片平整度10mm;纵向相邻环面平整度10mm;衬砌环直径椭圆度0.5%。

e. 拧紧螺栓应确保螺栓紧固,紧固力矩要达到设计要求300N·m。

f. 同一环内各管片的相邻位置,应符合设计图纸要求,不可互换。每环管片上有管片类型标记、环类型标记、纵缝对接标记,安装管片时应认真查看这些标记,保证管片安装正确;管片迎千斤顶面和背千斤顶面不同,方向不要错装。操作手在安装管片时看到管片中心管片标记字符应是正向的,如果是倒置的,则管片上字体朝向错误。

g. 管片K块拼装方法为先纵向搭接1m,然后安装器径向推顶到预定位置再纵向插入。K块及B、C与K块相邻面止水条,在安装面应涂润滑剂。

h. 安装时注意小心轻放,避免损坏管片和止水条。

i. 对掘进过程中出现的管片裂缝和其他破损,要及时观察记录并提醒盾构机操作手注意,并要选择合适时间对管片进行修补。

j. 每次根据需要拼装管片的位置,回缩相应位置的部分千斤顶。过多的千斤顶回缩是十分危险的,前面土体的支撑压力会使得盾构机后移,轻则导致盾构机姿态变样,重则引起安全事故。

k. 封顶块先径向居中压入安装位置,搭接长度小于1.2m,调准后再沿纵向缓慢插入。如遇阻碍应缓慢抽出后进行调整。严禁强行插入和上下大幅度调整,以免损坏或松动止水条。

(5)管片拼装常见问题分析

①管片错台

a. 错台的概念及分类

盾构管片错台包括径向错台、环向错台和纵向错台。径向错台是指一环管片内,两相邻管片块接缝处存在的径向相对位移。环向错台是指相邻两环管片之间环向接缝处存在的相对位移。纵向错台是指相邻两环管片在纵向上存在的相对位移,一般只在通缝拼装时出现。各类错台如图3-32所示。

b. 导致错台的原因

管片错台是拼装好的管片同一环各片,或者是管片与管片之间的内弧面不平整。管片的错台,一般是由于受力不均匀造成的;当某点的集中荷载超过了设计极限后,必然会导致管片的相对位移。现结合施工情况从以下几方面进行分析。

• 线路位于曲线段和软硬不均地层时,容易产生管片错台现象。这是由于在曲线段盾构掘进,千斤顶推力将会给管片产生一个向外的分力,管片自然就会向外产生位移,从而引起错台的发生。同理,在软硬不均地层中掘进,由于地层物理力学性能的差异,导致管片姿态容易跑偏从而产生错台。

a)环向错台

b)径向错台

c)纵向错台

图3-32 管片错台形式

- 盾构机各组千斤顶油缸推力不同,导致各管片块体所受千斤顶撑靴的推力不同,在管片通缝拼装的情况下,容易使管片产生纵向错台。
- 管片选型不当,管片拼装的中心与盾构机中心不同心,管片与盾尾相碰,为了安装管片,人为将管片径向偏移,造成错台。盾构机姿态控制不当,或者由于其他原因姿态不利控制时,引起盾构机姿态大幅度调整。管片脱离管片时,受到盾构机盾尾壳体的挤压力而造成管片错台。有时错台甚至会延续多环。
- 管片安装时,在盾尾残留的渣土未清理干净,尤其是底部,有时是盾尾漏泥沙,清理困难,在此位置的某片管片很难就位,甚至螺栓难以插入,造成错台。由于采用人工操作机械安装,安装时不按照规范要求,未调整好管片内环面平整度,引起错台。管片安装完毕后,管片螺栓未按照要求复紧造成错台。
- 注浆量和注浆压力不均引起错台。在施工过程中,管片与围岩之间的环形间隙采用同步注浆模式充填快凝浆,并且间隔一定环数进行二次补注浆。注浆压力过大或过小,都将导致管片所受径向压力而产生径向错台;注浆压力将不均导致管片各部位受力不均从而导致管片发生错台。
- 管片上浮有时可造成管片错台。尤其在围岩很稳定的地层中,当盾构掘进速度较快时,如果没有立即采取防止隧道管片上浮的措施,隧道管片的上部会发生连续的"叠瓦式"错台,形成过程如图3-33所示。

a)管片拼装完成,盾构机开始推进

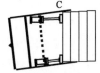
b)盾构机千斤顶完成1个冲程,开始回收

图3-33 盾构机在曲线段掘进造成叠瓦式错台的过程

c. 错台的控制措施

根据以上分析,管片错台的相应防治措施有:

- 优化线路曲线设计,尽量避免小半径的曲线段;选择合理类型的管片,转弯管片的比例必须达到实际施工的需求;严格控制管片螺栓的质量。
- 加强盾构掘进过程中的参数控制,盾构姿态应与线路姿态相吻合;纠偏幅度控制在$\pm(5\sim6)$mm;油缸行程上下左右控制在40mm范围内;铰接长度应保证在40~60mm,加强盾尾间隙的量测频率,一般应为2次,掘进结束时量测1次,管片拼装前量测1次,以管片拼装前量测的结果作为最终管片选型的依据;盾尾间隙要尽量均匀。
- 严格注浆管理,根据不同地层,调整不同的注浆方式,控制注浆压力,若地质条件复杂,地面沉降大,注浆压力不能超过其设计压力的25%;同步注浆应与盾构掘进紧跟,在土压力较小的情况下,每一环的注浆量应保证$6m^3$,否则进行补充注浆。
- 安装管片时,必须严格执行操作规范,螺栓紧固严格执行"三次紧固"的原则,即:管片拼装时紧固1次,拼装第二环时紧固1次,拼装第三环时紧固最后1次。
- 有效控制管片上浮等问题。

总之,因为每个工程都有其自身的特点,发生错台的原因不完全相同。当施工中发现管片错台时,应分析相应原因并及时调整施工,一般可得到有效控制,从而保证隧道的质量。管片拼装允许错台量和检验方法见表3-5。

管片拼装允许错台量和检验方法 表3-5

项 目	允许偏差(mm)			检验方法	检查频率
	地铁隧道	公路隧道	水工隧道		
衬砌环直径椭圆度	$\pm5\%D$	$\pm6\%D$	$\pm8\%D$	尺量后计算	4点/环
相邻管片的径向错台	5	6	8	用尺量	4点/环
相邻环片环面错台	6	7	9	用尺量	1点/环

注:D为衬砌环直径。

②管片破损

a. 管片破损的形式

管片在运输、安装过程中,因各种原因,会造成不同程度的少量外观缺陷,主要表现为:螺栓孔混凝土崩裂、崩角、崩边,吊装孔混凝土崩裂、裂缝等,如图3-34所示。管片破损具体可分为以下几类:

- 按发生的位置划分,破损主要分为外弧面破损、内弧面破损和环面破损三类;
- 按发生时间来分,破损分为运输过程的破损、拼装前破损和拼装后破损三类;
- 按时段来分,裂缝可概括为三类,即管片生产过程中造成的开裂、盾构施工过程中造成的开裂和盾构隧道使用过程中的开裂;
- 按照裂缝的形式来分,管片裂缝有环向裂缝、纵向裂缝和手孔裂缝。

b. 导致管片破损的原因

管片破碎原因很多,主要有管片本身质量问题、拼装工艺问题、掘进参数设定问题、二次注浆问题。

a) 管片边角破损　　　　　　　　b) 管片拼装受到挤压裂损

c) 管片边角崩裂　　　　　　　　d) 管片螺栓孔处破碎

e) 管片裂缝　　　　　　　　f) 管片拼装与K块相接的位置破损

图 3-34　管片破损的各种类型

管片拼装前导致管片破损的原因如下：
- 管片生产过程中因混凝土原材料问题、配合比问题和养护问题而产生收缩裂缝。
- 管片运输、翻转、堆放以及吊装过程中发生掉角、破损现象，严重影响外观质量和拼装质量。
- 管片在止水材料和传力衬垫粘贴时，必须按照规定进行粘贴，防止由于粘贴不正确造成管片在拼装时受力不均而碎裂。

管片拼装时导致管片破损的原因如下：

- 拼装时,由于管片环面之间及相邻两块管片间接触面达不到理想的平行状态,使得衬砌角部先受力而产生应力集中,导致管片角部破碎。
- 封顶块拼装时,由于先行拼装的5块管片圆度不够,两邻接块间的间隙太小,把封顶块强行顶入,导致封顶块及邻接块接缝处管片破碎。有时未按设计要求在其两侧涂刷润滑剂,亦会导致管片破碎,破碎部位发生在邻接块上部及封顶块两侧。
- 千斤顶推力过大或者作用面不平整,导致管片与千斤顶撑靴接触的部位混凝土裂缝甚至破碎。
- 拼装时螺栓难以穿入螺栓孔,敲打螺栓造成破损。

拼装时,管片破损的形式如图3-35所示。

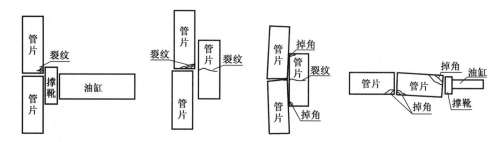

图3-35 管片拼装时破损示意图

管片拼装后导致管片破损的原因如下：

- 同步注浆后,隧道上部的浆液会逐渐向下部流动,形成下部浆液多而上部浆液少的状况,引起隧道上浮,上部管片与盾构机内壳间隙减少,推进时造成管片破碎。
- 管片姿态还未完全稳定前,当二次注浆压力不均匀时,会使部分管片产生位移,位移管片与未发生位移的管片相互挤压会形成应力集中,容易产生环向破碎现象。
- 管片错台导致管片破损。

本工程管片破损原因统计结果见表3-6。

管片破损原因统计　　　　　　　　　　　　表3-6

管片破损原因	百分比(%)
搬运和堆放	5.3
管片拼装操作	38.2
盾构机姿态与管片姿态相互关系不一致	21.6
推进时管片受力不均匀	18.5
同步注浆量分布不合理	6.5
管片质量	9.9

c.管片防破损控制

管片破损常常是以上一种或一种以上因素综合作用的结果,经过仔细分析再采取针对性措施进行处理,可以减少管片破损现象的发生。

搬运、堆放管片时的针对性措施如下：

- 在搬运过程中轻吊慢放,着地时要平稳;堆放时不宜超过3层,并正确摆放垫木。
- 吊放管片的钢丝绳上缠橡胶条等,在起吊时,能起到缓冲作用,或者选用尼龙绳来代替钢丝绳。
- 选择、摆放好垫木,在管片车上管片搁置部位设置橡胶条,以起到缓冲作用。
- 按要求贴好角部止水橡胶条、传力衬垫、纠偏石棉橡胶板。

管片拼装时的针对性措施如下:
- 拼装前,先测量前一环各管片之间的相互高差,包括环向和径向。根据实测数据,调整已粘贴好的纠偏锲子,以保证拼装后环面的平整度。
- 拼装前清理前一环管片上的泥块及浆液,保证环面清洁、无夹泥。
- 拼装时保证衬砌环圆度,块与块不错位。推进油泵的伸缩顺序应与管片拼装顺序一致。两侧标准块、邻接块安装时油泵应同时收缩及伸出,以减少环与环之间管片错位现象。
- 封顶块安装前,实测并确保顶部两邻接块间的间距,并通过推进油泵的伸缩来调整好邻接块间的间距,控制在比设计值大6mm左右,以便顺利安装封顶块。
- 竖曲线段推进时,在安装拱底块时根据实际情况予以落低或抬高,减少管片"卡壳"现象。
- 管片拼装过程切忌野蛮操作、强行敲打。

推进时的针对性措施如下:
- 推进前应仔细观察千斤顶撑靴与管片环面接触处的平整程度,对不平整处可增设石棉或橡胶锲子来调整,确认平整后再开始推进。
- 盾构推进时,千斤顶推力设定一般不大于千斤顶最大推力值的2/3,操作过程中严格控制千斤顶编组压力差。
- 盾构推进时,及时根据设计要求、盾构穿越土层的变化、上部荷载情况以及测量资料来调整各项施工参数,将盾构姿态严格控制在设计允许偏差范围之内。
- 管片与盾构机壳间隙较小又必须进行纠偏时,可以在前半环顺着管片原轴线方向推进,待管片与机壳之间的缝隙增大后,后半环推进时再对盾构姿态进行调整,最终使盾构机与管片尽可能处于同心状态。
- 同步注浆时,控制好注浆量的分布和注浆压力,尤其是在曲线段推进和纠偏时通过改变各个注浆孔的注浆量分配和注浆压力来调整管片姿态以及控制较大错台的发生。
- 严格控制二次注浆压力,以防压力过大而使管片开裂。

对进入施工现场的管片,应逐块进行检查。发现管片明显存在质量问题的,应坚决退回生产厂家,不让一块不合格管片下井。同时派专人负责管片的生产,进驻生产厂家掌握管片生产情况,将施工中发现的管片质量问题,及时向生产厂家反馈,督促生产厂家改进生产工艺,提高管片质量。管片存在小的质量问题时可以进行修补处理,修补应在地面进行,并做好标记,养护到设计规定强度后再下井使用。

d. 管片修补措施

当管片表面出现缺棱掉角、混凝土剥落、大于0.2mm宽的裂缝或贯穿性裂缝等缺陷时,在管片脱出盾尾并具备修补条件时,必须进行修补。管片修补时,应分析管片破损的原因及程度,修补材料强度不低于管片强度。

管片刚出现裂缝时的修补措施如下：
- 在需要修补的地方凿去松散浮浆，直到露出密实混凝土为止；再用毛刷和清水把修补面冲洗干净，接着用湿毛巾覆盖，使修补面一直处于潮湿状态。
- 在修补部位均匀涂抹界面剂。
- 均匀涂抹配置好的环氧砂浆，在距表面约5mm处再涂抹一层用黑、白水泥及快硬水泥配置好的净浆，使修补后的补丁与原管片色泽一致。为了便于涂抹，可在砂浆中加入少许107胶。
- 已修补好的部位需要专人不间断地浇水养护，以保持其表面湿润为准。养护的好坏直接关系到修补强度及与原混凝土断面的结合情况。
- 进行外观检查和内在质量检查。

破损深度小于3cm（管片内侧主筋保护层厚度）时，此类破损未破坏及管片的强度结构，故可以仅作表面修复处理，步骤如下：
- 对于龟裂及宽度小于0.2mm的裂缝，直接用细砂皮把裂缝周围磨平即可。
- 对修补位置进行清理，用水将修补表面冲洗干净；修补面较光滑时，作凿毛处理。
- 用水泥砂浆对破损部位进行修补。
- 使用刮刀等工具修出修补处的棱角，确保其与管片边角外形一致。
- 当修补块达到一定的强度后采用细砂纸打磨修补面，和管片原有面形成较好的过渡，保证外观质量。
- 修复完成后要加强养生。

如破损较大并大于钢筋保护层厚度时，管片内部钢筋会一部分露出，如不加以处理会对管片本身的强度以及抗渗性带来影响。此类破损的修补过程为：
- 将破损处的断块全部清理干净。
- 如发现钢筋有锈蚀现象，应使用除锈剂进行除锈处理。
- 对修补位置进行清理，用水将修补表面冲洗干净；修补面较光滑时，作凿毛处理。
- 使用环氧树脂砂浆对破损部位进行修补（下面具体介绍），使修补处外形与破碎前保持一致。
- 当修补块达到一定的强度后采用细砂纸打磨修补面，和管片原有面形成较好的过渡，保证外观质量。
- 修复完成后要加强养生。

缺棱、掉角的管片修补措施如下：
- 修补前将混凝土基层上的松散颗粒、油脂或其他污物清理干净，再用水浸透基层。
- 将管片修补剂与（快硬）水泥混合成浆体（以满足修补操作要求的稠度），用抹刀涂于准备好的潮湿（面干）混凝土表面。表面的空隙要涂满，一次修补厚度不超过5 mm。等浆体干燥后马上再抹一层，直至抹平，将多余的浆体清理干净。
- 缺棱、掉角深度大于1cm时，可采用修补砂浆修补。修补砂浆配合比：管片修补剂：（快硬）水泥：砂 = 1:2:1.5，必须进行二次修补。
- 修补好以后应进行适当养护，保持潮湿状态，不少于3d。
- 用砂纸将修补处打磨光滑。

③管片上浮

a. 管片上浮的原因

对于围岩能够自稳的隧道,衬砌环脱出盾尾后不受地层压力作用,如果没有水或未凝浆液的作用,一般不会发生上浮。当处于富水地层或采用惰性浆液同步注浆时,衬砌环将会发生较大的上浮,且持续时间相对较短。管片上浮受到超挖、推力不均衡、纠偏、注浆压力不均衡等内外部因素的影响。

管片位移的外部条件主要有以下两点:

- 衬背环形建筑空间。盾构机的切削刀盘直径 D 与隧道衬砌管片的外径 d 有一定的差值,即 $\triangle D = D - d = 14 cm$。由于盾构掘进过程中的蛇形运动,会产生超挖和理论间隙,管片与地层间存在一环形建筑空间。在软岩地层中,当管片脱出盾尾后,如果不及时进行同步注浆填充环形建筑空间,拱顶围岩便有可能产生变形引起地表过量沉降,但这种变形消除了隧道管片与围岩间的建筑空间,有利于即时约束管片上浮的趋势。但在硬岩地层中,管片脱出盾尾后,由于其岩层的稳定性,环形建筑空间在相对长的时间内是稳定的,如不及时充填此空间,脱出盾尾的管片便处于无约束的状态,给管片的位移提供了可能的条件。

- 过量超挖。在均质连续的地层中掘进,盾构机刀盘所承受前方开挖面的掘进阻力是均匀的,这时盾构机的掘进是连续均衡的,掘进参数也保持相对不变,盾构姿态沿轴线的控制也较容易。深圳地区地质总的特点是:岩性变化大,地层层面起伏大,且在隧道横断面方向也有起伏变化。实际上,在隧道内就形成了上下左右岩性不一、软硬不均的一个开挖面,这将造成盾构在掘进过程中过量的蛇形运动,扩大管片与围岩间的建筑空间;同时,下部地层硬,刀盘下部受到的阻力大于上部,刀盘转动切削土体过程中,极易造成上部相对软弱的土层过量切削甚至坍方,也会扩大管片与围岩间的建筑空间。这些过量蛇形和过量超挖形成的空间为管片位移提供了又一可能的条件。

管片上浮的内在原因主要有以下几个方面:

- 管片所受浮力大于管片自重。管片脱出盾尾后,拱顶土体全部塌落到管片结构需要一定时间和过程,不及时填充此空间,脱出盾尾的管片周围处于地下水包围的无约束状态,给管片的位移提供了条件。盾构隧道是空心的筒体,在混凝土自重作用下有下沉的趋势,但在全断面地下水压力作用下,防水性能优良的衬砌隧道则有上浮的趋势。以管片外径6m、内径5.4m、宽1.5m的管片为例:

管片混凝土自重

$$G = \rho_c g V_c = 2500 \times 9.8 \times \frac{\pi(6^2 - 5.4^2)}{4} \times 1.5 = 197 kN$$

水浮力

$$F = \rho_w g V = 1000 \times 9.8 \times \frac{1}{4} \times \pi \times 6^2 \times 1.5 = 416 kN$$

式中:ρ_c——混凝土密度,2500kg/m³;

V_c——管片混凝土方量,约为9.16m³;

V——环管片所占空间体积,约为42.41m³。

可见管片混凝土自重 G 小于水浮力 F，而拱顶土体全部塌落到管片结构上需要时间，这就解释了在拼装管片初期为何隧道上浮位移发展快的原因。

- 注浆量不足。理论上讲，浆液需 100% 充填建筑总空隙。由于通常的浆液失水固结，盾构推进时壳体带土使开挖断面大于盾构外径，部分浆液劈裂到周围地层，导致实际注浆量要超过理论注浆量。如果只按照建筑孔隙体积来充填浆液，则壁后间隙充填不密实，产生空隙，为管片上浮提供了条件。

- 同步浆液未及时凝固。隧道同步注浆浆液采用惰性浆液，24h 强度很低（基本无强度）。在富水软土地层中，惰性浆液初凝时间长，浆液在初凝前容易被稀释，因此低强度浆液不仅无法对管片提供约束，相反提供了上浮力。管片脱出盾尾后，隧道管片在一定长度范围内就像两端固定的弹簧梁，一端受到盾尾的约束不能上浮，另一端受到已凝固浆液的约束也不能上浮。这时，如果管片脱出盾尾后，同步注浆的浆液不能达到初凝和一定的早期强度，管片可视为浸泡在液体之中，在浮力的作用下必然会产生上浮现象。另一方面，在盾构机掘进震动和隧道内蓄电池车运动震动下，未凝固的浆液材料很可能被挤到隧道底部或地层其他间隙，进一步加剧隧道上浮。

- 管片受到地基回弹作用。盾构机的重量主要集中在前盾（切口环和支承环），由盾尾至后配套台车间一段衬砌（约 9~10 环管片）基本无压载，管片脱出盾构后失去了约束，同时还受到周围土层的作用。土层可能对管片产生压力，也可能由于盾构出土造成地基卸载，地基回弹导致土层对管片产生浮力。

- 施工中盾构顶进千斤顶造成的管片纵向偏心荷载，致使管片纵向发生的弯曲变形，从而可能导致管片上浮。

b. 管片上浮的控制措施

- 选择适当的注浆浆液。注浆材料主要有单液型浆液和双液型浆液。单液型浆液又可分为惰性浆液和硬性浆液。惰性浆液中没有掺加水泥等胶凝物质，早期强度和后期强度均很低。硬性浆液中掺加了水泥等胶凝物质，具备一定早期强度和后期强度。双液型浆液的胶凝时间通常较短，按凝结时间来分，可分为缓凝型、可塑型、瞬凝型三种类型。解决管片上浮问题实质上是通过同步注浆稳定管片，理想的情况是注浆浆液完全充填施工间隙并快速凝固形成早期强度，隧道与周围土体形成整体从而达到稳定。在浆液性能上唯有选择双液瞬凝性浆液才能解决管片上浮问题，因其时效特点在隧道位移控制上具有优势；但双液浆随着温度变化，同种配合比化学胶凝时间因时而异，且堵管极易发生，故施工中仍以采用惰性浆液为多。

- 选择适当的注浆方法。注浆有盾尾注浆和管片注浆两种方法。盾尾注浆能够及时、均匀注浆，自动化程度高，施工控制相对容易，浆液在盾尾间隙的分布相对均匀，但堵管时清洗困难，一般只适于单液注浆，若选双液浆，需配置专门清洗装置。管片注浆操作灵活，容易清理，既可选单液浆，也可选双液浆，可对局部地段进行二次补浆，适合对隧道偏移、地表建筑物变形控制等特殊情况的处理，但易造成注浆不均匀，注浆孔是潜在的渗漏点，很难做到真正的同步注浆。实践证明，盾尾注浆对管片产生的注浆压力小于管片注浆对管片产生的压力，所以应首先进行盾尾注浆。当浆液凝固达到一定强度后，再根据注浆情况进行管片二次注浆。

- 选择适当的注浆参数。

控制注浆压力。注浆过程中，靠增加注浆压力来改善注浆加固效果应慎重，因为增大注浆压力的同时也大大增加了对管片的压力,极易引起上浮。注浆压力一般控制在 0.2~0.4 MPa。

控制注浆量。土体渗透系数越大,浆液扩散半径越大,对管片产生的压力也越大。按照以往工程实践,注浆时实际注浆量应为理论空隙体积的 130%~200%。浆液分配控制为:增大上部两个注浆管注浆量和注浆压力,下部两个注浆管少注甚至可以不注。对于整环管片来讲,上部与下部的注浆量比例为 2:1 至 2:0。

控制注浆时间。在相同注浆压力下,浆液扩散半径及对管片的压力均随注浆时间的增长而增加,相比之下,对管片的压力增长更快。在施工中为防止注浆时间过长对管片产生不利影响,往往待浆液初凝后再继续注浆。

控制浆液黏度。在相同的注浆压力与注浆时间条件下,随着浆液黏度的增大,浆液的扩散半径与对管片的压力均减小。在施工中通过控制浆液黏度和注浆压力,来控制浆液扩散半径。浆液黏度不能过大。

- 控制盾构机姿态及参数。盾构机过量的蛇形运动必然造成频繁纠偏,纠偏过程就会使管片环面受力不均,所以必须控制好盾构机姿态,发现偏差时应逐步纠正,避免突然纠偏而造成管片环面受力严重不均。要合理调整各区域千斤顶油压,油压差不宜过大,与盾构中心线相对称区域的千斤顶油压差应小于 5 MPa,其伸出长度差应小于 12cm。同时要跟踪测量管片法面的变化,及时利用环面粘贴石棉橡胶板纠偏,粘贴时上下呈阶梯状分布。同步注浆过程中,为使浆液及时有效地固结,应适当控制盾构掘进速度,一般以缓推为宜,推进速度不大于 3cm/min。在盾构隧道推进过程中,根据管片拼装后上浮经验值,将盾构机推进轴线高程降至设计轴线下一定数值,以此来抵消管片衬砌后期的上浮量。

- 采取停止盾构掘进,对已上浮的管片通过注浆孔进行二次注浆。注浆材料以瞬凝双液浆最好,注浆压注顺序应顺着隧道坡度方向,从隧道拱顶至两腰,最后压注拱底。终止注浆以打开拱底注浆孔无渗水为条件,以防止盾构恢复掘进后管片继续上浮。

- 在管片拼装时,渣车装满渣土,停在桥架前,靠其重量平衡管片的上浮力,从而控制管片拼装时的上浮。

- 对于上浮段长、上浮量大、超限严重的隧道,只有进行设计调坡才能满足隧道限界的要求。

④管片渗漏水

a. 盾构隧道防水原则

盾构隧道防水遵循"以防为主、防排结合、多道防线、因地制宜、综合治理"的设计原则,结合盾构区间的工程特点、施工方法、使用要求和地质条件等因素采取"以结构自防水为主,外防水为辅"的施工原则,关键处理好管片的自防水、接缝防水,以及螺栓孔、壁后注浆孔、管片背后等的防水作业。合理的防水设计概念和合适的防水材料、较好的防水混凝土质量以及与此相适应的施工方法和施工流程都是地下工程防水质量的基础;而具有较强防水质量意识和施工经验的施工人员,严格按施工流程操作,配套的保证措施是保证地下工程防水效果好坏的关键。

b. 盾构隧道防水标准

盾构隧道应该满足以下防水标准,见表 3-7。

- 区间隧道及连接通道等附属结构防水等级为二级标准,即隧道顶部不允许滴漏,其他部位不允许漏水,结构表面可有少量、少见湿渍;总湿渍面积不大于总防水面积的6/1000;任意100m² 防水面积上的湿渍不超过4处,单个湿渍最大面积0.2m²。
- 以管片混凝土自身防水、管片接缝防水、隧道与其他结构接头防水为重点。
- 防水工程由有专业防水资质的队伍进行施工。
- 采用C50高强混凝土制成的高精度管片,抗渗等级采用P12。

防水标准   表3-7

防水等级	渗漏标准	工程部位
A	不允许渗漏,结构表面无湿渍	管片、始发井
B	不允许渗漏,结构表面偶见湿渍	隧道上半
C	有少量漏水点,不得有线流和漏泥沙,实际渗水量<0.1L/(m²·d)	隧道下半部、联络通道

c. 盾构隧道施工防水措施

对管片渗漏水情况进行统计后发现,盾构隧道渗漏水主要发生在管片接缝、螺栓孔部位、注浆孔和管片裂缝处,如图3-36所示。盾构隧道防水主要体现在衬砌外注浆防水、管片结构自防水、管片接缝防水、接缝螺栓孔防水、注浆孔防水等几个方面。

a)接缝漏水

b)螺栓孔漏水

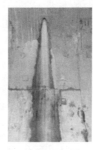
c)注浆孔漏水

d)管片裂缝渗水

图3-36 管片渗漏水的形式

由于衬砌管片与围岩间存在140cm的空隙,盾构推进后,盾尾空隙在围岩塌落前及时进行同步注浆和二次注浆填充空隙,不但可防止地面沉降,而且可以形成稳定的管片外围防水层,将管片包围起来,形成一个保护圈,成为隧道的第一道防水层。注浆防水层断面如图3-37所示。注浆防水层施工技术措施如下:

同步注浆材料采用水泥砂浆,初凝时间4~5h;二次注浆材料采用的双液浆(水泥+水玻璃浆液),凝胶时间控制在30s左右。

二次注浆采用压力控制,注浆压力为0.2~0.5MPa;同步注浆采用注浆量与注浆压力双控,注浆量为6~8m³,压力控制值为1.1~1.2倍的静止土压力。

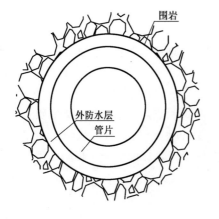

图3-37 注浆防水层断面图

注浆同时满足以下条件：
- 大于开挖面的水压力。
- 不能使地面有较大隆起（＜10mm）。
- 不能使管片因受压而错位变形。
- 不能使浆液大量从管片与盾尾间隙渗漏。

管片自身防水是隧道防水的一个重要环节。管片混凝土采用密实级配并掺入适量的防水剂以提高管片自身抗渗性能，使隧道的地下水对混凝土无腐蚀性，对钢筋混凝土中的钢筋无腐蚀性，因此在管片制作时不需要加入抗腐蚀材料。

深圳地铁 5 号线管片混凝土设计强度为 C50，抗渗等级 P12，其渗透系数 $k ≤ 5 × 10^{-13}$ m/s，满足防水等级的标准，即不允许渗漏水，结构表面无湿渍。对管片结构的钢筋采用隔离法进行保护，采用高精度钢模，钢模制作允许误差为 ±0.5mm。为做好管片自防水，在管片制作过程中应注意以下几点技术措施：

- 选用符合国家标准的优质原材料，并加强材料的进场检验。
- 针对防水要求，优选防水混凝土配合比，加强盾构管片混凝土抗渗性、耐久性。
- 完善制作工艺和养护措施，加强生产过程中的质量监督和计量装置的检验校核。
- 加强管片生产的质量控制，保证管片的制作精度。
- 加强管片出厂前的试验与检验，杜绝不合格产品出厂。
- 加强管片堆放、运输的管理，保证管片完好无损的进入安装现场。
- 管片进场后及时做外观检查。

管片接缝防水包括环纵缝防水、嵌缝防水、螺栓孔防水和注浆孔防水等。

- 环纵缝防水。为了防止管片的接缝部位漏水，满足防水构造的要求，在管片的环缝、纵缝面设有一道弹性密封垫槽及嵌缝槽。采用多孔型三元乙丙弹性橡胶止水条，在千斤顶推力和螺栓拧紧力的作用下，使得管片间的三元乙丙弹性橡胶止水条的缝隙被压缩以及采用遇水膨胀止水条来起防水的作用，如图 3-38 所示。
- 嵌缝密封防水。在嵌缝槽内嵌填水泥砂浆进行防水处理，若仍有渗漏水问题，则需填充低模量聚氨酯嵌缝膏。

嵌缝施工时先检查嵌缝槽有无冒水、滴漏、慢渗现象，如果有，则进行嵌缝处理。嵌缝作业应在盾构千斤顶顶力影响范围外进行，综合考虑隧道稳定性、掘进等作业的影响，安排在工作面后 100m 左右范围内进行。刷涂底料，如刷涂后 24h 没有填密封材料，则需再刷一次。现场拌和密封材料，每次最多拌和 2～3kg，混合时间约为 10min。用密封膏嵌填后，在密封膏未干前，用腻子刀将多余的密封材料刮去，并对有厚薄不均的部位进行调整。刮平时，顺一个方向刮，不能来回多次抹压，刮刀要倾斜，使刀的背面轻轻在密封膏表面滑动，形成光滑表面。嵌填完毕后洒水养护

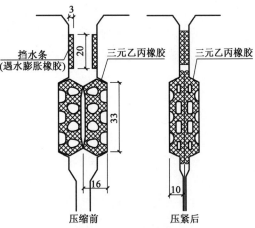

图 3-38 弹性密封垫和止水条防水图（尺寸单位：mm）

2~3次。施工现场需清扫时,必须待密封材料表面干燥后进行,以防止污染或碰损。嵌缝质量要求及检查方法见表3-8。

密封膏嵌填质量要求及检查方法 表3-8

质 量 要 求	检 查 方 法
填充饱满、无气孔、表面干燥迅速	目测
接缝黏结牢固	嵌填14d后用手指压接缝周边

• 螺栓孔采用可更换的遇水膨胀橡胶密封圈作为螺栓孔密封圈,利用压密与膨胀双重作用加强防水。螺孔处的防水结构如图3-39所示。施作过程为:在管片螺栓上先后穿上弹簧垫圈、垫片、遇水膨胀垫圈→穿管片螺栓→安装水膨胀垫圈→安装铁平垫圈→安装弹簧垫圈→拧紧螺母→拧紧螺栓→二次拧紧→三次拧紧。

• 注浆孔由于可作为泄水孔来降低隧道周围地下水位,因此其也成为盾构隧道防水的重点之一。管片注浆孔处渗漏,注浆孔周围会有水渍,周围混凝土有钙化斑点。采用带逆止阀和螺旋盖的注浆孔防水形式,其防水机理是利用逆止阀的逆止流动作用使注浆液只向一个方向流动。注浆孔防水如图3-40所示。

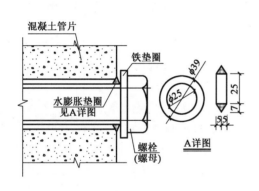 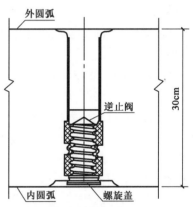

图3-39 螺栓孔防水结构图(尺寸单位:mm)　　　图3-40 注浆孔防水图

注浆孔防水施工时应注意的事项包括:装孔的密封圈采用遇水膨胀橡胶材料,利用压密和膨胀双重作用加强防水;注浆孔的闷头未拧紧或闷头螺纹与预埋螺母的间隙不可过大;吊装孔迎水面在管片生产时预浇厚50mm的同级素混凝土,如要通过吊装孔进行注浆,清理预留孔内残余物,填入腻子型膨胀止水密封材料,然后用防水砂浆封固孔口。

d. 漏水的主要部位、原因及其处理方案

管片接缝处发生渗漏水现象可能是由以下原因引起:

• 在软弱地层和松散砂层中,掉块、塌落、地层下沉,很快就会发生。这些现象产生的偏压作用在隧道上,使管片接缝张开,是产生漏水的重要原因。

• 管片拼装质量差,螺栓未拧紧,接缝张开过大。

• 拼装管片时止水条受到较为严重的损坏。

• 管片在运输、拼装中受挤压、碰撞,缺边掉角。

• 遇水膨胀橡胶粘贴不牢。

• 盾构在下坡段推进时,盾尾容易形成积水,从而使底部弹性密封垫过早遇水膨胀,防水能力下降而漏水。

处理方法如下：
- 及时进行二次注浆，封堵止水。
- 二次拧紧螺栓后，清理嵌缝基面，用低模量聚氨酯密封膏进行嵌缝防水。
- 密封、嵌缝施工后若还漏水，则在漏水处设置注入槽，采用尿烷类药液进行注入充填，使其与地下水反应后，通过发泡、体积膨胀从而提高止水效果。
- 进行开孔注浆。开孔注浆操作方法：在渗漏严重处先打一小孔，插入塑料细管引排渗漏水，同时插入另一注浆管压注入环氧树脂材料堵渗水通道。当确认不渗漏水时剪断注浆管，在埋管处用快凝水泥封缝。

螺栓孔的密封圈采用遇水膨胀橡胶材料，利用压密和膨胀双重作用加强防水，使用寿命终结可以进行更换。螺栓孔部位出现漏水可由以下原因引起：
- 未加防水胶圈。
- 螺栓未拧紧。
- 防水胶圈与管片接触面之间有杂物。

处理方法如下：
- 二次拧紧螺栓。
- 更换防水胶圈。
- 将防水胶圈与管片之间的杂物清除干净。

吊装孔可兼作注浆孔，注浆管端头可做成可拆卸式，注浆结束后将活动端头部分拆除，清除预留孔内残余物，填入弹性密封材料，并用防水砂浆封固孔口，防止管片外部的水沿注浆管渗入。密封圈和密封塞均用遇水膨胀橡胶制作。

注浆孔漏水可由以下原因引起：
- 由于管片上注浆孔兼作吊装孔，所以注浆孔周围的混凝土被剥蚀，形成水通道而漏水；或者是由于某些注浆孔兼作泄水孔，泄水过后封堵不密实而导致漏水。

处理方法如下：
- 对于注浆孔处漏水处查出漏水位置后，清理基面后进行开孔注浆，注浆方法与管片接缝漏水开孔注浆方法相同。

管片裂缝漏水可由以下原因引起：
- 管片在制作时养护不合理，表面出现气孔和龟缩裂缝。
- 盾构掘进过程中，千斤顶推力超过管片的抗压强度，管片出现通缝。
- 盾构掘进过程中，盾构机的姿态控制不好，造成管片裂缝。

处理方法如下：
- 墙面轻度渗水时不注浆只作嵌缝处理，即凿缝（深宽各70mm）后填塞膨润土腻子，再用硫铝酸盐超强微膨胀水泥抹填20mm，待干燥后涂刷1.5mm厚的防水涂料，再用氯丁胶乳水泥抹平，宽度为100mm。
- 根据在连续墙的施工经验，嵌缝止水采用堵漏剂和注浆进行处理，效果较好。现对嵌缝采取两种方法并用以达最佳效果，有明显漏水点时，先引流埋管，后做注浆处理。堵漏水施工如图3-41所示。

a)贴止水条　　　　　　　　　　b)聚氨酯堵漏

图 3-41　堵漏水施工图

3.1.3　盾构到达施工技术

盾构到达是指盾构机到达过站竖井或拆卸井,要完成到达前的定位测量、接收架的安装、管片连接装置的安装和区间隧道洞口的处理等工作。

(1)盾构到达施工的重难点

盾构到达是盾构施工的节点工程,到达施工的成功与否影响着整个区间盾构施工的成败。在盾构到达施工中主要存在以下一些重难点。

①盾构机能否以良好的姿态穿过洞门,是盾构到达施工成败的关键。若盾构机偏离洞门距离较大,则只有将原洞门预埋钢环和端头维护结构凿除,才能使盾构机出洞。这不仅增加施工成本和工期,还将给盾构施工带来巨大的施工风险。凿除洞门以外的维护结构,在盾构推力的挤压下,洞门有整体坍塌的风险。因此,做好盾构机和洞门相对位置的测量工作,保证盾构机以良好的姿态出洞是盾构到达施工中的重点。

②在进入到达段的50m范围内掘进时,要降低盾构机的各项掘进参数,过大的推力和扭矩都将对端头土体产生较大的扰动,也会对端头墙的稳定性产生影响。因此,降低盾构机推力、扭矩等掘进参数,满足盾构安全掘进施工的条件是盾构到达掘进时的难点。

③到达施工时,盾构推力降低,管片环间挤压力不足,将有可能导致隧道渗漏水现象的发生。因此在施工中要拧紧螺栓,并用厚5mm的10号扁铁沿隧道纵向拉紧,防止管片松弛。

(2)盾构到达施工流程

盾构机到达施工是指从盾构机到达下一站接收井之前50m到盾构机贯通区间隧道,进入车站接收井被推上盾构接收基座(一般即为盾构始发基座)的整个施工过程。由于到达施工是区间隧道施工的最后阶段,因此,盾构机的到达相对于区间隧道的施工有其特殊性与重要性,若到达顺利可为下一步盾构机拆卸施工提供较好的施工条件。其工作内容包括:盾构机定位及接收洞门位置复核测量、地层加固、洞门处理、安装洞门密封设备、安装接收基座、降低盾构机掘进参数和盾构机掘进到达等。盾构到达施工流程如图3-42所示。

(3)盾构到达准备工作

盾构到达前的准备工作内容包括:盾构机定位及接收洞门位置复核测量、地层加固、洞门处理、安装洞门密封设备、接收基座的安设等。

①盾构机及洞门位置复核测量

在盾构推进至洞门前 50m 时,对接收托架进行导线和高程测量,并进行多次复测,用 VMT 系统对盾构机的姿态进行测量,同时在隧道内对盾构机的位置进行人工测量,明确成洞隧道中心轴线与隧道设计中心轴线的关系,同时应对接收洞门位置进行复核测量,根据量测数据调整盾构推进坡度、平面方向及自身转角,确定盾构机的贯通姿态及掘进纠偏计划。因为盾构机必须在洞口范围内贯入,所以要逐个对每环管片进行仔细检查以维持所定线形,并对洞口的直径进行检查,采取措施保证其净空,防止因施工误差使盾构机卡在洞内。考虑盾构机的贯通姿态时须注意两点:一是盾构机贯通时的中心轴线与隧道设计轴线的偏差;二是接收洞门位置的偏差。综合这些因素在隧道设计中心轴线的基础上进行适当调整,纠偏不能过急过猛,要逐步完成,每一环纠偏量不能过大。

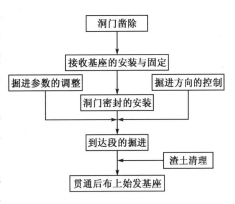

图 3-42　盾构到达施工流程图

②到达端头土体加固

为了确保盾构到达时的安全,确保地层稳定,以防端头地层发生坍塌或涌水等意外情况,在盾构机到达前一个月,根据各进洞端头地层情况,对进洞端头地层进行注浆加固处理,并检查加固效果是否满足盾构机到站掘进要求。盾构到达段土体加固方法有注浆法、高压旋喷桩、深层搅拌桩、SMW 桩、冻结法、注浆法、降水法等。

根据洪浪站到达端头工程地质、水文地质和端头结构等综合分析与评价,决定对本区间的 2 个端头地层进行旋喷桩加固。采用单管 $\phi 600mm$ 旋喷桩,桩距按 450mm 梅花形布置,桩间咬合 150mm,加固宽度和加固高度均为 12m,即盾构隧道断面直径范围 6m 加上下左右各 3m。要求加固后的土体在端头井围护结构凿除后能有良好的自稳性、防水性和匀质性。加固土体单轴无侧限抗压强度不小于 2.0MPa,渗透系数小于或等于 $1.0 \times 10^{-6} cm/s$。洪浪站端头加固平面如图 3-43 所示。

③洞门围护结构的凿除

a. 洞门凿除施工顺序

洞门采用人工凿除。为了安全破除洞门,更合理地安排施工,将洞门划分为 9 部分,凿除顺序与始发时洞门凿除顺序一样,先上后下、先中间后两侧进行作业。洞门凿除流程为:破除钻孔桩表面喷射混凝土→割除钻孔桩表面钢筋网→破除围护结构的钻孔桩护壁的混凝土→割除围护结构钻孔桩护壁的钢筋→破除钻孔桩桩身混凝土→割除钻孔桩桩身钢筋→破除钻孔桩桩身的混凝土→清理废渣。

b. 洞门凿除施工方法

洞门凿除分两次进行。

第一次洞门凿除的时间为盾构到达前 50m,凿除钻孔桩表面喷射混凝土,割除钻孔桩表面钢筋网,破除围护结构的钻孔桩护壁的混凝土,割除围护结构钻孔桩护壁的钢筋。第一次洞门凿除结束后,观察洞门掌子面的渗水情况,决定是否进行补充注浆,若水流量较大,则采用双液浆进行注浆加固。

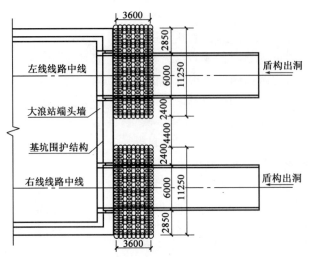

图 3-43 洪兴盾构区间盾构到达端头土体加固平面图(尺寸单位:mm)

二次洞门凿除是在盾构机刀盘贴至洞门围护结构时。此时,盾构机停止推进,保证密封舱内的泥土满舱,使切口正面的土压力降至 0.08MPa。人工用风镐、钻机破除钻孔桩依照洞门破除先后顺序从上往下凿除桩身的混凝土、同时割除桩身钢筋网;凿除围护桩主筋内圈混凝土、混凝土保护层。凿除完毕后,用风镐修整洞门周圈混凝土面,使洞门周围圆顺;然后清理洞门凿除产生的废渣、脚手架等。

洞门凿除过程中,设专人注意观察洞门掌子面的渗水及稳定情况。若水流量较大,则进行补充注浆,必要时在盾构机中盾的位置压注聚氨酯,确保施工安全。

④洞门密封及止水装置的安装

由于预留洞门的直径为 6620mm,盾构机前体直径为 6250mm,所以当盾构机前体通过洞门时,将会在洞门内衬墙与盾构机前体机壳间形成 185mm 的空隙。为了防止在掘进时水和土体从间隙处流失,需增设临时密封装置。根据施工经验及本工程的实际情况,洞门密封采用简便有效的帘布橡胶板配折叶式密封压板。帘布橡胶板是由氯丁橡胶加棉纱线、尼龙线复合而成,通过它和管片的密贴来防止盾尾过洞前的渗漏水以及盾尾过洞后管片背后注浆时的浆液外流。折叶式压板压紧帘布橡胶板,保证帘布橡胶板在注浆压力下不翻转,从而达到盾构到达施工阶段防水的效果。洞门密封装置如图 3-44 所示。

同时为了防止盾构机出洞时推出的渣土损坏帘布橡胶板,洞门防水装置应在盾构机贯通开挖面、渣土被完全清理干净后安装。当盾构前体到达门时调整翻板使其尽量压紧帘布橡胶板,并将翻板焊接在进洞特殊管片的预埋钢板上,以防止洞门泥土及浆液漏出。在最后一环管片拼装完成后,对洞门圈压注双液浆进行封堵。注浆的过程中要密切关注洞门的情况,一旦发现有漏浆的现象应立即停止注浆并进行处理。

⑤接收基座的安装

盾构机到达前,清理基坑后安装盾构接收基座。接收基座安装时应注意洞口所处的线路平纵曲线条件,盾构中心坡度及隧道设计轴线坡度保持一致。考虑接收基座在盾构到达时要承受纵向、横向的推力以及抵抗盾构旋转的扭矩,所以在盾构到达之前,对托架两侧用 H 型钢进行加固。

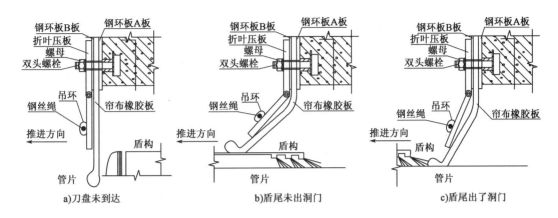

图 3-44 洞门密封装置示意图

接收托架的安装应注意洞口所处的线路平纵曲线条件,盾构中心坡度及隧道设计轴线坡度保持一致。对接收托架安装的高度要求,在托架安装时,安装高度应低于盾构机刀盘 2cm,防止盾构机到达因托架安装过高而推移托架。另外在盾构机最后 50m 到达段掘进中,严格控制盾构机姿态和掘进参数,确保盾构机安全、平稳进入接收托架。接收托架安装如图 3-45 所示。

接收托架安装步骤如下:第一步,利用吊车将托架分部吊下井,并于井下将型钢支撑焊接完毕;第二步,根据测量提供的隧道中线及水平线,并且对安装的托架进行检测、调整,保证接收托架的中心线与线路中心一致,接收托架的高程满足设计要求,保证盾构机能顺利到达接收基座上;第三步,托架调整完毕,采用四周加工字钢的方式固定。

(4)盾构达到施工技术措施

盾构机到达施工是指从盾构机到达下一站接收井之前 50m 到盾构机贯通区间隧道进入车站接收井被推上盾构接收托架的整个施工过程。因此盾构机距离接收井洞门 50m 时,即进入进站掘进阶段。图 3-46 所示为盾构机到达洪浪站端头井。为迎接盾构机进站,应做好以下工作:

图 3-45 接收托架

图 3-46 盾构机到达端头井

①盾构机进入到达段时,工作人员应明确盾构机适时的里程及刀盘距洞门掌子面的距离,并按确定的施工技术方案进行施工。在临近洞门的最后 10m,盾构掘进对地层的扰动影响极

为明显,直接影响到地层及到达端墙的稳定。盾构到达段的掘进除应达到纠偏的目的外,还尤其应注意最后10m段的掘进控制。

②调整掘进参数。当盾构机推进至到达段剩余3环时,推力控制在4000~5000kN,掘进速度控制在5~10mm/min。本区间左线954.079m,共计636环。在631环时盾构机盾体已经离开了洞门,盾构机在要到达时总推力、推进速度、刀盘扭矩和刀盘转速都有较大幅度地降低,盾构机到达段施工掘进参数记录如图3-47所示。

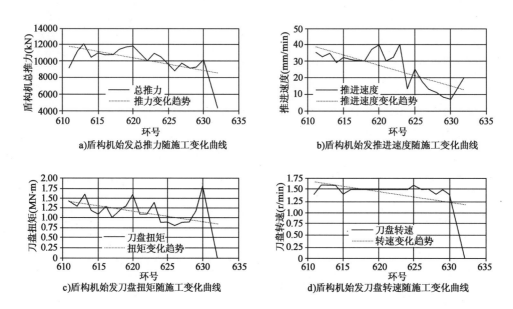

图3-47 盾构机到达段掘进参数

③根据本区间到达段的地质情况确定合理的掘进参数,低速度、小推力、合理的土舱压力和及时饱满的回填注浆,必要时可采取加泡沫的方式对渣土进行改良。在贯通前0.5m时,应尽量出空土舱中的渣土,减小盾构推进对开挖面的挤压以免引起掌子面的坍塌以及造成端墙的损坏。洞门混凝土清理完后盾构应尽快推进并拼装管片,尽量缩短盾构到达施工时间。盾构刀盘切削端头墙土体如图3-48所示。

④在到站前根据盾构机自身VMT系统和人工辅测对盾构机高程、姿态等进行测量,根据量测数据调整盾构机掘进参数和编组油缸的行程差对盾构机姿态进行纠偏,使盾构机轴线与隧道设计轴线一致,同时使盾构机推进坡度、平面方向及自身转角达到进洞的要求。

⑤当盾构机刀盘到达后,应加大同步注浆量。同步注浆完成后,应停留6~7h,待浆液初凝,继续推进。必要时可通过盾构壳体设置的孔向盾壳外注入特殊的止水材料,以防涌水、涌泥而引起地层坍塌。当管片最后一环管片拼装完成后,通过管片的二次注浆孔,注入双液浆进行封堵。注浆的过程中要密切关注洞门的情况,一旦发现有漏浆的现象立即停止注浆并进行处理。

⑥盾构到站时因推力较小,洞门附近的10环管片环与环之间连接不够紧密,从而易导致隧道渗漏水。因此,施工时务必要拧紧螺栓,并用厚5mm的10号扁铁沿隧道纵向拉紧,防止管片松弛,如图3-49所示。

图 3-48　盾构刀盘切削端头墙土体　　　　　图 3-49　扁铁拉紧管片

⑦洞门凿除后土体暴露时间过长容易造成坍塌和地下水涌入接收井,导致洞周大面积土体地表下沉,影响周边建筑物的安全和施工工期。因此要加强监控量测,及时了解地层沉降情况,通过对监测数据及时反馈信息以指导盾构机掘进,优化施工方案和掘进参数,将沉降量控制在 +10 ～ -30mm 范围内。盾构机到站示意图如图 3-50 所示。

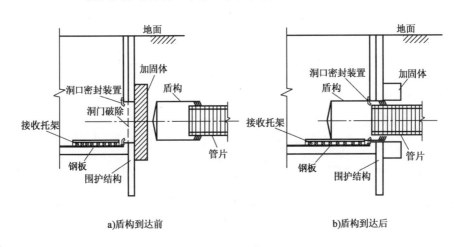

a)盾构到达前　　　　　　　　　　　b)盾构到达后

图 3-50　盾构到站示意图

(5) 盾构到达注意事项

①盾构到达前检查端头土体加固质量,确保加固质量满足设计要求。

②帘布橡胶板内侧涂抹油脂,避免刀盘挂破帘布而影响密封效果。

③在盾构机刀盘距洞门掌子面 1m 时应尽量出空土舱中的渣土,减小对洞门及端墙的挤压以保证凿除洞门混凝土施工的安全。

④在盾构贯通后安装的几环管片,一定要保证注浆饱满密实,并且一定要及时拉紧,防止引起管片下沉、错台和漏水。

⑤到达前,在洞口内侧准备好砂袋、水泵、水管、方木、风镐等应急物资和工具,准备洞内、洞外的通信联络工具和洞内的照明设备。

⑥增加地表沉降监测的频次,并及时反馈监测结果指导施工。

3.1.4 盾构平移施工技术

在盾构机掘进完某区间隧道后,到达接收井,往往需要将盾构机平移调出,转场进行下一个区间的掘进,或者是将盾构机平移,通过地铁车站,进入下一掘进区间。可见,在盾构施工中,经常需要将盾构机平移,为下一段盾构掘进施工创造条件。现以洪兴区间盾构机下落平移和布百区间盾构机过站平移工程为例,对盾构机平移施工进行详细阐述。

盾构机在洪浪站出站后,由于洪浪站左线盾构井正上方交通疏解的军用贝雷梁影响,盾构机不能从左线盾构井吊出,只能在车站底板上平移至右线盾构井再吊出。洪浪站端头井中板下翻梁下翻55cm,在盾构机平移时,下翻梁与盾构机在高度范围内相互重合22cm,因此盾构机必须在左线进站后再下落至少22cm后才能平移至右线盾构井。盾构机与车站结构如图3-51所示。

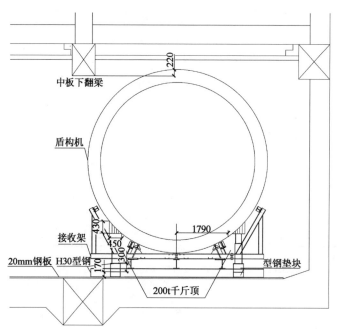

图 3-51　盾构机与车站结构图(尺寸单位:mm)

(1) 盾构机下落平移施工流程

由于受到车站纵梁的影响,盾构机平移前需要先将盾构机下落,因此其工艺流程较一般平移施工复杂,具体流程如下:型钢和接收托架的安装固定→盾构到达并上托架→主机与后配套系统分离→盾构机下落(因为盾构机上缘比车站纵梁高)→盾构机主体平移就位→千顶横向顶推→主机和托架整体平移。

(2) 盾构机平移摩擦力计算

盾构机下落后要将盾构机从盾构井左侧移至盾构井右侧,在盾构井底部钢板下铺上钢轨,通过千斤顶的推力使盾构机和托架在钢轨上移动,此时要计算摩擦力的大小来选择适宜的千斤顶。为了减小摩擦,在钢轨上涂抹黄油。盾构机接收托架为钢质材料,在黄油的作用下,其与钢轨之间的摩擦系数 μ 为 $0.05\sim0.1$,计算时考虑最不利因素,取 $\mu=0.1$。摩擦力计算结果如下:

盾构机自重3120kN,接收架自重150kN,共重327kN。

$$F_{摩} = 3270 \times 0.1 = 327\text{kN}$$

考虑施工时的安全系数为1.5,因此,最终摩擦力为 $327 \times 1.5 = 490.5$ kN。

(3)盾构机下落平移施工技术措施

①盾构机接收及下落平移准备

首先对盾构机到达时的实际隧道中线及实际洞门中线进行测量,得出盾构姿态与设计隧道中线及设计洞门位置的偏差值,结合实测车站底板高程,从而计算出钢板及接收托架的安装高程。根据实际测量数据,保证把盾构机准确无误地推上接收托架。盾构机进站上托架过程中须注意以下问题:

a. 检查托架的稳定性,防止托架变形或位移。

b. 派专人观察盾构机的姿态及托架的变形。

c. 在托架钢轨上涂抹黄油。

d. 盾构机在托架上以刀头刚好离开托架为最佳位置。

e. 上托架后,把盾构机和桥架断开。

接收托架用于盾构机到达时固定盾构机方位、承载盾构机的自重,以及调整盾构机中心达到设计高程,因此应事先测量计算好托架的架立高度,保证始发托架中线与盾构始发线路隧道中心线在同一个垂面上。盾构机下部为接收托架,接收托架底部距离底板顶面为62cm,接收托架下部架设纵横向两层H30×20型钢,上面一层为纵向H30×20型钢,下面一层为横向,最下边为20mm钢板。为了避免盾构机上托架时钢板滑动,在车站浇注底板混凝土时,在钢板周围每隔200cm预埋一块30cm×20cm小钢板,钢板铺设好之后,与预埋钢板焊接。钢板与钢板之间的缝隙采用电焊将其点焊牢固,并将焊点打磨平整。3根纵向H30×20型钢中,两侧的型钢和横向的H30×20型钢之间采用焊接,增加接收托架下支撑的稳定性,防止侧翻。接收托架与纵向型钢之间也采用焊接,横向型钢与其下铺设的钢板采用点焊,以便于盾构机及接收托架整体下落时,将横向型钢气割拆分后抽出。完成后必须保证钢板面的平滑,以利于盾构机横向平移。

②盾构机下落

盾构机主体到达托架预定位置后,先分离主机与台车,然后用4根钢丝绳将盾构机与托架栓紧,防止盾构机在下落和平移时在托架上移动甚至侧翻。

a. 下落原理

盾构机下落采用4台200t液压千斤顶,计划将接收托架下纵向和横向H30×20型钢全部抽掉,然后铺上平移钢轨,将盾构机下落40cm,这样就可以满足盾构机横移要求。液压千斤顶高度为700mm,行程350mm,需进行两次顶升才能将接收托架与盾构机下落到位。

顶升千斤顶置于盾构机施焊的牛腿下面。盾构机盾体上的牛腿距离车站底板面的距离为150cm(其中包括2cm厚的钢板),此时千斤顶顶升空间为148cm,千斤顶的行程为35cm,本体高度为70cm。为了保证下部横向H型钢顺利抽出、盾构机成功下落,千斤顶下部需采用H45×20型钢和2cm厚钢板支垫,其总高度为47cm。因此,千斤顶本体高度、油缸行程、型钢支垫及厚钢板叠加起来的高度大于148cm,满足盾构机顶升需要,同时其下落空间满足接收托架下部支撑型钢的抽出、拆分需要。顶升结束后,盾构机下落及其平移示意图分别如图3-52和图3-53所示。

b. 下落施工步骤

• 第一次顶升。在盾构机切口环后60cm，盾尾铰接前80cm处，距离盾体中心192.5cm的位置施焊牛腿，牛腿的尺寸为42cm×45cm×45cm。千斤顶作用于牛腿底部与车站底部钢板部位，可将接收托架及盾构机顶起1~2cm，此时千斤顶高度+钢板+型钢支垫高度+油缸行程为151cm。再将两侧纵向H30×20型钢采用气割拆除，待型钢拆除结束后，千斤顶油缸回收，将盾构机及托架置于底层型钢，此时千斤顶顶升空间为51cm，将千斤顶用倒链托起，去掉下部45cm高的型钢支垫，保留下部17cm高的型钢支垫，然后将千斤顶回落至型钢支垫上，准备实施第二次顶升。

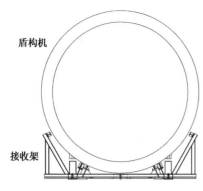

图3-52 顶升结束后盾构机下落

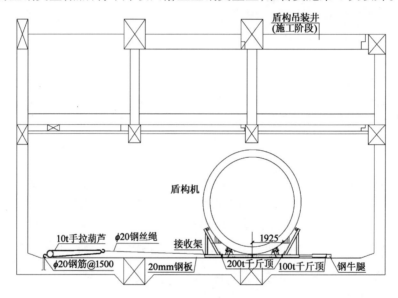

图3-53 盾构机平移示意图（尺寸单位：mm）

• 第二次顶升。将千斤顶下落至17cm高的型钢支垫上之后，开始进行第二次顶升。此时牛腿的底部距车站底板铺设钢板的高度为119cm，千斤顶距牛腿底面的高度为32cm。顶升前，在钢板上和托架下安设平移钢轨，待底层型钢抽出后，盾构机托架直接下落至钢轨上。第二次顶升时，可将盾构机及托架顶起2~3cm，然后抽掉底层的H30×20型钢支架，千斤顶油缸回收，盾构机及托架缓慢下落至车站底板的钢板上，盾构机下落的高度为30cm，待油缸回收到位后，千斤顶距牛腿底面的距离为2cm，然后利用倒链将千斤顶取出，完成第二次盾构机顶升。第二次顶升结束后下落施工如图3-54所示。

③盾构机平移施工技术措施

盾构机平移主要采用6套10t手拉葫芦横向拉动。车站底板浇注混凝土时，在底板右侧预埋6个ϕ20mm钢筋拉环，用于挂设手拉葫芦。采用2台45t液压千斤顶作为辅助平移措施，千斤顶高度为80cm，千斤顶前部顶在接收架下部H30型钢上。后部顶在牛腿上。该牛腿用连接钢板和螺栓固定在行走钢轨上，以此来形成推动盾构机平移的反力。

钢牛腿采用 H20 型钢制作,牛腿长度 30cm,两端均用螺栓固定在钢轨上,作为千斤顶底座。为了防止盾构机在平移过程中千斤顶未与牛腿的受力面垂直密贴,而产生一个向上的分力,造成钢轨随着牛腿而上挠,需要在牛腿的后端面与钢轨之间的缝隙塞入铁锲片,且顶进速度要适当放慢。当千斤顶达到最大行程后,将千斤顶收回,且在前面一个千斤顶行程的位置将牛腿固定在钢轨上,从而进行新一轮的平移顶进施工。如此往复循环,直至盾构机平移至右侧盾构井具有吊装条件的位置。盾构机平移施工图如图 3-55 所示。

图 3-54 盾构机下落施工图

图 3-55 盾构机平移施工图

④防侧翻措施

盾构机在钢轨上平移,容易因为受力不均造成钢轨的失稳而翻倒,同时也有可能发生盾构机因为与托架栓接不牢固而在托架上侧翻的事故。为了在施工中避免这类事故的发生,要注意以下几点要求:

a. 严格控制油缸的行程,顶升、下落和平移过程要速度要平稳、缓慢。

b. 顶升前必须对千斤顶进行全面检查,检查使用性能是否良好,若出现机械故障应及时进行检修。

c. 为了保证顶升、下落及平移过程的安全,将接收托架与盾构机之间点焊,使其形成一个整体,保证整体平移,确保平移过程的安全。

d. 用 4 根钢丝绳将盾构机与托架栓接牢固。

e. 平移过程中,若钢轨上挠变形过大,要立刻停止顶进,切不可硬推。

3.2 盾构机掘进参数选择研究

3.2.1 不同地层盾构土压力和推力分析研究

(1) 荷载的确定

盾构隧道衬砌的设计不仅应满足隧道投入运营时的要求,而且必须满足施工过程中的安全性和功能的要求,应考虑的荷载见表 3-9。主荷载是设计时所必须考虑的基本荷载;附加荷载是在施工中或竣工后所作用的荷载,是根据隧道的使用目的、施工条件以及周围环境进行考虑的荷载;特殊荷载是根据周围地层条件、隧道的使用条件所必须特殊考虑的荷载。

荷 载 的 分 类　　　　　表3-9

类　　别	内　　容
主荷载	垂直土压力及水平土压力
主荷载	水压力
主荷载	自重
主荷载	上覆荷载
主荷载	地基抗力
附加荷载	内部荷载
附加荷载	施工荷载
附加荷载	地震的影响
特殊荷载	平行配置隧道的影响
特殊荷载	近接施工的影响
特殊荷载	地基沉降的影响
特殊荷载	其他

由表3-9可见,盾构周围的土压力、水压力及地面上覆荷载可以认为是作用于盾壳上的主要外荷载[11-19]。土压力是盾构隧道衬砌管片设计荷载的最主要组成部分,合理地确定衬砌管片上的土压力及其分布,是工程设计人员非常关心的问题,是进行衬砌设计的主要依据,是使得衬砌结构设计安全且经济的基本要求。将作用于衬砌管片上的土压力分为垂直土压力、水平土压力、拱底的垂直地基反力以及由衬砌变形引起的地基抗力四部分,如图3-56a)所示。其中,垂直土压力的确定是关键,因为垂直土压力是作用于盾构隧道衬砌管片上的主要荷载且直接影响到水平土压力和地基反力的确定。盾壳在土、水压力作用下发生变形,使盾壳向地基位移,假定作用于盾壳两侧土的水平反力(地基抗力)是由于盾壳向地基内位移而产生的,在盾构水平直径的上下45°中心角范围内呈三角形(以水平直径上的点为顶点)分布,并且土的水平反力与盾构向地基内的水平位移δ成正比($k\delta$为土的最大水平反力),土的水平反力q为:

$$q = k\delta(1 - \sqrt{2}\cos\alpha)$$

式中:δ——考虑了土反力因素后的位移;

k——地基反力系数;

α——盾壳上任意截面所在位置到盾构顶部的角度。

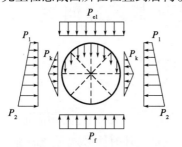
a)考虑了土体侧面位移的荷载模型

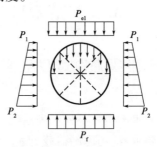
b)未考虑土侧面位移的荷载模型

图3-56　荷载模型图

由于侧面土体的位移δ值不易确定,而且其值相对较小,对最终影响不大,因此在工程中可以将其忽略,从而进行简化计算。简化后荷载模型如图3-56b)所示。

合理地评价地层的松动效应是确定垂直土压力的关键,盾构隧道衬砌管片上的垂直土压力是难以准确计算的荷载。在以岩石为主的山岭隧道中,管片上的垂直土压力是岩体松脱时产生的松脱压力或岩体变形引起的变形压力。而以土体为主的城市盾构隧道施工中,一般不允许上部土体松脱,管片上的垂直土压力主要是上覆土体变形引起的变形压力。由于土拱效应的存在,在埋深较大或较硬土层中,作用在盾构隧道衬砌管片上的垂直土压力并不是上覆土体自重,而要比上覆土体自重小得多。这已被很多现场实测值所证实。

土拱效应是由于土体的不均匀位移引起的,是指移动土体把压力传递给相邻不动土体的传递作用。土拱效应是岩土工程中一个广泛存在的现象,只要土体中有不均匀位移就会有土拱效应。如抗滑桩、黏土芯墙坝、地下管道等结构中都存在着土拱效应。盾构施工的隧道中存在不均匀位移,两方面的原因会引起地层变形,如图3-57所示。其一是地层损失,即隧道施工中实际开挖土体体积和竣工后隧道体积之差;另一方面则是隧道周围土体受扰动产生的再固结。这种地层变形使土体中有了不均匀位移,也就产生了土拱效应。隧道上部土体通过摩擦作用把一部分压力传递到了两边的土体,这就是盾构隧道垂直土压力的松动效应。明确盾构隧道垂直土压力的松动效应,从而合理地评价盾构隧道垂直土压力的松动效应,即隧道上部土体有多少压力传递到了邻近土体中,可以较为准确地计算盾构隧道管片上的垂直土压力。

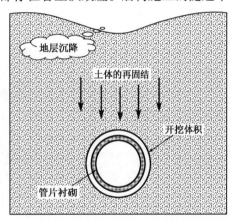

图3-57 盾构隧道施工引起的地层变形

(2)深埋隧道和浅埋隧道的确定

作用于衬砌上的土压力实际上是周围土层与衬砌共同作用面上的接触应力,其大小及分布形式不仅与地层的物理力学性质、衬砌的刚度有关,而且与施工方法、隧道的埋深、直径、形状等几何参数有关。在选择掘进土压力时主要考虑地层土压、地下水压(孔隙水压)、预先考虑的预备压力。在我国铁路隧道设计规范中,根据大量的施工经验,在太沙基土压力理论的基础上,提出以岩体综合物性指标为基础的岩体综合分类法,根据隧道的埋深不同,将隧道分为深埋隧道和浅埋隧道,再根据隧道的具体情况采用不同的计算方式进行土压计算。

深、浅埋隧道的判定一般以隧道顶部覆盖层能否形成"自然拱"为原则。深埋隧道围岩松动压力值是根据施工坍方平均高度(等效荷载高度)确定的。根据经验,深浅埋隧道分界深度通常为2~2.5倍的施工坍方平均高度,即:

$$H_P = (2 \sim 2.5)h_q \tag{3-2}$$

式中:H_P——深、浅埋隧道分界的深度;

h_q——施工坍方平均高度,$h_q = 0.45 \times 2^{S-1}\omega$;

S——围岩类别,如Ⅲ类围岩,则$S=3$;

ω——宽度影响系数,且 $\omega = 1 + i(B - 5)$;

B——隧道净宽度(m);

i——以 $B = 5\mathrm{m}$ 为基准,B 每增减 1m 时的围岩压力增减率;当 $B < 5\mathrm{m}$ 时,取 $i = 0.2$,$B > 5\mathrm{m}$,取 $i = 0.1$。

浅埋隧道覆盖厚度值见表3-10。

浅埋隧道覆盖厚度值(单位:m)   表3-10

围岩级别	Ⅲ	Ⅳ	Ⅴ
单线隧道	5~7	10~14	18~25
双线隧道	8~10	15~20	30~35

(3)盾构隧道垂直土压力的计算方法

由于作用于衬砌上的土压力受诸多因素的影响,对其进行研究非常困难。迄今为止,有关这方面的论文及研究报导均不多见。从已有的文献来看,按其所采用原理的不同,可将衬砌上土压力的确定方法分为三种,即简化计算方法、考虑衬砌与地层相互作用的分析方法和现场量测及模型试验方法。

土压力简化计算方法可分为深埋隧道的土压计算方法和浅埋隧道土压计算方法。其中,浅埋隧道土压计算方法又分为土柱理论、朗肯土压理论、太沙基理论和普氏理论。

①深埋隧道的土压计算方法

在深埋隧道中,按照太沙基土压力理论计算公式以及日本村山理论,可以较为准确地计算出盾构前方的松动土压力。但在实际工程施工中,可以根据隧道围岩分类和隧道结构参数,按照我国现行的《铁路隧道设计规范》(TB 10003—2005)中推荐的围岩竖直分布松动压力 q 的计算公式计算:

$$q = 0.45 \times 2^{6-S} \gamma \cdot \omega \tag{3-3}$$

地层在产生竖向压力的同时,也产生侧向压力,侧向水平压力 σ_a 由经验公式可得:

$$\sigma_\mathrm{a} = k \cdot q \tag{3-4}$$

式中:γ——围岩重度;

k——水平侧压力系数,见表3-11。

深埋隧道水平侧压力系数 k 表3-11

围岩分类	Ⅵ~Ⅴ	Ⅳ	Ⅲ	Ⅱ	Ⅰ
水平侧压力系数	0	0~1/6	1/6~1/3	1/3~1/2	1/2~1

②浅埋隧道的土压计算方法

a. 上覆土重理论

根据刚体静力平衡条件,认为垂直土压力是上覆土柱的重力减去两侧地层对柱体产生的反向摩擦力。在较差的地层中,此摩擦力常被假定为零,地层处于静止的弹性平衡状态。这时的竖直土压力为上覆土重,而水平土压力则为静止土压力。即在任一深度 h 处,土的铅垂方向的自重应力 $\sigma_z = \gamma h$ 为最大主应力,而水平应力 σ_x 为最小主应力,其间存在如下关系:

$$\sigma_x = k_0 \cdot \sigma_z = K_0 \cdot \gamma \cdot h \tag{3-5}$$

式中：k_0——侧向土压力系数，$k_0 = \nu/(1-\nu)$；

ν——岩体的泊松比；

γ——上覆土层的平均重度（kN/m^3）；

h——上覆土层的厚度（m）。

b. 朗肯理论

在浅埋隧道的施工过程中，由于施工的扰动，改变了原状天然土体的静止弹性平衡状态，从而使刀盘前方土体产生主动或被动土压力。在盾构机推进时，由于土压力设置偏低，工作面前方的土体向盾构机刀盘方向发生一个微小的移动或滑动，土体出现向下滑动的趋势，为了抵抗土体向下滑动趋势的产生，土体中的抗剪力逐渐增大。当土体中的侧向应力减小到一定的程度，使土体中的抗剪强度得到充分发挥，直到土体中的侧向土压力减小到最小值时，土体处于极限平衡状态，即主动极限平衡状态。与此相对应的土压力称为主动土压力 σ_a。地层因土压小于主动土压而发生滑动如图 3-58a) 所示。

$$\sigma_a = \sigma_z \cdot \tan^2\left(45° - \frac{\varphi}{2}\right) - 2c \cdot \tan\left(45° - \frac{\varphi}{2}\right) \tag{3-6}$$

式中：σ_z——深度为 z 处的地层自重应力；

c——土的黏聚力；

φ——地层内摩擦角。

在盾构机推进时，由于土舱压力设置偏高，刀盘对土体的侧向应力逐渐增大，刀盘前部的土体出现向上滑动的趋势，为了抵抗土体向上滑动的趋势的产生，土体中的抗剪力逐渐增大，土体处于另一极限平衡状态，即被动极限平衡状态。与此相对应的土压力称为被动土压力 σ_p。当土压力处于两种土压力之间时，土体将保持稳定；若土压力小于主动土压力或是大于被动土压力时，土体的极限平衡状态被打破，土体将发生沉降或隆起。地层因土压大于被动土压而发生滑动如图 3-58b) 所示。

$$\sigma_p = \sigma_z \cdot \tan^2\left(45° + \frac{\varphi}{2}\right) + 2c \cdot \tan\left(45° + \frac{\varphi}{2}\right) \tag{3-7}$$

式中：σ_z——深度为 z 处的地层自重应力；

c——土的黏聚力；

z——地层深度；

φ——地层内摩擦角。

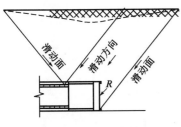
a) 土压小于主动土压力时地面下沉

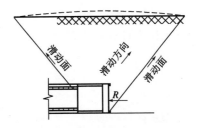
b) 土压大于被动土压力时地面隆起

图 3-58 土体滑动示意图

c. 太沙基理论

太沙基理论以松散体压力理论为基础,从应力传递的概念出发,考虑了隧道断面的几何尺寸、埋深、土体黏聚力和内摩擦角对垂直土压力的影响,认为隧道开挖后,顶部土体在重力作用下,在隧道两侧至地面之间出现两个垂直方向的剪切破坏面,引起上方土体发生位移,土体颗粒的相互错动使得土体颗粒之间应力传递,导致隧道上方周围土体对下移的土体有一定的阻碍作用,导致最小支护压力远远小于地层原始应力。太沙基松动土压力的计算图示如图3-59所示。根据微分土条的竖向力的平衡列出方程,然后积分后得到松动土压力的计算公式。

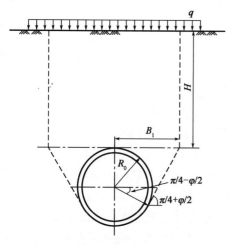

图3-59 太沙基松动土压力的计算图

$$\sigma_H = \frac{\gamma \cdot B - c}{k \cdot \tan\varphi}\left[1 - e^{-k \cdot \tan\varphi\left(\frac{H}{B}\right)}\right] + q \cdot e^{-k \cdot \tan\varphi\left(\frac{H}{B}\right)} \tag{3-8}$$

$$2B = D \cdot \cot\frac{\pi/4 + \varphi/2}{2}$$

式中:σ_H——太沙基松动土压力;

c——土的黏聚力;

φ——内摩擦角(°);

γ——土的重度;

q——上覆荷重;

k——侧压力系数;

$2B$——滑动土体的宽度;

H——上覆土层的厚度(m);

D——隧道的直径。

d. 普氏理论

前苏联学者普罗托吉雅柯诺夫也以散体介质理论为基础,认为在松散介质中开挖隧道后,上部部分介质塌落,上部介质的变形发展到一定程度,逐渐终止后在其上方形成一抛物线的平衡拱(压力拱),拱下土体以平均压力作用于衬砌上。

普氏理论土压力计算公式如下:

$$P_V = \gamma \cdot h \tag{3-9}$$

$$h = \frac{1}{f}\left[b + h_0 \tan\left(45° - \frac{\varphi}{2}\right)\right]$$

式中:h——压力拱高度(m);

γ——土的重度;

h_0——隧道高度(m);

b——隧道宽度(m);

f——普氏系数,对松散土和黏性土可取 $f = \tan\varphi$。

(4) 土压平衡盾构施工土压力的确定方法

根据上述对地层土压力的计算原理分析,总结出土压平衡盾构施工过程中土舱内的土压力设定方法为:

①根据隧道所处位置及隧道埋深情况,对隧道进行分类,判断出隧道是属于深埋隧道还是浅埋隧道。

②根据判断的隧道类型初步计算出地层的垂直土压力。

③根据隧道所处地层以及隧道周边地地表环境状况的复杂程度,计算水平土压力。

④根据隧道所处地层及施工状态,确定地层水压力。

⑤根据不同的施工环境、施工条件及施工经验,考虑 0.01~0.02MPa 压力值作为调整值来修正施工土压力。

⑥根据确定的水平侧向力、地层水压力及施工土压力调整值得出初步的盾构施工土舱压力设定值。

⑦根据地表沉降监测结果,及时调整施工土压力,得出比较合理的施工土压力值。

3.2.2 特定地层土压力计算方法适应性分析

选取本工程翻灵区间和布百区间 3 个不同地质条件的断面来进行土压力计算,这 3 个断面分别为黏性土地层、上覆建筑物的全风化花岗岩地层和中风化花岗岩地层,总结出适合各自地质条件的土压力简算方法。

(1) 黏性土地层土压力计算

断面Ⅰ为翻灵区间左线盾构隧道第 375 环,即里程 DK5 + 020.225 的位置,其地层情况从上往下至拱底位置依次为:4m 的素填土,3m 的砾砂层,砾质黏性土 16m。地下水埋深为 3.5m,属于典型的黏土地层,由于土体的透水率低,适宜按水土合算考虑,各土层加权平均后的饱和重度为 $\gamma_{sat} = 2 \times 10^4 \text{N/m}^3$,隧道拱顶埋深为 16m。采用上覆土重理论、朗肯理论、太沙基理论和普氏理论四种不同方法来计算该黏性地层的土压力,从而得出适合深圳黏土地层的土压力计算方法。荷载计算模型如图 3-60 所示。

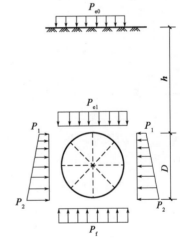

图 3-60 翻灵区间黏性土地层土压力荷载计算模型

①上覆土重理论

$$P_e = P_{e0} + P_{e1} \tag{3-10}$$

$$P_{e1} = \gamma_{sat} \cdot h$$

$$P_1 = P_e \cdot \lambda \tag{3-11}$$

$$P_2 = (P_e + \gamma \cdot D)\lambda \tag{3-12}$$

$$P_f = P_e + G/(DL) \tag{3-13}$$

式中：P_e——隧道拱顶的竖向压力；

P_1——拱顶水平土压力；

P_2——拱底水平土压力；

P_{e0}——地面荷载取 20kPa；

P_{e1}——上覆土自重；

P_f——盾构机底部的均布压力；

h——上覆土厚度，$h = 16$m；

D——盾构机直径；

G——盾构机自重；

L——盾构机长度；

γ_{sat}——土的饱和重度，取 $2 \times 10^4 \text{N/m}^3$。

$$P_{e1} = 2 \times 10^4 \times 16 = 3.2 \times 10^5 \text{Pa}$$

$$P_e = P_{e0} + P_{e1} = 3.2 \times 10^5 + 0.2 \times 10^5 = 3.4 \times 10^5 \text{Pa}$$

λ——侧压力系数，可依据经验公式计算：

$$\lambda = \frac{\mu}{1-\mu} = \frac{0.28}{1-0.28} = 0.39 \tag{3-14}$$

$$P_1 = \lambda \times P_e = 0.39 \times 3.4 \times 10^5 = 1.33 \times 10^5 \text{Pa}$$

$$P_2 = \lambda(P_e + D \times \gamma_{sat}) = 0.39 \times (3.4 \times 10^5 + 6.25 \times 2 \times 10^4) = 1.81 \times 10^5 \text{Pa}$$

②朗肯理论

主动土压力：

$$\sigma_a = \sigma_z \cdot \tan^2\left(45° - \frac{\varphi}{2}\right) - 2c \cdot \tan\left(45° - \frac{\varphi}{2}\right) \tag{3-15}$$

式中：σ_z——深度为 z 处的地层自重应力；

c——土的黏聚力；

φ——地层内摩擦角。

隧道拱顶处埋深为 16m，则根据主动土压力计算公式可得拱顶处主动土压力为：

$$\begin{aligned}
\sigma_a &= 3.4 \times 10^5 \times \tan^2\left(45° - \frac{26.4}{2}\right) - 2 \times 26.3 \times 10^3 \times \tan\left(45° - \frac{26.4}{2}\right) \\
&= 3.4 \times 10^5 \times \tan^2 31.8° - 52.6 \times 10^3 \times \tan 31.8° \\
&= 3.4 \times 10^5 \times 0.3844 - 52.6 \times 10^3 \times 0.62 \\
&= 0.98 \times 10^5 \text{Pa}
\end{aligned}$$

被动土压力：

$$\sigma_p = \sigma_z \cdot \tan^2\left(45° + \frac{\varphi}{2}\right) + 2c \cdot \tan\left(45° + \frac{\varphi}{2}\right) \tag{3-16}$$

式中：σ_z——深度为 z 处的地层自重应力；

c——土的黏聚力；

φ——地层内摩擦角。

$$\begin{aligned}
\sigma_p &= 3.4 \times 10^5 \times \tan^2(45° + \frac{26.4}{2}) + 2 \times 26.3 \times 10^3 \times \tan(45° + \frac{26.4}{2}) \\
&= 3.4 \times 10^5 \times \tan^2 58.2° + 52.6 \times 10^3 \times \tan 58.2° \\
&= 3.4 \times 10^5 \times 2.6 + 52.6 \times 10^3 \times 1.61 \\
&= 9.69 \times 10^5 \text{Pa}
\end{aligned}$$

③太沙基理论

$$\sigma_H = \frac{\gamma \cdot B - c}{k \cdot \tan\varphi}[1 - e^{-k \cdot \tan\varphi(\frac{H}{B})}] + q \cdot e^{-k \cdot \tan\varphi(\frac{H}{B})}$$

$$2B = D \cdot \cot\frac{\pi/4 + \varphi/2}{2} \tag{3-17}$$

式中：σ_H——太沙基松动土压力；

c——土的黏聚力；

φ——内摩擦角(°)；

γ——土的重度；

q——上覆荷重；

k——侧压力系数；

$2B$——滑动土体的宽度；

D——隧道的直径。

$$\begin{aligned}
2B &= D \cdot \cot\frac{\pi/4 + \varphi/2}{2} \\
&= 6.25 \times \cot\frac{\pi/4 + 26.4/2}{2} \\
&= 11.23 \text{m}
\end{aligned}$$

$$\begin{aligned}
\sigma_H &= \frac{\gamma \cdot B - c}{k \cdot \tan\varphi}[1 - e^{-k \cdot \tan\varphi(\frac{H}{B})}] + q \cdot e^{-k \cdot \tan\varphi(\frac{H}{B})} \\
&= \frac{20 \times 10^3 \times 5.61 - 26.3 \times 10^3}{0.39 \times \tan 26.4°} \times (1 - e^{-0.39\tan 26.4°\frac{16}{5.61}}) + 20 \times 10^3 \times e^{-0.39\tan 26.4°\frac{16}{5.61}} \\
&= 443.70 \times 10^3 \times (1 - 0.5757) + 20 \times 10^3 \times 0.5757 \\
&= 188.26 \times 10^3 + 11.52 \times 10^3 \\
&= 199.78 \times 10^3 \text{Pa} \\
&\approx 2.0 \times 10^5 \text{Pa}
\end{aligned}$$

$$P_1 = \lambda \cdot \sigma_H = 0.39 \times 2.0 \times 10^5 = 0.78 \times 10^5 \text{Pa}$$

④普氏理论

$$P_V = \gamma \cdot h$$

$$h = \frac{1}{f}\left[b + h_0\tan\left(45° - \frac{\varphi}{2}\right)\right] \tag{3-18}$$

式中：h——压力拱高度(m)；

h_0——隧道高度(m)；

b——隧道宽度(m)；

f——普氏系数，对松散土和黏性土可取$f = \tan\varphi$。

隧道拱顶处埋深16m,在拱顶处压力拱高度为:

$$h = \frac{1}{\tan\varphi}\left[b + h_0\tan\left(45° - \frac{\varphi}{2}\right)\right]$$

$$= \frac{1}{\tan 26.4°}\left[6 + 6\times\tan\left(45° - \frac{26.4°}{2}\right)\right]$$

$$= \frac{1}{0.4964}(6 + 6\times 0.62)$$

$$= 19.58\text{m}$$

$$P_V = \gamma \cdot h$$

$$= 20\times 10^3 \times 19.58 = 3.92\times 10^5 \text{Pa}$$

$$P_1 = \lambda \cdot P_V = 0.39\times 3.92\times 10^5 = 1.53\times 10^5 \text{Pa}$$

盾构机操作室中显示在掘进过程中,1号土压力传感器为0.15MPa,5号土压力传感器为0.18MPa。采用上覆土重法计算时,1号土压力计算值比实际值相差0.017MPa,误差率为11.3%,5号土压力计算值比实际值相差0.001MPa,误差率为0.6%;采用朗肯土压理论来计算1号土压力传感器的土压力值,得出土压力的设定范围为0.098~0.969MPa,范围太宽,且主动或被动极限平衡状态下的土压力相差较大,不适宜采用;采用太沙基理论计算时,1号土压力传感器的土压力值比实际值小得多,相差48%,计算值与实际值也相差较大;用普氏理论算出的1号土压传感器处的土压力与实际土压力值基本相等,其仅比实际土压值大0.003MPa。可见,在深圳黏土地层的土压力计算中,采用土柱理论上覆土理论和普氏理论是合理的,但朗肯理论和太沙基理论不适用。这说明黏性地层难以形成自然拱,作用于隧道拱顶的土压力基本上就为上覆土自重。

(2)上覆建筑物情况下全风化花岗岩地层土压力计算

断面Ⅱ为翻灵区间右线盾构隧道第213环,区间隧道在里程DK+486~586段下穿碧海花园,由于DK4+516处建筑物桩基距离隧道拱顶最近,只有1.137m,因此,按照最不利原则来考虑,选取该断面计算。此处,地层情况从上往下依次为:3m的素填土,6m的砂砾层,砾质黏性土11m,全风化花岗岩2m和强风化花岗岩16m。地下水埋深为0.6~3.2m,由于隧道断面处在不易透水的全风化花岗岩之中,因此适宜按水土合算考虑,各土层加权平均后的饱和重度为$\gamma_{sat} = 2\times 10^4 \text{N/m}^3$,隧道拱顶埋深为20m。采用上覆土重理论、朗肯理论、太沙基理论和普氏理论四种不同方法来计算该黏性地层的土压力,从而得出适合深圳全风化岩层的土压力计算方法。荷载计算模型如图3-61所示。

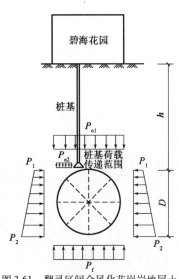

图3-61 翻灵区间全风化花岗岩地层土压力荷载计算模型

①上覆土重理论

$$P_e = P_{e1} + P_{e2}$$

$$P_{e1} = \gamma_{sat} \cdot h \tag{3-19}$$

$$P_{e2} = F/A'$$

$$F = \alpha G/N \tag{3-20}$$

$$G = \gamma_{混凝土} V \beta$$

$$P_1 = P_e \cdot \lambda \tag{3-21}$$

$$P_2 = (P_e + \gamma \cdot D)\lambda \tag{3-22}$$

$$P_f = P_e + G/(D \cdot L) \tag{3-23}$$

式中：P_e——隧道拱顶的竖向压力；

P_1——拱顶水平土压力；

P_2——拱底水平土压力；

P_{e1}——上覆土自重；

P_{e2}——桩基传递至隧道拱顶的载荷；

P_f——盾构机底部的均布压力；

h——上覆土厚度，$h = 20\text{m}$；

γ_{sat}——土的饱和重度，取 $2 \times 10^4 \text{ N/m}^3$；

A'——每根桩基载荷传递至拱顶处的面积；

F——每根桩基上的载荷；

G——计算中所取范围内的建筑物自重；

N——计算中所取桩基的数量，取 94 根；

α——由于承台的存在，以及桩周受到土体摩擦阻力的影响，计算中桩端土体所受建筑物自重荷载的比例，取 30%；

β——结构所占整个建筑物体积的比例，计算时取 $\beta = 0.35$。

$$P_{e1} = 2 \times 10^4 \times 20 = 4 \times 10^5 \text{ Pa}$$

$$G = 2500 \times 9.8 \times 700 \times 3 \times 8 \times 0.35 = 1.44 \times 10^8 \text{N}$$

$$F = 0.3 \times 1.44 \times 10^8/94 = 4.6 \times 10^5 \text{N}$$

$$A = \pi/4 \times 1.7^2 = 2.27 \text{m}^2$$

$$P_{e2} = 4.6 \times 10^5/2.27 = 2.03 \times 10^5 \text{Pa}$$

$$P_e = P_{e1} + P_{e2} = 4 \times 10^5 + 2.03 \times 10^5 = 6.03 \times 10^5 \text{Pa}$$

由于隧道拱顶 1 号土压力传感器位于全风化花岗岩中，其侧压力系数为 λ_1，可依据经验公式求取。

$$\lambda_1 = \frac{\nu}{1 - \nu} = \frac{0.26}{1 - 0.26} = 0.351$$

$$P_1 = \lambda_1 \cdot P_e = 0.351 \times 6.03 \times 10^5 = 2.12 \times 10^5 \text{Pa}$$
$$P_2 = \lambda_2 (P_e + D \cdot \gamma_{sat}) = 0.351 \times (6.03 \times 10^5 + 6.25 \times 2 \times 10^4) = 2.56 \times 10^5 \text{Pa}$$

②朗肯理论

主动土压力：

$$\sigma_a = \sigma_z \cdot \tan^2\left(45° - \frac{\varphi}{2}\right) - 2c \cdot \tan\left(45° - \frac{\varphi}{2}\right) \tag{3-24}$$

式中：σ_z——深度为 z 处的地层自重应力；
    c——土的黏聚力；
    φ——地层内摩擦角。

隧道拱顶处埋深为20m，则根据主动土压力计算公式可得拱顶处主动土压力为：

$$\sigma_a = 6.03 \times 10^5 \times \tan^2\left(45° - \frac{27.2}{2}\right) - 2 \times 27.6 \times 10^3 \times \tan\left(45° - \frac{27.2}{2}\right)$$
$$= 6.03 \times 10^5 \times \tan^2 31.4° - 55.2 \times 10^3 \times \tan 31.4°$$
$$= 6.03 \times 10^5 \times 0.3726 - 59.6 \times 10^3 \times 0.61$$
$$= 1.75 \times 10^5 \text{Pa}$$

被动土压力：

$$\sigma_p = \sigma_z \cdot \tan^2\left(45° + \frac{\varphi}{2}\right) + 2c \cdot \tan\left(45° + \frac{\varphi}{2}\right) \tag{3-25}$$

式中：σ_z——深度为 z 处的地层自重应力；
    c——土的黏聚力；
    φ——地层内摩擦角。

$$\sigma_p = 6.03 \times 10^5 \times \tan^2\left(45° + \frac{27.6}{2}\right) + 2 \times 29.8 \times 10^3 \times \tan\left(45° + \frac{27.6}{2}\right)$$
$$= 6.03 \times 10^5 \times \tan^2 58.8° + 59.6 \times 10^3 \times \tan 58.8°$$
$$= 6.03 \times 10^5 \times 2.726 + 59.6 \times 10^3 \times 1.65$$
$$= 17.42 \times 10^5 \text{Pa}$$

③太沙基理论

$$\sigma_H = \frac{\gamma \cdot B - c}{k \cdot \tan\varphi}\left[1 - e^{-k \cdot \tan\varphi\left(\frac{H}{B}\right)}\right] + q \cdot e^{-k \cdot \tan\varphi\left(\frac{H}{B}\right)} \tag{3-26}$$

$$2B = D \cdot \cot\frac{\pi/4 + \varphi/2}{2}$$

式中：σ_H——太沙基松动土压力；
    c——土的黏聚力；
    φ——内摩擦角(°)；
    γ——土的重度；
    q——上覆荷重；
    k——侧压力系数；
    $2B$——滑动土体的宽度；
    D——隧道的直径。

$$2B = D \cdot \cot\frac{\pi/4 + \varphi/2}{2}$$

$$= 6.25 \times \cot\frac{\pi/4 + 27.2/2}{2}$$

$$= 11.14\text{m}$$

$$\sigma_H = \frac{\gamma \cdot B - c}{k \cdot \tan\varphi}\left[1 - e^{-k \cdot \tan\varphi(\frac{H}{B})}\right] + q \cdot e^{-k \cdot \tan\varphi(\frac{H}{B})}$$

$$= \frac{20 \times 10^3 \times 5.57 - 27.6 \times 10^3}{0.351 \times (\tan 27.2°)}(1 - e^{-0.351\tan 27.2°\frac{20}{5.57}}) + 206 \times 10^3 \times e^{-0.351\tan 27.2°\frac{20}{5.57}}$$

$$= 464.55 \times 10^3 \times (1 - 0.523) + 206 \times 10^3 \times 0.523$$

$$= 221.59 \times 10^3 + 107.74 \times 10^3$$

$$= 329.33 \times 10^3 \text{Pa}$$

$$P_1 = \lambda \cdot \sigma_H = 0.351 \times 3.3 \times 10^5 = 1.11 \times 10^5 \text{Pa}$$

④普氏理论

$$P_V = \gamma \cdot h \qquad (3\text{-}27)$$

$$h = \frac{1}{f}\left[b + h_0 \cdot \tan\left(45° - \frac{\varphi}{2}\right)\right]$$

式中：h——压力拱高度(m)；

h_0——隧道高度(m)；

b——隧道宽度(m)；

f——普氏系数，对松散土和黏性土可取 $f = \tan\varphi$。

隧道拱顶处埋深20m，在拱顶处压力拱高度为：

$$h = \frac{1}{\tan\varphi}\left[b + h_0 \cdot \tan\left(45° - \frac{\varphi}{2}\right)\right]$$

$$= \frac{1}{\tan 27.2°}\left[6 + 6 \times \tan\left(45° - \frac{27.2°}{2}\right)\right]$$

$$= \frac{1}{0.534}(6 + 6 \times 0.61)$$

$$= 18.8\text{m}$$

$$P_V = \gamma \cdot h$$

$$= 20 \times 10^3 \times 18.8 = 3.76 \times 10^5 \text{Pa}$$

$$P_1 = \lambda \cdot P_V = 0.351 \times 3.76 \times 10^5 = 1.32 \times 10^5 \text{Pa}$$

盾构机操作室中显示在掘进过程中，1号土压力传感器为0.18MPa。采用上覆土重理论计算时,计算值比实际值大0.032MPa,误差率为17.8%,误差不算太大;采用朗肯理论来计算时,得出土压力的设定范围在0.175~1.742MPa时,土体不会发生滑移破坏,其中主动极限平衡土压仅比实际土压小0.005MPa,可以说是基本相等,可以近似采用主动土压计算;采用太沙基理论和普氏理论计算时,其值均比实际土压小0.05~0.06MPa。可见,在深圳全风化花岗岩这类较为软弱的地层,且上覆有建筑物的情况下,可以近似采用主动极限平衡土压来计算地层实际土压值。由于不能完全形成土拱效应,因此用太沙基理论和普氏理论计算土压力值均偏小。若采用这两种方法计算的土压值,则施工风险较大,易发生地表沉降甚至建筑物坍塌的危险。若采用土柱法所算土压值,则土压力值设定必定比实际土压大,不仅会加重盾构机施工的负担,而且可能导致地表有隆起的趋势,同样会有较大的施工风险。

(3) 中风化花岗岩地层土压力计算

断面Ⅲ为布百区间左线盾构隧道第362环,隧道拱顶埋深24.5m,地下水埋深为3.5m,从上之下地层依次为:素填土、粉质黏土、强风化角岩、中风化角岩。盾构隧道断面处于中风化角岩之中,为不易透水的硬岩地层,适宜按水土合算考虑,各土层加权平均后的饱和重度为$\gamma_{sat} = 2 \times 10^4 \text{N/m}^3$,隧道拱底埋深为30.5m。由于在该硬岩地层中掘进采用的是敞开式掘进模式,土舱上部是没有土渣的,只有土舱下部才有部分土渣,因此对盾构机土舱壁上5号土压传感器的土压值采用上覆土理论、朗肯理论、太沙基理论和普氏理论四种不同方法来计算,从而得出适合深圳硬岩地层的土压力计算方法。荷载计算模型如图3-62所示。

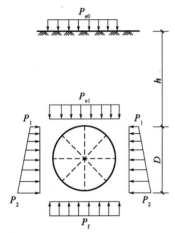

图3-62 布百区间中风化花岗岩地层土压力荷载计算模型

① 上覆土重理论

$$P_e = P_{e0} + P_{e1} \tag{3-28}$$

$$P_{e1} = \gamma_{sat} \cdot h$$

$$P_1 = P_e \cdot \lambda \tag{3-29}$$

$$P_2 = (P_e + \gamma \cdot D)\lambda \tag{3-30}$$

$$P_f = P_e + G/(D \cdot L) \tag{3-31}$$

式中:P_e——隧道拱顶的竖向压力;

P_1——拱顶水平土压力;

P_2——拱底水平土压力;

P_{e0}——地面荷载,取20kPa;

P_{e1}——上覆土自重;

P_f——盾构机底部的均布压力;

h——上覆土厚度,$h = 16$m;

γ_{sat}——土的饱和重度,取$2 \times 10^4 \text{N/m}^3$。

侧压力系数λ的取值可依据经验公式求得:

$$\lambda = \frac{\mu}{1-\mu} = \frac{0.29}{1-0.29} = 0.408$$

$$P_2 = \lambda[(h+D) \cdot \gamma_{sat} + P_{e0}] = 0.408 \times (30.5 \times 20 \times 10^3 + 20 \times 10^3)$$

$$= 0.408 \times 6.3 \times 10^5 \text{Pa} = 2.57 \times 10^5 \text{Pa}$$

②朗肯理论

主动土压力：

$$\sigma_a = \sigma_z \cdot \tan\left(45° - \frac{\varphi}{2}\right) - 2c \cdot \tan\left(45° - \frac{\varphi}{2}\right) \tag{3-32}$$

式中：σ_z——深度为 z 处的地层自重应力；

　　　c——土的黏聚力；

　　　φ——地层内摩擦角。

隧道拱顶处埋深为 24.5m，则根据主动土压力计算公式可得拱顶处主动土压力为：

$$\sigma_a = 20 \times 10^3 \times 30.5 \times \tan^2\left(45° - \frac{30.6}{2}\right) - 2 \times 34.8 \times 10^3 \times \tan\left(45° - \frac{30.6}{2}\right)$$

$$= 6.1 \times 10^5 \times \tan^2 29.7° - 69.6 \times 10^3 \times \tan 29.7°$$

$$= 6.1 \times 10^5 \times 0.3253 - 69.6 \times 10^3 \times 0.57$$

$$= 1.59 \times 10^5 \text{Pa}$$

被动土压力：

$$\sigma_p = \sigma_z \cdot \tan^2\left(45° + \frac{\varphi}{2}\right) + 2c \cdot \tan\left(45° + \frac{\varphi}{2}\right) \tag{3-33}$$

式中：σ_z——深度为 z 处的地层自重应力；

　　　c——土的黏聚力；

　　　φ——地层内摩擦角。

$$\sigma_p = 20 \times 10^3 \times 30.5 \times \tan^2\left(45° + \frac{30.6}{2}\right) + 2 \times 34.8 \times 10^3 \times \tan\left(45° + \frac{30.6}{2}\right)$$

$$= 6.1 \times 10^5 \times \tan^2 60.3° + 69.6 \times 10^3 \times \tan 60.3°$$

$$= 6.1 \times 10^5 \times 3.07 + 69.6 \times 10^3 \times 1.75$$

$$= 19.97 \times 10^5 \text{Pa}$$

③太沙基理论

$$\sigma_H = \frac{\gamma \cdot B - c}{k \cdot \tan\varphi}\left[1 - e^{-k \cdot \tan\varphi\left(\frac{H}{B}\right)}\right] + q \cdot e^{-k \cdot \tan\varphi\left(\frac{H}{B}\right)} \tag{3-34}$$

$$2B = D \cdot \cot\frac{(\pi/4 + \varphi/2)}{2}$$

式中：σ_H——太沙基松动土压力；

　　　c——土的黏聚力；

　　　φ——内摩擦角(°)；

　　　γ——土的重度；

　　　q——上覆荷重；

　　　k——侧压力系数；

$2B$——滑动土体的宽度；

D——隧道的直径。

$$2B = D \cdot \cot\frac{\pi/4 + \varphi/2}{2}$$
$$= 6.25 \times \cot\frac{\pi/4 + 30.6/2}{2}$$
$$= 6.25 \times 1.722$$
$$= 10.76\text{m}$$

$$\sigma_H = \frac{\gamma \cdot B - c}{k \cdot \tan\varphi}\left[1 - e^{-k \cdot \tan\varphi\left(\frac{H}{B}\right)}\right] + q \cdot e^{-k \cdot \tan\varphi\left(\frac{H}{B}\right)}$$
$$= \frac{20 \times 10^3 \times 5.38 - 34.8 \times 10^3}{0.408 \times \tan30.6°}\left(1 - e^{-0.408\tan30.6°\frac{30.5}{5.38}}\right) + 20 \times 10^3 \times e^{-0.408\tan30.6°\frac{30.5}{5.38}}$$
$$= 301.71 \times 10^3[1 - 0.2541] + 20 \times 10^3 \times 0.2541$$
$$= 225.05 \times 10^3 + 5.08 \times 10^3$$
$$= 230.13 \times 10^3 \text{Pa}$$
$$P_1 = \lambda \cdot \sigma_H = 0.408 \times 2.3 \times 10^5 = 0.94 \times 10^5 \text{Pa}$$

④普氏理论

$$P_V = \gamma \cdot h \tag{3-35}$$
$$h = \frac{1}{f}\left[b + h_0 \cdot \tan\left(45° - \frac{\varphi}{2}\right)\right]$$

式中：h——压力拱高度(m)；

h_0——隧道高度(m)；

b——隧道宽度(m)；

f——普氏系数，对松散土和黏性土可取 $f = \tan\varphi$。

隧道拱顶处埋深24.5m，在拱顶处压力拱高度为：

$$h = \frac{1}{\tan\varphi}\left[b + h_0 \cdot \tan\left(45° - \frac{\varphi}{2}\right)\right]$$
$$= \frac{1}{\tan30.6°}\left[6 + 6 \times \tan\left(45° - \frac{30.6°}{2}\right)\right]$$
$$= \frac{1}{0.5914}(6 + 6 \times 0.57)$$
$$= 15.93\text{m}$$
$$P_V = \gamma \cdot h$$
$$= 20 \times 10^3 \times 15.93 = 3.19 \times 10^5 \text{Pa}$$
$$P_1 = \lambda \cdot P_V = 0.408 \times 3.19 \times 10^5 = 1.3 \times 10^5 \text{Pa}$$

盾构机在掘进过程中，土舱底部1号土压力传感器的土压值为0.15MPa。采用上覆土重理论计算时，计算值比实际值大0.102MPa，误差太大；采用朗肯土压理论来计算时，得出土压力的设定范围在0.159～1.997MPa时，土体不会发生滑移破坏，其中主动极限平衡土压仅比实际土压大 0.009MPa，可以说是基本相等，可以近似采用主动土压计算；采用太沙基理论和普氏理论计算时，其值均比实际土压小，其中，由太沙基理论所得结果比实际值小得多，普氏理论所得结果仅比实际值小 0.015MPa。可见，在深圳中风化花岗岩这类硬岩地层，可以近似采用主动极限平衡土压来计算地层实际土压值。由于该地层并非松散类岩层，因此用太沙基理论和普氏理论计算土压力值均偏小，但普氏理论计算方法所得结果误差较小。若采用太沙基理论来计算土压值，则施工风险较大，易发生地表沉降甚至建筑物坍塌的危险。若采用土柱法所算土压值，则土压力值设定必定比实际土压大，不仅会加重盾构机施工的负担，而且可能导致地表有隆起的趋势，同样会有较大的施工风险。

对黏性土地层、上覆建筑物情况下全风化花岗岩地层和中风化花岗岩地层土压力各采用多种方法计算，所得结果相距甚远。为了便于比较分析，明确各类地层对应各自适宜的土压计算方法，现将各类地层的土压计算结果和实际土压值绘制成表 3-12。

各土压力计算方法所得结果与实际土压力对比（单位：$\times 10^5$Pa）　　表 3-12

地层情况	上覆土重理论	朗肯理论	太沙基理论	普氏理论	实际值
黏性土	1.33	0.98～9.69	0.78	1.53	1.5
上覆建筑物	2.12	1.75～17.42	1.16	1.26	1.8
中风化岩	2.57	1.59～19.97	0.94	1.3	1.5

从上表可以得出以下结论：对于浅埋盾构隧道，由于未考虑土体之间的摩擦阻力，以及土体形成的拱效应，因此，在用上覆土重理论计算土压力时，其值一般都比实际值要大，土体越松散，土质越软，计算值越准确。在朗肯土压理论中，可计算出土体不产生滑移破坏的土压力范围，由于衬砌的侧向变形的作用，隧道两侧的土体处于主动和被动极限平衡状态之间的状态。因此，实际的水平地层压力要比主动土压力大，比被动土压力小，土体越硬，实际土压与主动土压越接近。太沙基理论计算的土压值一般都比实际值小，上覆土压力随着 H/D 的增加而增加，且当 H/D、k 一定时，内摩擦角 φ 越大，松动压力越小，这是因为 φ 越大，则滑动面上的摩擦系数越大，则松动土体的滑动阻力越大；同时，注意到当 H/D、φ 一定时，上覆土压力随着 k 的增加而减少。因此可以看出，k、φ 对于松动土压力的大小影响巨大，隧道断面处于岩层中时，该理论则不适用，该理论主要适用于砂土这类松散体地层。普氏理论对不能形成压力拱的松软地层或埋深太浅的隧道是不适用的，用此方法计算的土压力值与实际土压值相差不大，可适当采用。

综上所述，深圳地区各类地层土压力所适用的方法为：黏土等较软地层，可以采用上覆土重理论来计算土压力值，所得结果略有偏大，并为设计和施工提供了一定的安全储备，符合设计和施工要求；深圳软硬不均地层、上覆建筑物的全风化岩层的土压建议参考朗肯理论的主动土压力，计算结果再加上预备压力即可；在砂土地层中，则选用太沙基土压理论计算较为准确；在中风化等硬岩地层中，选用朗肯理论的主动土压和普氏理论计算地层压力。

3.2.3　盾构推力的计算及影响因素

对于土压平衡盾构来说，盾构千斤顶的推力就是推进过程中盾构遇到的全部阻力之和。这里以土压平衡处于最理想状态时为例进行分析，假设土舱内的土体处于均匀受压状态，流塑性好,并且始终能保持匀速地向后移动。为了研究盾构千斤顶的推力,首先取盾构机作为研究对象,千斤顶推力 F 主要包括周围土层对盾构外壳的摩擦阻力 F_1、刀盘前方水平土压力引起的推力 F_2、切土所需要的推力 F_3、盾尾与管片之间的摩阻力 F_4、后方台车的阻力 F_5(当隧道处于下坡段时,应忽略不计)。盾构掘进时所受荷载如图 3-63 所示。因此,在理想状态下,应有:

$$F = F_1 + F_2 + F_3 + F_4 + F_5 \tag{3-36}$$

盾构机顶进推力的重要组成部分是土体和盾壳之间的摩擦力 F_1 以及刀盘前方水平土压力引起的推力 F_2。

盾构推力与土压力密不可分,推力受土压力影响较大,一般土舱压力越大盾构推力也越大。根据土压力计算结果,可以计算出盾构推力。鉴于土压与推力有如此密切的联系,现以计算出土压力的三个不同地质条件的断面来进行推力计算,其三个断面分别为黏性土地层、上覆建筑物的全风化花岗岩地层和中风化花岗岩地层。将计算结果与实际值进行比较,从而验证该盾构推力计算方法的准确性。

(1)黏性土地层盾构推力计算

断面 I 为翻灵区间左线盾构隧道第 375 环,即里程 DK5 + 020.225 的位置,隧道拱顶埋深为 16m,地下水埋深为 3.5m。其地层情况从上往下至拱底位置依次为:4m 的素填土,3m 的砾砂层,砾质黏性土 16m,属于典型的黏土地层,土体透水率低。由前述可知,采用上覆土重法计算土压值最为准确,因此采用其结果作为计算盾构推力的依据。荷载模型如图 3-64 所示。

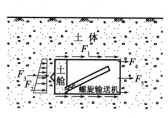

图 3-63 盾构掘进时所受荷载图示   图 3-64 荷载模型及计算示意图

盾构推力主要由以下五部分组成:

$$F = F_1 + F_2 + F_3 + F_4 + F_5 \tag{3-37}$$

式中:F_1——盾构外壳与土体之间的摩擦力;

F_2——刀盘上的水平推力引起的推力;

F_3——切土所需要的推力;

F_4——盾尾与管片之间的摩阻力;

F_5——后方台车的阻力(当隧道下坡时,应忽略不计)。

盾构外壳与地层之间的摩阻力 F_1 包括周围土层对盾构外壳的摩擦阻力和盾构自重产生的摩擦阻力,这里假定地层为单一土性。通常,可以认为作用在盾构外壳整个上顶部位(对应 AB 弧段)弧长为 1/4 圆周区域内的竖直土压均为 P_e,盾构外壳底部 1/4 圆周弧段(对应 CD 弧段)内所受到地基反力为 P_f,两侧面(即 AC、BD 弧段)的平均水平土压力为 P_d,由此可以得出:

$$F_1 = \frac{1}{4}(P_e + P_1 + P_2 + P_f)\alpha \cdot D \cdot L \cdot \mu \cdot \pi \tag{3-38}$$

式中:μ——全风化花岗岩与钢之间的摩擦系数,由于此处孔隙水压力较大,计算时取$\mu=0.2$;

α——由于刀盘开挖直径大于盾体直径,隧道开挖后,上覆土体由于形成拱效应同时需要较长时间才能完全固结而作用于盾体之上,因此,作用于盾体四周的土体压力需要折减,根据经验,在黏性地层中,取$\alpha=0.6$。

$$F_1 = \frac{1}{4} \times (3.4 + 1.33 + 1.81 + 4.07) \times 0.6 \times 10^5 \times 6.25 \times 7.6 \times 0.2\pi$$
$$= 47.50 \times 10^5 \text{N}$$

$$F_2 = \pi/4(D^2 \cdot P_d) \tag{3-39}$$

式中:P_d——隧道中心处的水平土压力。

$$F_2 = \pi/4(6.25^2 \times 1.57 \times 10^5) = 48.17 \times 10^5 \text{N}$$

$$F_3 = \pi/4(D^2 \cdot c) \tag{3-40}$$

式中:c——土的黏聚力,$c = 26.3 \times 10^3 \text{kPa}$。

$$F_3 = \frac{\pi}{4} \times (6.25^2 \times 26.3 \times 10^3) = 8.07 \times 10^5 \text{N}$$

$$F_4 = W_c \cdot \mu_c \tag{3-41}$$

式中:W_c——两环管片的重力(计算时假定有两环管片的重量作用在盾尾内,当管片重度为25kN/m^3,管片宽度按1.5m计时,每环管片的重力为241.2kN,两环管片的重力为482.4kN);

μ_c——盾尾与管片的摩擦系数,取$\mu_c = 0.3$。

$$F_4 = 482.4 \times 1000 \times 0.3 = 1.45 \times 10^5 \text{N}$$

$$F_5 = G_h \cdot \sin\theta + \mu_g \cdot G_h \cdot \cos\theta \tag{3-42}$$

式中:G_h——盾尾台车的重力,$G_h \approx 1600\text{kN}$;

θ——隧道坡度,$\tan\theta = 0.025$;

μ_g——台车与轨道的滚动摩阻,$\mu_g = 0.05$。

但是由于该断面处于下坡位置,因此$F_5 = 0$。

根据以上盾构推力各分项计算,得出盾构总推力:

$$F = 47.50 \times 10^5 + 48.17 \times 10^5 + 8.07 \times 10^5 + 1.45 \times 10^5 = 105.19 \times 10^5 \text{N}$$

该盾构总推力的计算值比实际盾构机推力9800kN大了718.6kN,误差仅为7.3%,在允许范围内,证明在黏性土地层,根据上述方法简化计算盾构机推力是可行的,可作为盾构推力的指导值。

(2)上覆建筑物地层盾构推力计算

断面Ⅱ为翻灵区间右线盾构隧道第213环,区间隧道在里程DK+486~586段下穿碧海花园,由于DK4+516处建筑物桩基距离隧道拱顶最近,只有1.137m,隧道拱顶埋深为20m,地下水埋深为2.2m。因此,按照最不利原则来考虑,选取该断面计算。此处,地层情况从上往下依次为:3m的素填土,6m的砂砾层,砾质黏性土11m,全风化花岗岩2m和强风化花岗岩16m,岩层透水率低。由前述可知,采用朗肯理论计算土压力最为准确,因此采用其结果作为计算盾构推力的依据。荷载模型如图 3-65 所示。

盾构推力主要由以下五部分组成：

$$F = F_1 + F_2 + F_3 + F_4 + F_5 \quad (3-43)$$

式中：F_1——盾构外壳与土体之间的摩擦力；
F_2——刀盘上的水平推力引起的推力；
F_3——切土所需要的推力；
F_4——盾尾与管片之间的摩阻力；
F_5——后方台车的阻力（当隧道下坡时，应忽略不计）。

盾构外壳与地层之间的摩阻力 F_1 包括周围土层对盾构外壳的摩擦阻力和盾构自重产生的摩擦阻力，这里假定地层为单一土性。通常，可以认为作用在盾构外壳整个上顶部位（对应 AB 弧段）弧长为 1/4 圆周区域内的竖直土压均为 P_e，盾构外壳底部 1/4 圆周弧段（对应 CD 弧段）内所受到地基反力为 P_f，两侧面（即 AC、BD 弧段）的平均水平土压力为 P_d，由此可以得出：

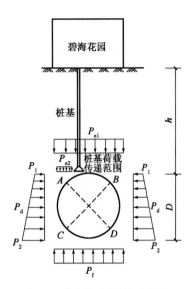

图 3-65 荷载模型及计算示意图

$$F_1 = \frac{1}{4}(P_e + P_1 + P_2 + P_f)\alpha \cdot D \cdot L \cdot \mu \cdot \pi \quad (3-44)$$

式中：μ——全风化花岗岩与钢之间的摩擦系数，由于此处孔隙水压力较大，计算时取 $\mu = 0.22$；

α——由于刀盘开挖直径大于盾体直径，隧道开挖后，由于土体较为破碎，且上覆有建筑物，地层不易形成拱效应，土体需要较长时间才能固结完全而作用于盾体之上，因此，作用于盾体四周的土体压力需要折减，根据经验，在全风化花岗岩层中，取 $\alpha = 0.5$。

$$F_1 = \frac{1}{4} \times (6.03 + 2.12 + 2.56 + 6.7) \times 0.5 \times 10^5 \times 6.25 \times 7.6 \times 0.22\pi$$

$$= 71.45 \times 10^5 \text{N}$$

$$F_2 = \pi/4(D^2 \cdot P_d) \quad (3-45)$$

式中：P_d——隧道中心处的水平土压力。

$$P_d = \frac{1}{2}(P_1 + P_2) = 0.5 \times (2.12 \times 10^5 + 2.56 \times 10^5) = 2.34 \times 10^5 \text{Pa}$$

$$F_2 = \pi/4(6.25^2 \times 2.34 \times 10^5) = 71.79 \times 10^5 \text{N}$$

$$F_3 = \pi/4(D^2 \cdot c) \quad (3-46)$$

式中：c——土的黏聚力，$c = 27.6 \times 10^3$ kPa。

$$F_3 = \frac{\pi}{4} \times (6.25^2 \times 27.6 \times 10^3) = 8.47 \times 10^5 \text{N}$$

$$F_4 = W_c \cdot \mu_c \quad (3-47)$$

式中:W_c——两环管片的重力(计算时假定有两环管片的重力作用在盾尾内,当管片重度为 $25kN/m^3$,管片宽度按 1.5m 计时,每环管片的重力为 241.2kN,两环管片的重力为 482.4kN);

μ_c——盾尾与管片的摩擦系数,取 $\mu_c = 0.3$。

$$F_4 = 482.4 \times 1000 \times 0.3 = 1.45 \times 10^5 N$$

$$F_5 = G_h \cdot \sin\theta + \mu_g \cdot G_h \cdot \cos\theta \tag{3-48}$$

式中:G_h——盾尾台车的重力,$G_h \approx 1600kN$;

θ——隧道坡度,$\tan\theta = 0.025$;

μ_g——台车与轨道的滚动摩阻,$\mu_g = 0.05$。

但是由于该断面处于下坡位置,因此 $F_5 = 0$。

根据以上盾构推力各分项计算,得出盾构总推力:

$$F = 71.45 \times 10^5 + 71.79 \times 10^5 + 8.47 \times 10^5 + 1.45 \times 10^5 = 153.16 \times 10^5 N$$

该盾构总推力的计算值比实际盾构机推力 $1.5 \times 10^4 kN$ 仅大了 315.5N,误差率仅为 2.1%,在允许范围内,证明在上覆建筑物的全风化花岗岩层中,根据上述方法简化计算盾构机推力是可行的,可作为盾构推力的指导值。

(3)中风化岩层盾构推力计算

断面Ⅲ为布百区间左线盾构隧道第 362 环位置处,隧道拱顶埋深为 24.5m,地下水埋深为 3.5m。其地层情况从上往下至拱底位置依次为素填土、砾砂层、强风化和中风化的角岩,最硬的岩层抗压强度达到 200MPa,属于典型的硬岩地层,土体透水率低。由前述土压力的计算可知,采用朗肯理论计算地层压力最为准确,因此采用其结果作为计算盾构推力的依据。荷载模型如图 3-66 所示。

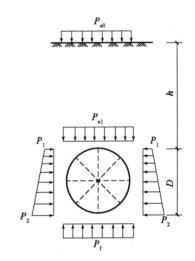

图 3-66 荷载计算模型

盾构推力主要由以下五部分组成:

$$F = F_1 + F_2 + F_3 + F_4 + F_5 \tag{3-49}$$

式中:F_1——盾构外壳与土体之间的摩擦力;

F_2——刀盘上的水平推力引起的推力;

F_3——切土所需要的推力;

F_4——盾尾与管片之间的摩阻力;

F_5——后方台车的阻力(当隧道下坡时,应忽略不计)。

盾构外壳与地层之间的摩阻力 F_1 包括周围土层对盾构外壳的摩擦阻力和盾构自重产生的摩擦阻力,这里假定地层为单一土性。通常,可以认为作用在盾构外壳整个上顶部位(对应 AB 弧段)弧长为 1/4 圆周区域内的竖直土压均为 P_e,盾构外壳底部 1/4 圆周弧段(对应 CD 弧段)内所受到地基反力为 P_f,两侧面(即 AC、BD 弧段)的平均水平土压力为 P_d,由此可以得出:

$$F_1 = \frac{1}{4}(P_e + P_1 + P_2 + P_f)\alpha \cdot D \cdot L \cdot \mu \cdot \pi \tag{3-50}$$

式中：μ——全风化花岗岩与钢之间的摩擦系数，由于此处孔隙水压力较大，计算时取 $\mu = 0.35$；

α——由于刀盘开挖直径大于盾体直径，隧道开挖后，上覆岩层很快会通过应力释放而形成拱效应，因此，作用于盾体四周的岩层压力进行较大折减，根据经验，在中风化岩层中，取 $\alpha = 0.4$。

$$F_1 = \frac{1}{4} \times (3.14 + 1.28 + 1.59 + 3.90) \times 0.4 \times 10^5 \times 6.25 \times 7.6 \times 0.35\pi$$
$$= 51.75 \times 10^5 \text{N}$$

$$F_2 = \pi/4(D^2 \cdot P_d) \tag{3-51}$$

式中：P_d——隧道中心处的水平土压力。

$$P_d = \frac{1}{2}(P_1 + P_2) = 0.5 \times (1.28 \times 10^5 + 1.59 \times 10^5) = 1.44 \times 10^5 \text{Pa}$$

$$F_2 = \pi/4(6.25^2 \times 1.44 \times 10^5) = 44.18 \times 10^5 \text{N}$$

$$F_3 = \pi/4(D^2 \cdot c) \tag{3-52}$$

式中：c——土的黏聚力，$c = 34.8 \times 10^3 \text{kPa}$。

$$F_3 = \frac{\pi}{4} \times (6.25^2 \times 34.8 \times 10^3) = 10.68 \times 10^5 \text{N}$$

$$F_4 = W_c \cdot \mu_c \tag{3-53}$$

式中：W_c——两环管片的重力（计算时假定有两环管片的重力作用在盾尾内，当管片重度为 25kN/m^3，管片宽度按 1.5m 计时，每环管片的重力为 241.2kN，两环管片的重力为 482.4kN）；

μ_c——盾尾与管片的摩擦系数，取 $\mu_c = 0.3$。

$$F_4 = 48.24 \times 0.3 = 14.47t = 1.45 \times 10^5 \text{N}$$

$$F_5 = G_h \cdot \sin\theta + \mu_g \cdot G_h \cdot \cos\theta \tag{3-54}$$

式中：G_h——盾尾台车的重力，$G_h \approx 1600\text{kN}$；

θ——隧道坡度，$\tan\theta = 0.025$；

μ_g——台车与轨道的滚动摩阻，$\mu_g = 0.05$。

$$F_5 \approx 1600 \times 1000 \times 0.025 + 0.05 \times 160 \times 1 = 1.2 \times 10^5 \text{N}$$

根据以上盾构推力各分项计算，得出盾构总推力：

$$F = 51.75 \times 10^5 + 44.18 \times 10^5 + 10.68 \times 10^5 + 1.45 \times 10^5 + 1.2 \times 10^5$$
$$= 109.26 \times 10^5 \text{N}$$

该盾构总推力的计算值比实际盾构机推力 $1.15 \times 10^4 \text{kN}$ 小了 574kN，误差率仅为 5.0%，证明在中风化花岗岩层中，根据上述盾构推力的计算方法是可行且较为准确的，可作为盾构推力的指令值。

(4) 影响盾构推力的其他因素

盾构推力主要受土压力和周围土层对盾构外壳的摩擦阻力的影响,但是刀盘切土、盾尾与管片之间的摩阻力以及后方台车的阻力也是构成盾构总推力的一部分。除了这些因素外,还有一些因素如施工中停机、泡沫的注入以及掘进线路的偏斜等会对盾构推力产生影响。

①施工中停机的影响。施工中经常发现,盾构机一旦因某种原因而导致停机,就意味着再次掘进时所需的顶进推力要比前一次启动时所需的顶进推力大得多。导致产生这种现象的原因在于:一方面,土体受施工扰动后将形成超静孔隙水压力区,在长时间停止顶进后超孔隙水压力下降,孔隙水消散,土体发生固结作用,引起土层主固结沉降,如果停顿时间过长,土体仍会产生蠕变,发生次固结沉降,这样四周松土就会坍落在管片外壁上并裹实,故而导致土体与管片之间摩擦阻力的增大;另一方面,过高的孔隙水压力消散,将会导致直接作用在盾构外壳上的有效应力增加,从而导致摩擦力增大。

②泡沫的影响。一般来说,盾构施工过程中要向开挖掌子面注入泡沫,改善土体的和易性和塑流性,并能有效地降低在掘进过程中的动态摩阻力。泡沫注入效果与注入量、注入方法以及土体的特性有关,泡沫注入量越大,且泡沫溶剂越浓时,土体的塑流性越好,盾构推力也越小。

③盾构偏斜的影响。在顶进过程中,盾构不可避免地会偶尔偏离设计轨迹,由于盾构轴向施加了推力,推力的作用线和成型隧道的轴线往往是不重合的,它们之间有一个小的夹角。因此就对隧道有一个径向的推力,从而加大了作用在盾壳上的径向压力,导致摩擦力增大,从而导致推力的增加。

3.2.4 盾构掘进参数对地表沉降的影响分析

盾构法施工引起周围地层变形的内在原因是土体的初始应力状态发生了变化,使得原状土经历了挤压、剪切、扭曲等应力路径。地层扰动的影响范围和程度取决于多种因素,包括盾构形式、隧道几何尺寸、施工参数(土舱压力、刀盘扭矩、推进力、出土量、注浆量、注浆压力、盾尾间隙等)、土体的性质及隧道所处的环境、隧道上部荷载的影响等。本书以深圳地铁5号线洪浪—兴东盾构区间下穿广深高速公路立交桥隧道施工为工程依托,对影响地表沉降的掘进参数进行了模拟分析,研究成果不仅能用于指导该地铁的盾构施工,同时可为今后类似工程建设积累宝贵的经验,具有重要的经济效益和社会效益[10]。

(1) 注浆压力对地表沉降的影响分析

在实际盾构隧道开挖过程中,对地面沉降起关键作用的是盾尾注浆量的多少以及注浆量强度的大小。由于盾构壳具有一定的厚度,为了便于管片的拼装和盾构的纠偏而在盾构壳与衬砌之间留有一定的空隙。千斤顶推动盾构机前行时,在盾尾衬砌管片外围形成了建筑空隙,使得周围土体由于填充盾尾空隙而发生趋向隧道的位移从而引起地面沉降,工程中普遍采用同步注浆或二次注浆的方法来减小由盾尾空隙引起的地层损失,从而减小地面沉降。当注浆量较小时,可以抵消上部土体的部分沉降,当注浆量很大时也可能会引起地表隆起。为了反映盾尾注浆压力对地表沉降的影响,分别取注浆压力为150kPa、200kPa、250kPa、300kPa进行有限差分计算,如图3-67~图3-70所示。

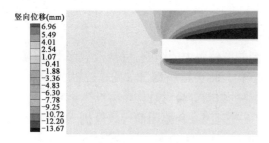
图 3-67　注浆压力 150kPa 时纵剖面竖向位移

图 3-68　注浆压力 200kPa 时纵剖面竖向位移

图 3-69　注浆压力 250kPa 时纵剖面竖向位移

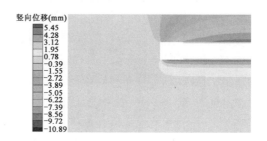
图 3-70　注浆压力 300kPa 时纵剖面竖向位移

从图 3-67～图 3-70 可以得出，隧道上方的土体在重力作用下向隧道方向运动，从而引起地表沉降；隧道底部的土体由于隧道的开挖有个卸荷的过程，隧道底部土体向上隆起。

从图 3-71 可以看出，地表沉降值与注浆压力成反比，注浆压力越大，地表沉降越小，注浆压力从 150kPa 升到 200kPa 时，地表最大沉降值降低了 1.11mm；注浆压力从 200kPa 升到 250kPa 时，地表最大沉降值降低了 0.88mm；注浆压力从 250kPa 升到 300kPa 时，地表最大沉降值降低了 1.13mm，这是因为在土体压力一定时，注浆压力越大，注浆体的变形越小。所以提高注浆压力可以有效降低地表沉降。同步注浆要求注浆是填充土体间隙而不是劈裂土体，在压入口的压力稍大于该点的静止水压与土压力之和。注浆压力过大，管片外的土层被劈裂扰动而造成较大的后期沉降，以及跑浆；反之，注浆压力过小，浆液充填速度过慢，间隙充填不实，地表变形也会增大。

（2）土舱压力对地表沉降的影响分析

土压平衡式盾构施工在盾构推进过程中，靠土舱内的泥土压力即舱压与盾构前方土体压力相平衡来保持开挖面的土体稳定。实际施工过程中设定的盾构土压舱压力难以和开挖面土体原来的土压力达到完全平衡，总会存在一定的差值，从而引起开挖面土体的位移。开挖面处土体的位移又进一步影响地面沉降。为反映开挖面土舱压力变化对地面沉降的影响，分别取开挖面土舱压力为 50kPa、100kPa、150kPa 和 200kPa 进行有限差分计算，如图 3-72～图 3-75 所示。

从图 3-76 中的 4 种土舱压力的地表最大沉降值可以看出，土舱压力与土体的原始侧向压力接近时的地表沉降量最少，当土舱压力设置过大或者过小时，地表的最大沉降值都会增大。这是因为当土舱压力小于地层的原始应力时，土体会向土舱坍塌，导致地层损失；当土舱压力大于土体原始应力时，会对开挖面前方土体产生扰动，使开挖面的土体向远离开挖面的方向挤出，开挖面处土体的位移又进一步引起沉降。因此，施工过程中仅仅依靠增加土舱压力的方法降低地表沉降的作用非常有限，而且也是不科学的。

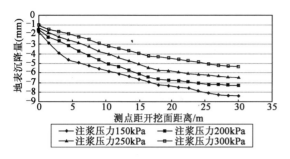

图 3-71　不同注浆压力隧道轴线上方地表沉降图

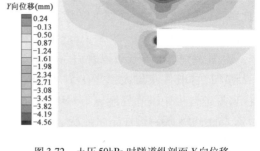

图 3-72　土压 50kPa 时隧道纵剖面 Y 向位移

图 3-73　土压 100kPa 时隧道纵剖面 Y 向位移

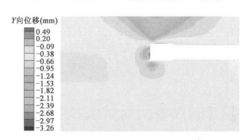

图 3-74　土压 150kPa 时隧道纵剖面 Y 方向位移

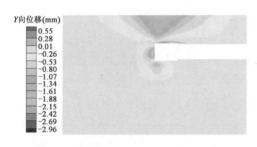

图 3-75　土压 200kPa 时隧道纵剖面 Y 向位移

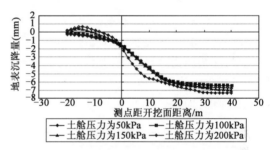

图 3-76　不同土舱压力隧道轴线上方地表沉降

(3) 实测地表沉降与掘进参数的关系

从图 3-77 中可以看出，在施工过程中土压得到了比较好的控制，地表沉降都控制在 10mm 内，土压力值是随着盾构推进过程不断变化的。图 3-78 为洪浪—兴东区间右线 DK7+185~DK7+110 范围内的土舱压力统计值，其值基本稳定在 0.08~0.11MPa 之间。

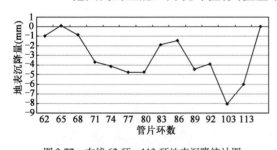

图 3-77　右线 62 环~113 环地表沉降统计图

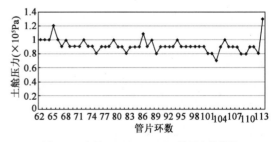

图 3-78　右线 62 环~113 环土舱压力统计图

当盾构隧道掘进到 65 环时土舱压力较大，为 0.12MPa，注浆量控制较好，为 6.5m³，而此处的地表微微隆起，隆起值为 0.13mm；当盾构隧道掘进到 103 环时土舱压力较小，为 0.07

MPa，注浆量控制较好，为 6.5m³，而此处的地表沉降值较小，为 8.3mm。说明当注浆量一定时（比理论注浆量稍大），地面沉降随土舱压力的增加而减小，因此，通过改变土舱压力对控制地表沉降有一定的效果。

由图 3-79、图 3-80 可以看出，在 DK7+185～DK7+110 范围内注浆压力大部分在 0.15～0.25MPa 之间，注浆量大部分在 5～6.5m³ 之间。结合图 3-77 中右线的沉降量统计曲线可以看出，掘进过程中沉降控制较好；103 环附近注浆量比较小，为 5m³，此时的地表沉降量较大，为 8.2mm；114 环附近注浆量比较大，为 6.5m³，且注浆压力也较大，为 0.25MPa，此时通过注浆地表沉降回升到 0 附近。

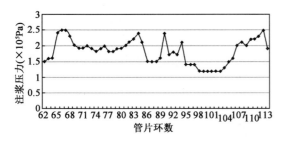

图 3-79　右线 62 环～113 环注浆压力统计图

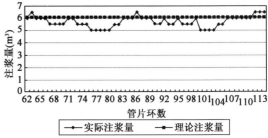

图 3-80　右线 62 环～113 环注浆量统计图

壁后注浆不仅可以充填由于盾构刀盘外径大于盾构管片外径造成的超挖空隙，而且能够防止围岩松动、管片漏水。盾尾注浆量的多少及注浆压力的大小将直接影响最终沉降量，注浆量越多，注浆压力适当增大，则注入的浆液将被压缩产生一定的压力抵抗外周土体的移动，使沉降量减小。从图 3-81～图 3-84 可以看出，左线 265 环～273 环附近注浆量为 7m³，注浆压力为 0.29MPa，地表产生了 1mm 左右的隆起。

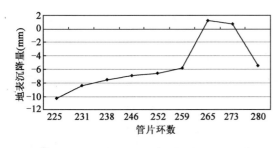

图 3-81　左线 225 环～280 环地表沉降统计图

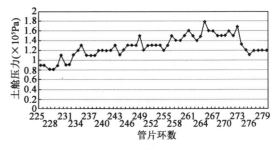

图 3-82　左线 225 环～280 环土舱压力统计图

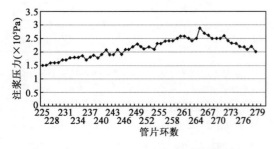

图 3-83　左线 225 环～280 环注浆压力统计图

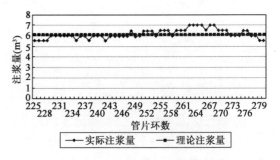

图 3-84　左线 225 环～280 环注浆量统计图

由此可以看出,地表沉降随着注浆量及注浆压力的增大而减小,因此改变盾尾注浆量及注浆压力是控制地表沉降的有效途径。但是当注浆量及注浆压力过大时可能会引起地表的隆起,另外注浆量及注浆压力过大时,也会增大管片变形量。

掘进过程中的各种掘进参数取值是否合理,应控制在什么范围内,需要地面沉降的结果来验证。只有将理论计算、实际应用和监测结果三者有机地结合起来,实施信息化施工和管理才能真正地控制好土压,保持开挖面稳定,保证盾构穿越立交桥掘进的安全、顺利。

3.3 矿山段盾构空推施工技术

目前国内使用的复合式土压平衡盾构机对于长度超过 100m、岩石单轴抗压强度超过 100MPa 的地层,直接采用盾构法施工存在较大难度。本研究通过对盾构空推方案进行合理设计,并严格控制盾构空推质量,从而保证盾构机安全顺利地穿越硬岩地段,提升了复合式土压平衡盾构机对复杂地层的适应性。

3.3.1 盾构过矿山段施工流程

盾构机空推通过矿山段隧道的主要工序为:导台施工、隧道内回填豆砾石、盾构机步进、拼装管片、管片背填注浆。工序流程:盾构与矿山段分界墙施工→矿山段导台施工→盾构推过分界墙→盾构机步入导台 8m→隧道内堆土(提供反力)→盾构掘进→拼装管片→吹填豆砾石→同步注浆及二次注浆→盾构通过横通道→盾构掘进→盾构到达矿山与盾构分界墙并二次始发。盾构机通过矿山段施工流程如图 3-85 所示。

3.3.2 施工重难点

(1)导台精确施工

盾构机在空推段步进时,盾构机是沿着已经施作好的钢筋混凝土导台向前推进,导台可为盾构机提供精确导向,确保盾构机保持良好的推进姿态,保证管片拼装质量,达到预期的防水效果。因此,混凝土导台的精确施工是盾构空推段施工的一个难点。

(2)盾构机安全到达

在盾构机到达矿山段隧道前 25m 施工时,随着前方岩体长度不断减小,盾构机切削岩体对前方岩体以及矿山段和盾构隧道结合部位的扰动也逐渐增大,设定合适的掘进参数,尤其是推力和推进速度的控制是保证盾构贯通面的稳定以及盾构安全顺利到达矿山段隧道的关键,也是盾构施工中的重点。

(3)提供盾构机足够的推进反力

盾构在空推段步进时,遇到的阻力较小,可能使管片环之间的橡胶止水条挤压力达不到 2500kN 的设计要求,从而造成隧道密封性

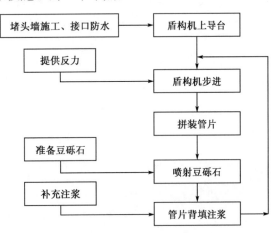

图 3-85 盾构空推施工流程图

不好,管片环之间易漏水。因此,在盾构机推进过程中,需要在刀盘前面堆砌足量的豆砾石,提供足够的千斤顶推进反力。

3.3.3 过矿山段盾构设计技术

(1)盾构空推反力计算

为保证盾构机过空推段时的管片拼装质量,盾构机前方必须提供足够的反力,以将管片环缝隙挤压密实。翻灵盾构区间采用在刀盘前方堆放豆砾石来提供反力,其堆积方式为隧道半断面堆积,共6m长。若矿山段隧道内漏水和积水不多,也可以堆土,否则土遇到水即刻变成了泥,更提供不了足够的反力,布百盾构区间则采用堆土的方式来保证空推时管片压紧防水的最小推力。盾构机空推时的反力由混凝土导台与盾构机的摩擦阻力F_1、推动刀盘前所堆豆砾石受到的摩擦阻力F_2、刀盘支承豆砾石所受侧向阻力F_3、盾尾刷与管片间的摩擦阻力F_4和台车所需牵引力F_5构成。现以翻灵盾构区间设计的空推反力进行最小推力验算。

①推进时混凝土导台对盾构机的摩擦阻力

$$F_1 = \mu_{摩} \cdot W_g = 0.3 \times 3410 = 1023 \text{kN}$$

式中:W_g——盾构及附属物总重力;

$\mu_{摩}$——导台与盾构机的摩擦系数,取0.3。

②盾构机推动刀盘前豆砾石受到的摩擦阻力

$$F_2 = \mu_{摩} \times \frac{\pi D^2}{4} \times \frac{1}{2} \times L \times \gamma_{砾} = 0.3 \times \left(\frac{3.14 \times 6.6^2}{4} \times \frac{1}{2}\right) \times 6 \times 16 = 492 \text{kN}$$

式中:L——回填渣土的长度,半断面6m长;

$\gamma_{砾}$——豆砾石的重度,取16kN/m^3。

③刀盘支撑豆砾石所受的侧向阻力

$$F_3 = k \times \frac{\pi D^2}{4} \times \frac{1}{2} \times h \times \gamma_{砾}$$

$$= 0.39 \times \left(\frac{3.14 \times 6.6^2}{4} \times \frac{1}{2}\right) \times \frac{6.6}{2} \times \frac{1}{2} \times 16$$

$$= 176 \text{kN}$$

式中:k——侧压力系数。

④盾尾刷与管片之间的摩擦阻力(以2环管片作用在盾尾内计算)

$$F_4 = \mu_{磨} \cdot 2W_{管} = 0.5 \times 2 \times 200 = 200 \text{kN}$$

式中:$W_{管}$——每环管片的重力,取200kN。

⑤后部拖车的牵引阻力

$$F_5 = \mu_{磨} \cdot W_{拖} = 0.5 \times 1700 = 850 \text{kN}$$

因此,根据以上计算,盾构机空推时所能提供给盾构反作用力总计为:

$$F = F_1 + F_2 + F_3 + F_4 + F_5 = 1023 + 492 + 176 + 200 + 850 = 2741\text{kN}$$

F 大于止水条达到最小防水挤压力 2500kN,故刀盘前方堆砌豆砾石设计满足管片环间止水效果要求。

(2) 刀盘前方堆土(豆砾石)计算

当矿山法隧道初支施作质量较高,隧道内几乎不渗漏水时,刀盘前方可以堆土;若隧道内渗漏水严重时,所堆渣土与水结合变为稀泥,在盾构空推时不能对刀盘形成有效的反力。因此,在初支效果不是很理想的情况下,需要使用豆砾石堆积在刀盘前方。根据盾构空推反力的计算结果,采用半断面堆积豆砾石,堆积长度为 6m,堆土总方量为 102.64m³。在竖井处,由于断面扩大,以及管片与初支间的缝隙对堆积的豆砾石也有一定的消耗,因此,在矿山法隧道的每隔 20m 的位置,堆积约 50m³ 豆砾石。堆积豆砾石可以采用人工配合机械施工,或者在隧道正上方的地表钻孔,从地表将豆砾石卸入矿山段隧道的指定位置。

(3) 端头墙设计

端头墙的周边密排 3 排钢格栅,玻璃纤维筋格栅水平设置,每个格栅横排有 4 排玻璃纤维筋,外侧为 2 排密排的 $\phi 28\text{mm}$ 的玻璃纤维筋,中间和内侧为两排 $\phi 22\text{mm}$ 的玻璃纤维筋,竖向排 3 排玻璃纤维筋,格栅要锚固入隧道初衬 30cm。全断面设置单层玻璃纤维筋网,初喷 40mm 混凝土后,挂 $\phi 6\text{mm}$ 玻璃纤维筋网。端头处玻璃纤维筋格栅间距 300mm,喷 800mm 厚的 C20 混凝土,保护层厚度为 40mm。然后在玻璃纤维筋格栅喷射完的混凝土后面,设置一道混凝土环梁,环梁钢筋与矿山段隧道初支钢格栅焊接。

(4) 混凝土导台设计

混凝土导台位于隧道底部 60°范围内,导台表面与盾构机刀盘外轮廓间预留 10mm 空隙,导台内半径为 3.15m。采用 HPB235 钢筋、C30 混凝土,导台厚度为 15cm。模筑高度根据初期支护确定。矿山段隧道初期支护应尽量保证其设计净空,以确保导台上表面的高程符合设计要求,并能保证混凝土导台的设计厚度,以达到足够的强度。

3.3.4 过矿山段盾构施工技术

(1) 端头加固

由于矿山法施工和盾构机推进相隔时间较长,矿山段隧道开挖掌子面暴露时间较长、地质较差;同时,为保证盾构机到达时,盾构机的推进力不至于将矿山段隧道掌子面推挤坍塌,在矿山段隧道与盾构隧道连接处设置端头墙。矿山法在施工到与盾构隧道连接处时,密排 3 排钢格栅,水平放置的玻璃纤维筋格栅,随隧道端头最后 3 排格栅钢架同步架设,全断面设置单层玻璃纤维筋网,初喷 40mm 混凝土后,挂 $\phi 6\text{mm}$ 玻璃纤维筋网。端头处玻璃纤维筋格栅间距 300mm,喷 800mm 厚的 C20 混凝土,保护层厚度为 40mm。然后在玻璃纤维筋格栅喷射完的混凝土后面,设置一道混凝土环梁,环梁钢筋与矿山法隧道初支钢格栅焊接。

翻灵区间 2 号竖井端头墙小里程方向 50m 上覆碧海花园小区建筑物,为了避免由于盾构刀盘对端头墙的挤压而造成端头墙的瞬间垮塌,进而导致建筑物随上覆地层产生较大沉降,从而危及建筑物安全,因此在盾构机掘进至端头墙之前,对端头墙进行注浆加固。浆液为水泥水玻璃双液浆,注浆有效长度 15m,横向及竖向加固范围为隧道拱腰以上及拱顶周围 2m 土体。盾构端头墙施工平面图如图 3-86 所示。

（2）导台施工

为了保证盾构安全、高效、优质通过矿山段，在矿山开挖段设置钢筋混凝土导台为盾构机提供精确导向（图3-87），确保盾构机保持良好的推进姿态，确保管片拼装质量、管片姿态良好，达到预期的防水效果。

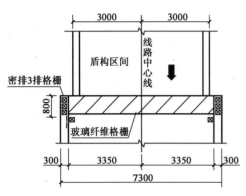

图3-86 端头墙施工平面图（尺寸单位:mm）

图3-87 钢筋混凝土导台示意图

矿山法开挖完成初期支护后，在隧道底部60°范围内施工钢筋混凝土导台。导台表面与盾构机刀盘外轮廓间预留10mm空隙，导台内半径为3.15m。采用HPB235钢筋、C30混凝土，导台厚度为15cm。模筑高度根据初期支护确定，矿山法隧道初期支护应尽量保证其设计净空，以确保导台上表面的标高符合设计要求，并能保证混凝土导台的设计厚度，以达到足够的强度。

导台采取分段浇注，每段15～20m，绑扎钢筋前，将隧道初支喷射混凝土表面泥浆等清理干净，以保证混凝土的结合紧密。严格控制钢筋保护层，浇注混凝土时严格按照设计高程施工，以保证混凝土导台的高程准确。导台浇注混凝土时要注意振捣到位，保证混凝土的密实性。步进过程盾构机姿态的控制，主要依赖导台的施工质量。所以在导台施工时必须保证导台的轴线与隧道设计轴线重合，且钢筋混凝土导台对称于隧道中心线。

（3）盾构进入空推段施工措施

①调整盾构机姿态

盾构机进入矿山空推前50m，测定管片姿态，人工测量检查盾构机姿态，校正VMT测量导向系统，测定盾构推进姿态偏差，开始纠偏（水平控制偏差为0，垂直偏差为+50mm）。在此段进行二次注浆，保证二次注浆效果，稳定管片姿态，确保VMT导向系统能精确、高效工作。同时复测矿山段断面情况，监测矿山段拱顶沉降量，检查端头墙洞门尺寸，确保净空，保证盾构机能准确安全进入矿山空推段隧道。

②盾构机步进

盾构机直接掘削破除玻璃纤维筋格栅和水泥水玻璃注浆加固过的C20混凝土墙之后，步上提前施工完毕的混凝土导台。启动盾构机往前掘进，根据刀盘与导向平台之间的关系，调整各组推进油缸的行程，使盾构姿态沿线路方向进行推进。盾构机推动刀盘前方的豆砾石，在刀盘前逐渐形成较为密实的砾石堆。管片与已开挖成型隧道间靠喷射豆砾石充填，同时进行同步注浆。盾构机在矿山法隧道中步进如图3-88所示。

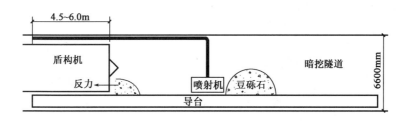

图3-88 盾构机过矿山法隧道施工示意图

盾构掘进模式采用不建压模式,掘进推力控制在6000kN以内(主要以掘进速度控制在10~25mm/min来控制推力大小);当掘进推力大于6000kN以后,可启动螺旋输送机出土,但要控制出土量。掘进过程中,土舱内不加气压和泡沫。

盾构在掘进至横通道前15m,前方土体以半断面封堵了横通道,此时应开始减少掘进推力和速度,掘进推力控制在5000kN以内,掘进速度控制在10mm/min左右。同时在横通道位置加大喷射豆砾石和同步注浆的量,在保证隧道内豆砾石和管片背后浆液不外流的前提下,充分填实管片与横通道之间的空隙。同时在靠近竖井段安装型钢作为帷幕的支撑,确保帷幕的稳定。盾构机空推掘进施工如图3-89所示。

图3-89 盾构机空推掘进施工图

当盾构机刀盘掘进至距另一侧端头墙12m的位置,在保证推力不小于4500kN的前提下,启动螺旋输送机,将刀盘前方豆砾石往外运输。控制掘进速度及出渣量,当刀盘顶住封堵墙掌子面时,确保土舱内为满舱土。继续转动刀盘,掘削封堵墙掌子面喷射混凝土,土舱不出土,以建立土压。当舱内土压达到设定值(0.22MPa)时,开启螺旋输送机出土,盾构机进入正常掘进施工。

③管片拼装

管片安装是盾构法施工的重要环节,其安装质量的好坏不仅直接关系到成洞的质量和隧道防水的效果,而且对盾构机能否继续顺利推进有着直接的影响。管片在安装前仍要进行一次检查,再确认管片种类正确、质量完好无缺和密封垫黏结无脱落,才允许安装。安装每一片管片时,先人工将管片连接螺栓进行初步紧固;待安装完一环后,用风动扳手对螺栓进行进一步的紧固;每块管片安装时须拧紧螺栓一次,在每环管片安装结束后要再次及时拧紧各个方向的螺栓,且在该环脱出盾尾后再次拧紧。对掘进过程中出现的管片裂缝和其他破损,要及时观察记录并提醒盾构机操作手注意,并要选择合适时间对管片进行修补。管片安装采取自下而上的原则,由下部开始,先装底部标准块(或邻接块),再对称安装标准块和邻接块,最后安装封顶块。封顶块安装时,先径向搭接2/3,径向推上,然后纵向插入。

④管片背衬回填

管片背衬回填包括喷射豆砾石、同步注浆和二次补注浆等三部分。

a. 喷射豆砾石

图3-90 吹填豆砾石的混凝土喷射机

管片外径为6000mm,矿山隧道初支内径6600mm,管片与矿山隧道之间空隙达到300mm,因此首先采用5~10mm连续级配的花岗岩豆砾石来填充空隙,在管片拼装时即可进行喷射豆砾石回填。每延米填充量为5.9m³,即每环至少需要填充豆砾石8.89m³。由于隧道开挖的不规整,每环豆砾石量不完全相等。每隔4.5~6m在盾构机的切口四周不小于60°~300°的范围用袋装砂石料围成一个围堰,防止管片背后的豆砾石、砂浆前窜,利用混凝土喷射机从刀盘前方向盾构后方吹豆砾石(图3-90),喷射压力0.25~0.3MPa。当盾壳顶部与砂袋围堰顶部形成自然坡度时,停止喷射。吹填豆粒石是否密实,可从管片注浆孔进行检查,采用钢筋插捣试探管片背后是否填充密实。

当豆砾石充填完毕后,向注浆孔打入钢钎,钢钎的一端通过钢钎螺栓固定在注浆孔内,另一端顶住矿山法隧道壁,用于支顶盾构管片,避免盾构机在曲线中空推。由于壁后豆砾石充填不完全而导致管片偏离隧道轴线,可通过钢管上螺纹调节钢钎支顶长度的大小,从而可以保证管片中心与隧道轴线一致。钢钎布置方式为支撑布置,断面间距为6m,每个断面按管片3点位、9点位和12点位布置。待管片背后回填、注浆完成后,卸除钢钎,做好防水封堵。

b. 同步注浆

利用盾构机自身的同步注浆系统压注水泥砂浆,其浆液与正常掘进时同步注浆浆液相同。该浆液采用水泥砂浆,水泥、膨润土、粉煤灰、砂、水的配合比为:179:65:253:1165:338。浆液可填充豆砾石中之间的间隙,将豆砾石固结为一体,使管片与矿山隧道初支紧密接触,以提高支护效果。控制注浆压力既保证达到对环形空隙的有效填充,又确保管片结构不因注浆产生位移、变形和损坏,同时又要防止砂浆前窜至盾构刀盘前方。保证同步注浆质量,浆液将会在围岩和管片间形成一层致密的防水层,对盾构隧道防水起到第一层保护作用。因此,同步注浆质量的好坏是隧道防水的关键。注浆结束标准:采用注浆量控制,当注浆量达到小碎石理论孔隙率的80%以上时,即可暂停注浆。小碎石理论孔隙率为37%,则每环同步注浆量不少于2.6m³($V_{浆} = 8.89 \times 0.37 \times 0.8 = 2.6m^3$)。

c. 二次补注浆

盾构空推段施工时,由于管片与矿山法隧道空隙已经填有一层密实的豆砾石,有可能导致同步注浆不充分,同步注浆压力将控制在一定范围内,因此,同步注浆很难完全地填充所有的间隙。此时,管片安装10环后,间隔6m在管片吊装处开口检查注浆效果,根据检查结果,若注浆效果不好,则进行回填注浆。二次补注浆浆液采用水泥水玻璃双液浆,二次注浆压力控制在0.2~0.3MPa。若达到设定压力值则必须停止注浆,以免出现爆管现象。

⑤盾构机二次始发姿态控制

a. 导台是盾构机通过钻爆隧道时的下部支撑,导台的精度直接决定着盾构机的姿态。导台施工时要确保导台位置的准确性,在二次始发段导台施工时,加强监测频率,确保导台的施工允许偏差在±10mm以内。

b. 调整好盾构机从盾构段到矿山段时的出洞姿态,减小推力,增大刀盘转速,确保盾构机出洞时的旋转值小于±3mm/m。

c. 盾构机配备的 SLS-T 导向系统能全天候地动态显示盾构机当前位置相对于隧道设计轴线的位置偏差,主司机根据显示的偏差及时调整盾构机的姿态。为保证导向系统的准确性,确保盾构机掘进方向,每周两次由人工对 SLS-T 导向系统的数据进行测量校核。管片安装完成后,每3~5环人工进行一次管片姿态的复测。

3.3.5 盾构空推时的注意事项

(1)隧道偏离设计轴线

盾构管片与矿山法隧道初支间存在30cm的间隙,比在正常盾构推进时的14cm的间隙大了一倍多。当豆砾石充填不饱满,同步注浆不密实时,由于管片没有得到刚性支撑,容易因为盾构机各组千斤顶的推力和伸长量不同而导致管片偏离隧道设定轴线,尤其是在曲线空推段,偏离轴线的情况更易发生,甚至隧道会随着蓄电池车的运行而左右摆动。因此,一方面要加强监控测量,根据反馈的监测结果来改变掘进参数;另一方面可以在注浆孔内打入钢钎,钢钎的另一端支顶在隧道初支上,以此来调整管片的偏移量,从而保证隧道轴线与设计轴线一致。钢钎结构如图 3-91 所示,过矿山段盾构成型隧道如图 3-92 所示。

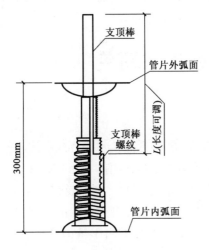

图 3-91 钢钎结构示意图

图 3-92 过矿山段盾构成型隧道

(2)管片防水

管片防水使用的是遇水膨胀橡胶止水条和弹性橡胶密封垫。经过计算,在堆土施工完成后,盾构向前推进的推力可以满足弹性橡胶密封垫和遇水膨胀橡胶止水条的压紧密实度,达到管片防水的要求,不会出现因止水条挤压不紧而造成的管片漏水现象。为保证管片的防水效果,加强遇水膨胀止水条黏结质量和保护的控制,在封顶块安装前,对止水条进行润滑处理;安装管片时,在该环管片的螺栓紧固完毕后,对上环管片的螺栓进行二次紧固,同时保证同步注浆和二次注浆质量。通过这些措施,可以保证管片防水的要求。

(3)防止管片错台

在矿山段的过渡段,导轨根据盾构机的切口环的位置与理论的线路的相对位置进行顺接,在过渡段加强管片选型与管片姿态调整,隧道在此位置不会产生大的错台。另一方面,盾构机在掘进过程中,由于刀盘的支撑,在盾构机前体与管片之间形成一个类似于简支梁的结构,当盾构机推力不足时,因盾构机的自重作用,盾构机主机后部悬空部分必然会产生下沉,从而导致管片产生错台。当盾构机在矿山段向前推进时,由于过渡段导台的作用,在通过过渡段之后,盾构机的前体、中体以及盾尾的盾壳必然与导台紧密接触。只要管片选型合适,注浆压力控制不超过0.1MPa,不会产生超过规范规定的错台。

盾构步进时提高背衬同步注浆,同时通过试验调整配合比,确保初凝时间在6h以内,保证管片下部有足够的抗力。安装好的管片上增加纵向连接拉杆,保证管片之间的有足够的拉力,从而进一步防止管片产生错台。必要时,缩短回填注浆工作面与管片安装工作面的距离,甚至在盾尾外侧直接进行回填注浆。

(4)防止管片的上浮

若空推段管片背后回填浆液及豆砾石量少,且管片背后积水多,同步注浆浆液未能凝固,则管片背后与初支之间未形成刚性接触,积水及浆液浮力将可能引起管片上浮及左右摆动,管片姿态得不到有效控制。为防止管片在盾构步进后产生上浮,在施工过程中,管片背衬注浆只从管片大跨上部进行压注,注意注浆压力不大于0.1MPa;同时注浆尽量从管片的大跨以上进行注浆,同时尽量保证管片两侧同步注浆,避免因注浆而对管片产生偏压,造成管片移位。及时进行管片姿态人工测量,要求每3~5环进行一次管片姿态测量。

3.4 盾构施工辅助工法研究

3.4.1 盾构出洞竖直冻结加固技术

人工地层冻结法是在地层中钻铺垂直或水平冻结器,利用低温盐水循环或灌注液氮,降低地层温度,将天然岩土变成冻土,形成强度高、不透水的临时冻结加固体,起到承受荷载和密封防水的作用,以保证安全施工,同时可免去一些结构支护和降水措施。地层冻结法是一种环保型工法。地层冻结是将地层中的水变成冰,所加固地层最终要恢复到原始状况,因此能够保障地下水不受污染,保护城市地下地质结构的完整性。冻结法最早用于俄国金矿开采,后在1883年由德国工程师用于煤矿矿井建设并获得专利技术,逐渐趋于成熟,现在已广泛应用于地铁、深基坑、矿井建设等工程中。我国自1992年起,将冻结法工艺广泛应用于上海、北京、深圳、南京等城市地铁工程施工中[20-22]。

冻结法适用于淤泥、松软泥岩、松散不稳定冲积层和裂隙发育的含水岩层以及饱和含水和地下水位特别高的地层,不适用于含水率很低或地下水流速很高的地层。目前冻结法在地铁盾构隧道掘进施工、双线区间隧道旁通道和泵房井施工、顶管进出洞施工、地下工程堵漏抢救施工等方面也得到了广泛的应用。

(1)冻结法介绍

①冻结法的原理

冻结法是利用人工制冷技术,在含水土体中人工设置冻结管,冻结管内循环冷媒剂,带走土体中热量从而使地层中的水结冰,使冻结管周围的地层冻结成坚固不透水的冻土墙,提高地层的强度和稳定性,隔绝地下水,以便在冻结壁的保护下进行地下工程掘砌作业。它是土层的物理加固方法,是一种临时加固技术,当工程需要时冻土可具有岩石般的强度,如不需要加固强度时,又可采取强制解冻技术使其融化。

②冻结法的制冷过程

制冷过程一般由盐水、氨和冷却水三大循环过程组成。常用氨(NH_3)或二氧化碳(CO_2)作制冷剂,将氯化钙($CaCl_2$)溶液(习称盐水)冷却到 $-20 \sim -30$℃,用循环泵和插入冻结管深处的供液管将盐水送入冻结管。经低温盐水长时间连续地吸收冻结管外的热量,使周围地层冻结。盐水吸取地层的热量后温度上升,在循环泵的作用下,经回路管回到冷冻设备与制冷剂接触而重新冷却。液态氨在减压条件下蒸发时摄取盐水的热量后经压缩(80~120kPa 压力)和冷却水(15~20℃)的冷凝再次液化,在管道内循环流动,重复使用。在冻结管周围形成的冻土圆柱体,其直径随冻结时间而增大,相互交接成能隔断地下水、能承受土压力和水压力的坚固冻土墙。使用液态氨制冷较为经济可行,但不安全,使用时应特别注意加强防护措施。

③冻结法的特点

a. 可有效隔绝地下水,其抗渗透性能是其他任何方法都无法相比的,对于含水率大于10%的任何含水、松散、不稳定地层均可采用冻结法施工技术。

b. 冻土帷幕的形状和强度可视施工现场条件、地质条件灵活布置和调整,冻土强度可达5~10MPa,能有效提高工效。

c. 冻结法是一种环保型工法,对周围环境无污染,无异物进入土壤,噪声小,冻结结束后,冻土墙融化,不影响建筑物周围地下结构。

d. 冻结施工用于桩基施工或与其他工艺平行作业,能有效缩短施工工期。

e. 冻结封闭加固区可与盾构端头井围护桩形成整体防水体系,抗渗性和整体封闭效果要优于其他地层封水加固方法。

f. 盾构刀盘通过冻结加固体受力均匀,对周围地层的扰动较小。

g. 人工地层冻结法是隧道盾构施工一种有效的辅助工法。

h. 冻结法施工比其他施工方法造价略高。

(2)冻结法加固设计及计算

民五盾构区间起点里程为 DK21+822.591,基坑支护采用地下连续墙+钢支撑支护。左线东端头井位于民治站内,长 12.5m,宽 8.5m,地下连续墙厚 1.2m。车站主体结构基底位于砾质黏性土层,东端墙盾构隧道位于砂质黏性土中,其渗透系数 0.5m/d。地下水位埋深 2.00~3.40m,距盾构始发 3m 处有排水涵管。

为确保盾构机安全始发,防止土体坍塌,控制地面沉降,设计采用冻结法进行地基加固。但考虑到现场实际情况,冷冻范围为沿隧道前进方向 3m,横向 10.5m。盾构机始发时先分阶段凿除洞门区域地下连续墙,将盾构机靠上冻土墙,然后在加固区域进行始发段推进,穿过加固区,进入正常段掘进施工。施工现场平面布置图如图 3-93 所示。

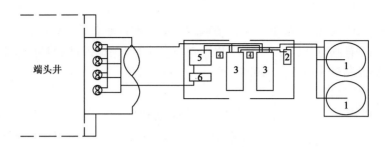

图 3-93 施工现场平面布置图(尺寸单位:mm)
1-冷却管;2-清水泵;3-冷冻机组;4-启动柜;5-盐水箱;6-盐水泵;7-冻结管;8-冻结孔

①冻土帷幕结构形式设计

盾构始发地层加固需要解决的技术问题:一是要保证打开地连墙时前方土体不坍塌,防止漏水;二是始发时,地层加固要为盾构始发后调整姿态创造条件,以防止盾构上仰、覆土失稳、地表隆沉等问题发生。根据设计文件,盾构始发采用图 3-94 所示的始发冻结加固形式。根据功能要求,冻结加固区分为两部分:一是与地连墙紧贴的前冻土墙(封头冻土墙),其作用是保证打开始发口地连墙后前方土体不坍塌,不漏水;二是平衡段,由冻土拱和前冻土墙(平衡段冻土墙)组成,其作用是防止盾构始发后盾构机头上仰、覆土失稳和地表隆沉。

②冻结体厚度的确定

始发口冻土墙厚度设计参照我国建筑结构静力计算公式,并考虑类似工程的施工经验。冻土墙受力计算按周边固定圆板考虑,冻土的相关参数参考上海和日本类似土层的试验结果和设计取值,原则上考虑较大的安全储备。冻土墙平均温度取 $-10℃$,抗剪强度均取 $1.6MPa$,抗弯拉强度取 $2.0MPa$,抗弯拉安全系数取 3.0,抗剪安全系数取 2.0。

盾构始发洞口均采取板状冻结方式加固。冻结加固体在盾构始发破壁时起到抵御水土压力,防止土层塌落和泥水涌入工作井。计算模型如图 3-95 所示。

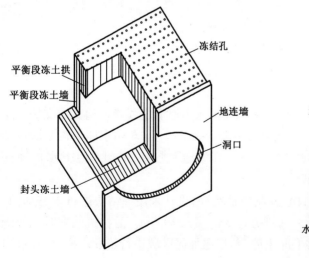

图 3-94 盾构始发冻结加固形式

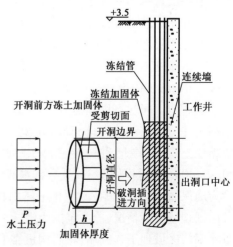

图 3-95 冻土加固体、荷载、计算模型示意图

始发口的中心埋深为+48.86m,地面高程为+63.85m。当开洞直径为6.5m时,开洞口的底缘深度为16.31m。应用重液理论计算水土压力时,其始发口的水土压力为:

$$P = 0.013H \tag{3-55}$$

式中:P——计算点的水土压力(MPa);
H——计算点深度(m)。

计算得冻土墙所受最大静止水土压力为:$P=0.212$MPa。冻土板块需具备一定的厚度和强度,以起到破壁时的封水和稳定作用。冻土加固体的厚度可依照板块公式计算,得到冻结墙厚度为2.1m,计算参数与结果见表3-13。

$$h = \left[\frac{K \cdot \beta \cdot P(0.5D)^2}{\sigma}\right]^{\frac{1}{2}} \tag{3-56}$$

按日本计算公式计算时的参数取值与计算结果 表3-13

项 目	参数取值与计算结果
水土压力 P(MPa)	0.212
冻土平均温度 t(℃)	−10
冻土弯拉强度 σ(MPa)	2.0
破洞直径 D(m)	6.5
系数 β	1.2
安全系数 K	3.0
计算加固体厚度 h(m)	2.1

按我国建筑结构静力计算公式验算,其公式为:

$$\sigma_{\max} = \frac{P(0.5D)^2}{16}(3+\mu)\frac{6}{h^2} \tag{3-57}$$

计算得冻土墙厚度为1.4m,计算参数与计算结果见表3-14。

按我国建筑结构静力计算公式计算时的参数取值与计算结果 表3-14

项 目	参数取值与计算结果
水土压力 P(MPa)	0.212
破洞口直径 D(m)	6.5
冻土泊松比 ν	0.3
冻土弯拉强度 $[\sigma]$(MPa)	2.0
加固体厚度 h(m)	1.4

冻土板块与连续墙的胶结范围应超过3.0m。本设计的胶结范围超过洞口3.5m,以保证足够的密封长度。工作井开洞口周边冻土墙承受的剪力最大。

$$\tau_{\max} = \frac{PD}{4h} \tag{3-58}$$

由此,计算得冻土墙厚度为0.2m,计算参数与计算结果见表3-15。

剪切强度验算表　　　　　　　　　表3-15

项　目	计算参数与计算结果
荷载 P(MPa)	0.212
开挖直径 D(m)	6.5
安全系数 K	2.0
冻土剪切强度 $[\tau]$(MPa)	1.6
冻土墙厚 h(m)	0.2

设计时始发口的冻土板块厚度取 3.0m,封头冻土墙与盾构始发口四周的工作井地连墙搭接宽度取 3.0m。

③冻结孔布置

冻结孔科学合理布置是方案取得良好冻结效果的基础,极为重要。本方案的冻结孔平面布置如图 3-96 所示。

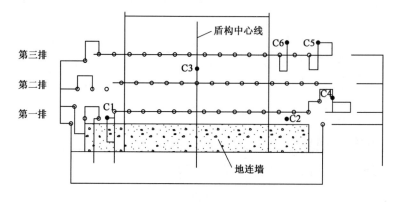

图 3-96　冻结孔平面布置图

整个冻结区域共布置冻结孔 3 排,共计 53 个。A、B、C 三排冻结孔,A 排 20 孔(包括角部增加的 2 个孔),B 排 17 孔,C 排 16 孔。以地面 +63.85m 计算,A、B、C 排孔深度 21.3m,由 0.0～8.7m 为保温段,不冻结。实际钻孔是在端头井结构外侧的高台上(高度约 3m),因此实际钻孔深度比设计值深 3m。

根据施工基准点,按冻结孔施工图布置冻结孔,孔位偏差不应大于 20mm,冻结孔钻进深度应不小于设计深度。钻孔的偏斜率控制在 5% 以内,冻结管和测温管耐压不低于 0.8MPa。利用经纬仪结合灯光对每个成孔进行测斜,偏斜率控制在 150mm 以内;如果冻结孔偏斜过大,则需要补打孔。向成孔冻结管内注水进行冻结管密封试验,试验压力控制在 0.8MPa,30min 内压力无变化为合格。如果密封试验不合格,则需要补打孔或者在该冻结孔内下放小直径的套管。

④测温孔布置

为达到对土体的有效监测,在冻结区域共布置测温孔 6 个。地面测温孔深度与附近冻结孔深度一致,每个地面测温孔在冻结壁内布置 3 个温度测点,位置分别为冻结壁中部和离冻结壁上、下边界 0.5m 处，洞口测温孔深度为进入冻土 1m，应避开冻结孔位置。需拔除测温管采用冻结管材，其余测温管采用 $\phi 42mm \times 3mm$ 焊管，对焊连接。

⑤冻结施工参数

a. 设计积极冻结期最低盐水温度为 $-28 \sim -30$℃，并要求冻结 7d 达到 -20℃，打开洞门时盐水温度达到最低值。

b. 维护冻结期温度为 $-25 \sim -28$℃。

c. 封头冻土墙平均温度不高于 -10℃，打开始发口时冻土墙与工作井地连墙交界面附近温度低于 -5℃。

d. 冻结孔采用串并联方式，单孔盐水流量不小于 $5m^3/h$。

e. 冻结管规格：$\phi 108mm \times 5mm$ 低碳钢无缝钢管，采用内衬管对焊连接，冻结孔总长度为 $L = 22.41 \times 53 = 1188m$。

f. 测温管规格：需要拔除的测温管同冻结管，不需要拔除的测温管采用 $\phi 38mm \times 3mm$ 焊接钢管，采用直接对焊连接。

g. 供液管选用 $\phi 38mm$ 钢管，采用焊接连接。

h. 盐水干管和集配液圈选用 $\phi 159mm \times 6mm$ 无缝钢管。

i. 冷却水管选用 $\phi 38mm \times 3mm$ 无缝钢管。

j. 外围冻结孔终孔间距 $L_{max} \leq 1000mm$，冻结帷幕交圈时间为 $18 \sim 20d$，达到设计厚度时间为 30d。

k. 冻结需冷量：冻结管散热系数取 $1.05 \times 10^5 J/(h \cdot m^2)$，冷量损耗取 20%。计算冻结需冷量为 $Q = 1.2 \times 0.108 \times 3.1416 \times 1188 \times 1.05 \times 10^5 = 5.08 \times 10^7 J/h$。主要施工参数见表 3-16。

主要冻结施工参数一览表　　　　　　　　　表 3-16

序号	参数名称	单位	参数	备注
1	冻结孔深度	m	19.41 + 3	高台高度按 3m 计算
2	冻结帷幕设计厚度	m	3	
3	冻结帷幕平均温度	℃	-10	
4	积极冻结时间	d	30	
5	冻结孔（总）数	个	53	
6	冻结孔（总）长度	m	1188	
7	冻结（总）长度	m	832	地面 6.71m 以下不冻结
8	冻结孔开孔间距	m	0.7	
9	冻结孔偏斜	mm	<150	
10	设计最低盐水温度	℃	-30	冻结 7d 盐水温度达到 -20℃以下
11	单孔盐水流量	m^3/h	5	
12	冻结管规格	mm	$\phi 108 \times 5$	20 号低碳钢无缝钢管
13	测温孔总数	个	6	$\phi 38 \times 3mm$
14	测卸压孔（兼测温孔）	个	2	
15	冻结总需冷量	J/h	5.08×10^7	工况条件

(3) 冻结施工的环境影响分析及工程技术风险

①冻结施工的环境影响分析及对策

a. 冻结对地下连续墙的影响：根据冻土墙形成工艺和施工特点分析，冻土墙与地连墙的水平作用力不会大于土层的被动土压力。根据试验研究和有关现场量测，冻土作用于建筑物的法向冻胀力一般不会大于0.2MPa。在上海地铁及公路隧道多个盾构始发到达冻结工程中，没有发现冻结施工对工作井有明显不利作用。在该工程中，考虑对冻结施工时的工作井衬砌变形进行跟踪监测，并采用局部冻结的方式（即地表至始发口上方3.5m的地层不冻结）以减少地层冻胀量。

b. 冻结对隧道管片的影响：盾构推进后，隧道管片和四周冻土之间存在间隙，并充满泥浆和融土。在冻土的冷量作用下，泥浆也会发生冻结。由于泥浆内含有机或无机盐类外加剂，结冰的冰点可下降至-0.5℃或-2℃左右。根据地铁隧道旁通道的施工经验，一般不会影响到管片的安全。为了避免机头被冻住，或冻土进入舱内影响排土，在盾构推进通过冻土墙时不应停止推进，并可在拔除冻结管的钻孔内灌入盐水使盾构周围的冻土化冻。

c. 冻胀和融沉对地面影响：根据上海地铁和煤矿冻结施工监测，如地表不补充水分，冻土墙内的地表冻结隆起一般不大于30mm，尤其是在硬化后的地面，地表隆起量还要小得多。地层融沉一般比冻胀隆起要小，冻土墙化冻后，地表基本能恢复到原位。本方案采用局部冻结方式，并采取地面隔、排水措施，冻胀和融沉的影响会更小。但是，由于盾构始发时很难立即做到土压平衡，由此引起的地层扰动会较大，所以，本方案还将采用注浆措施，以补偿地层沉降。

②工程技术风险

本项盾构始发冻结加固工程主要存在以下技术风险：

a. 冻土墙与盾构始发口周围地连墙冻结不好，引起冻土墙与地连墙之间导水，严重威胁盾构始发安全。

b. 盾构始发口前方冻结管拔除后，钻孔裸孔导通孔底含水层，或在采用局部冻结时导通浅部水层，使地下水进入盾构始发口内。

c. 盾构始发时，由于隧道端部应力复杂，难以做好压力平衡，容易引起盾构上仰、覆土失稳、地表隆沉等问题。

d. 在拔除冻结管时，发生冻结管断裂事故，使盾构难以推进。

e. 在盾构始发过程中，由于盾构推进停顿等原因，使盾构机头被冻结。

f. 由于冻土墙承载力不足，或冻土墙厚度和温度没有达到设计要求，在打开洞门时引起冻土墙严重变形甚至破坏。

(4) 冻结法的施工流程

土压平衡盾构在冻结法加固地层中始发的施工流程为：冻结孔施工→冻结制冷系统安装→冻结系统调试→冻结系统试运转→积极冻结→探孔检验→凿除洞门→盾构顶进至洞门→停止冻结→冻结管拔除→盾构正常顶进→融沉注浆。

(5) 冻结法的关键技术措施

①冻结孔施工

冻结孔施工工序：定位开孔及孔口管安装→孔口密封装置安装→钻孔→测量→封闭孔底（单向阀）→打压试孔。

冻结管采用丝扣连接,满焊密封,兼作钻杆。冻结孔施工用钻机选用MD-60型锚杆钻机。采用水准仪、经纬仪对冻结孔精确定位,安装好孔口装置后,用钻机开穿连续墙。为保证在钻孔施工中地层不流水、沙等,对每个冻结孔施工都加装孔口密封装置,以有效控制因打钻而造成的地层空洞,使以后融沉控制有更好的效果。钻孔时,按设计要求调整并固定好钻机,控制好位置和垂直度,观察出水、出沙等是否有异常。加强沉降观测,保证地面不出现沉降。同时利用经纬仪将钻孔的偏斜控制在1%以内,且不宜内偏。首先采用无泥浆钻进,若钻进情况不顺利,则改为泥浆钻进,同时打开孔口装置上旁通阀门,观察出水、出沙情况,直至贯穿混凝土结构。成孔后进行打压试验:压力控制在0.8 MPa,保持30min内压力无变化为合格。冻结孔横向和纵向剖面图分别如图3-97和图3-98所示。

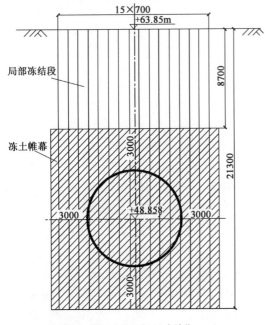

图3-97 横向剖面图(尺寸单位:mm)

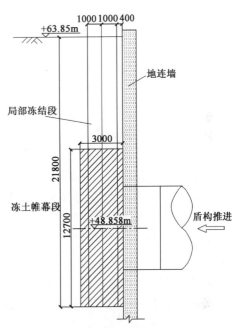

图3-98 纵向剖面图(尺寸单位:mm)

②冻结管安装

利用冻结管作为钻杆,采用丝扣连接加焊接,确保了冻结管的同心和强度。冻结管钻进至设计深度后密封头部,复测冻结管长度,然后用灯光经纬仪测斜并绘制钻孔偏斜图。长度和偏斜率合格后再打压试漏,压力控制在0.8MPa(盐水循环时的压力≤0.40MPa),稳定30min压力无变化为试压合格。整个管路连接完成,对从槽车出来的供液不锈钢软管、液氮循环干管、供液管、排气管等采用聚乙烯材料进行保温。

③冷冻站安装

a.冷冻站布置与设备安装。冷冻站设在隧道内,占地面积约60m²,设备主要包括冷冻机、盐水箱、盐水泵、清水泵、冷却塔及配电控制柜等。

b.管路连接。保温与测试仪表管路用法兰连接,盐水管用管架敷设在隧道管片斜坡上,以免影响隧道通行。在盐水管路和冷却水循环管路上设置伸缩接头、阀门和仪表测温、压力表、流量计等测试元件。盐水管路经试漏、清洗后用聚苯乙烯泡沫塑料保温,保温层厚50mm,外用塑料薄膜包扎。集配液圈与冻结管用高压胶管连接,每根冻结管的进出口各装阀门1个以控制流量。联络通道四周主冻结孔 2 个一串联,其他冻结孔 3 个一串联。冷冻机组的蒸发器及低温管路用棉絮保温,盐水箱和盐水干管用 50mm 厚聚苯乙烯薄膜塑料板保温。冻结施工所用设备如图 3-99 所示。

a) 冻结机组

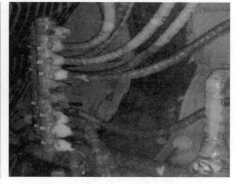
b) 单管冻结回路

图 3-99　冻结施工所用设备

④积极冻结与停止冻结

a. 积极冻结。设备安装完毕后进行调试和试运转。试运转时随时调节压力、温度等参数,使机组在有关工艺规程和设备要求的技术参数条件下运行。冻结过程中定时检测盐水温度、流量和冻土帷幕开展情况,必要时调整冻结系统运行参数。冻结系统运行正常后,进入积极冻结,即让冷冻机组满负荷运行。当冻土达到设计要求后,再开探孔判断水文情况、试挖。正式开挖后,根据冻土帷幕的稳定性,可适当提高盐水温度,进入维护冻结,要求一周内盐水温度降至 -20℃ 以下。

b. 停止冻结。根据测温孔温度实测结果,确认冻土墙和地连墙胶结完好,冻结已经交圈,可以分层破槽壁,留外层钢筋和不少于 40cm 的混凝土,待冻结壁平均温度和厚度达到设计值,并且冻土墙与地连墙界面温度不高于 -5℃ 后,可全部破除盾构始发口地连墙钢筋混凝土。破除盾构始发口地连墙钢筋混凝土时,应密切注意破除地连墙时是否破坏冻结管,如一旦发现冻结管漏盐水,则及时关闭该冻结器。冻结施工中,盐水循环如图 3-100 所示。

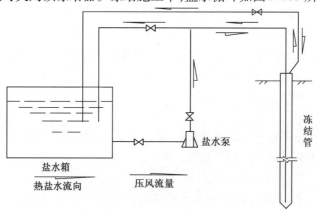

图 3-100　盐水循环示意图

⑤盾构推进参数控制

盾构在穿越冻结区时,不宜停留,当拼装管片及发生故障时,每隔 30～60min 将刀盘转动几圈,以防刀盘被冻死。盾构在切削冻结加固土体时,通过降低推进速度、控制出土量平衡正面土压力,减小土体扰动。在确保盾构正面沉降控制良好的情况下,使盾构保持均衡匀速推进,速度控制在 1cm/min 左右。推进中重点控制出洞段盾构姿态变化,检查每环管片的超前量和盾构千斤顶的行程差,确保盾构推进符合隧道轴线,并以良好的姿态出洞。

推进时注意观察管片与盾壳的间隙、推进油缸油压变化、千斤顶行程变化和出土量,并采用稳坡法、缓坡法推进,以减少对上部加固土层的影响。盾构穿越加固体的时间应控制在 10d 以内。盾尾进入密封后应采用快硬性浆液封堵洞口,防止冻土融化后泥水涌出。停止冷冻后,盾构机头应及时贴在洞门冻结土体上,垂直冻结器拔除后,应立即推进盾构,防止暴露的冻土墙在环境温度下加剧融化。

⑥冻结管拔除

a. 拔管方法。利用人工局部解冻的方案,即热盐水在冻结器里循环,使冻结管周围的冻土融化达到 10～20mm 时进行拔管。具体方法如下:用一只 $2m^3$ 左右的盐水箱储存盐水,用 40～80kW 的电热丝加热盐水。利用流量为 $10m^3/h$ 盐水泵循环盐水,先用 30～40℃ 的盐水循环 5min 左右,然后 60～80℃ 的盐水循环达 30min 左右,当回路盐水温度上升到 25～30℃ 时,即可进行边循环边试拔。

b. 拔管顺序。

- 依次先拔第一、二排冻结管,不需完全解冻,冻结管拔至盾构上方,用钢管将其连接成网格,防止下沉,重新连接冻结系统继续冻结,防止盾构推进过程中浆液从融化的冻结孔中溢出。
- 第三排冻结管,用于强制解冻,待冻土平均温度满足盾构推进时拔除该排冻结管至盾构上方,重新冻结。
- 在隧道两侧的冻结管暂时不拔,待盾构穿过最后一道冻土墙后,再拔除该处冻结管并充填。

c. 冻结管拔除施工过程。用两个 10t 的千斤顶进行试拔,拔起 0.5m 左右时,便可停止循环热盐水,用压风将管内盐水排出。然后快速拔出冻结管。拔管时注意冻结管与挂钩要成一线,冻结管不能别劲,拔管时要常转动冻结管。冻结管不能硬拔,如拔不动时,要继续循环热盐水解冻,直至拔起冻结管。拔管要在盾构进入洞口内,且安装好密封装置后进行。盾构头部距冻土墙不小于 0.2m,以防影响拔管。在隧道范围内所有冻结管全部拔出后,盾构方可开始推进,以防止盾构推进损坏冻结管,使其无法拔出。

⑦对相邻铁路及通道的保护措施

由于盾构始发的位置相邻着平南铁路以及一个人行通道,采用冻结法加固地层时可能因为土体的冻融而导致地面隆沉,同时盾构掘进时,必然会对土体产生扰动,甚至可能影响列车的正常运行和行人正常通行。因此在盾构穿越冻结法加固地层时要通过欲注浆、冻结控制和隆沉控制来加强对其的保护。

a. 预注浆。在钻孔施工期间靠近通道外排冻结孔进行单液注浆,降低地层含水率,减少冻胀。

b. 冻结控制。严格控制冻土向上发展,以控制冻胀。发现地面冻胀量较大,采用间歇式冻结方式控制冻胀融沉。

c.融沉控制。根据以往经验,融沉注浆总量一般为冻土体积的15%左右,经计算该区域注浆体积约为468m³,采取以下方法进行跟踪注浆控制融沉:
- 盾构始发后利用拔除的冻结孔中预留注浆管进行跟踪注浆,控制融沉。
- 利用管片上注浆孔(在始发区域5环管片上设置注浆孔,每环1个)进行跟踪注浆,减少融沉。
- 冻土墙产生的冻胀和融沉可以通过采取间歇冻结、局部冻结等措施得到有效控制,不会对端头井凝土结构和周围构筑物产生不利影响。
- 注浆压力一般为0.2~0.5MPa。注浆材料选用单浆液,水灰比为0.6。其中混合物包括:水泥、粉煤灰、膨润土。膨润土占混合物的5%,水泥和粉煤灰的配比为2:3。

⑧监控测量

a.冻结工程监测。监测工作在所有冻结工程中有着极其重要的作用,冻结帷幕是否达到设计要求,以及开挖时间的判断,主要是依据监测数据,进行综合分析得来的。
- 冻结系统监测。采用热电阻传感器,测量来、去回路的盐水温度,并在来、去回路上设置流量计,来测流量。
- 冻土帷幕监测。通过测温孔热电阻传感器测定帷幕温度,测量频率为2次/d,每个测孔测量3个断面。通过泄压管安装压力表测量未冻土空隙的水压变化。

b.地表和铁路监控量测。施工前按照设计要求在地面布置沉降监测点,监测点的布置在轴线上考虑5m一个点,50m一个沉降断面。沉降断面上由轴线两侧向外隔3m、5m、7m布点。监测点具体布置如图3-101所示。

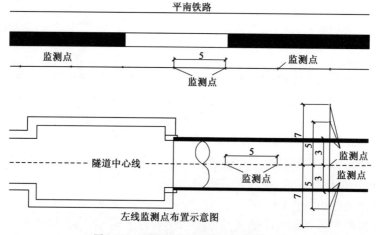

图3-101 监测点平面布置图(尺寸单位:m)

监测工作在钻孔施工前,建立监测原始基准数据,钻孔施工时,开始第一天监测,直至冻结帷幕融化后。监测的各种数据及时反馈到项目部总工程师和生产技术部进行分析处理,以便指导施工,采取措施。监测频率为:钻孔期间2次/d,冻结加固期间1次/d,盾构始发期间3次/d,融沉控制期间1次/d,施工结束至稳定1次/5d,监测频率可根据监测数据变化情况作适当调整监测计划,地面沉降变化报警值以±10mm作为累计报警值,±3mm作为日变量报警值。具体内容见表3-17。

现场监控量测表　　　　　　　　表3-17

量测项目	方法及工具	断面距离	量测频率	
			变形速度(mm/d)	量测频率
地表沉降	精密水准仪、因瓦水准尺	每断面6个测点	0.2~0.5	1次/d
地面建筑、地下管线及构筑物变化	水准仪和水平尺	每断面6个测点	1~2次/d	

(6) 各项事故处置方案和处理程序

①拔断冻结管

拔除始发口前方的冻结管时,严格按照拔冻结管方法和步骤执行,拔管过程应当注意以下几点:

a. 拔管前进行化冻试验,确定合理的化冻时间,尽量在较短时间内完成拔管。

b. 起拔冻结管合理控制起拔力,防止断管发生。

c. 拔管后立即用黏土或低强度等级水泥砂浆封孔。

d. 盾构机始发穿越冻土墙时需连续作业,不能停顿,尽量避免冻住机头事件发生。

如发现冻结管被拔断裂,立即采取以下方法进行处理:

a. 立即停止拔管,尽量恢复始发口附近未拔除冻结管的冻结。

b. 在拔断的冻结管中下入4分加热水管继续化冻,然后下入拔管器拔管。

②盾构机头被冻结

a. 盾构推进前,在机头刀盘内充盐水进行预防。

b. 在盾构通过冻土墙时避免推进停顿。

c. 一旦盾构机头被冻结,可在机头内用锅炉加热化冻。

③盾构始发地层沉降、塌陷

a. 监测始发口上方的地层沉降和地连墙位移。根据经验,地表融沉的水平影响距离约15m。并定期巡查地面和构筑物是否有变形、开裂情况发生。

b. 如发现地层沉降超过规定值,立即利用冻结孔上方的卸压孔进行注浆控制和补偿变形。施工地面准备水泥—水玻璃等注浆材料和注浆设备。

c. 如发现地面严重塌陷,立即撤离附近设备和人员,并用砂土充填塌陷区。

④冻结管盐水漏失

a. 一旦发生冻结管盐水漏失,立即查明漏盐水的冻结管并关闭该冻结管盐水供应。

b. 在始发口打探孔取样化验土的含盐量及冻结强度,证明冻土墙强度达到设计要求后再盾构始发。

c. 如土层含盐难以冻结或冻土强度不能满足设计要求,漏盐水的冻结管改用液氮冻结。方法是用压缩空气吹出冻结管中盐水,然后在供液管中通入液氮并控制其流量,使放空氮气温度控制在−60~−80℃之间。

⑤铁路下沉

施工前在与平南铁路公司联系好,由铁路方在附近车站准备一定数量的道砟、液压起道机、扒砟耙、撬棍等抢险物资,线路测量及线路的养护工作由平南铁路公司完成。如发现线路轻微下沉情况,立即采取如下措施:

a. 第一时间(由平南公司现场值班人员)通知驻站联络员转告车站值班员通知车辆慢行,然后配合平南铁路公司的人员,立即组织抢险队对线路回填道砟和起拨道作业,加固路基和线路。

b. 立即对受损路段的周围地区进行全面检查,查找是否还有其他的隐患,防止事态的进一步扩大;每半小时一次对线路进行高程和位移测量,发现异常立即上报处理,直至线路正常。

c. 抢修完毕后,组织平南铁路公司专业人员对抢修段的线路进行详细的检查,确认达到列车正常行驶条件,清除一切影响行车的障碍物,所有人员撤离至安全区域,并及时通知车站驻站联络员,可恢复列车正常行驶。

(7)冻结质量保证措施

①根据土层含盐结冰温度低于0℃的情况,冻土强度按冻土墙平均温度提高2℃取值,并对冻土墙厚度计算进行调整。

②尽量减小始发口附近冻结孔与地连墙之间的距离,确保冻土墙与始发口周边地连墙有足够的搭接宽度。特别是在始发口两侧各布置紧靠地连墙的冻结管,从而保证后冻土墙与始发口周边地连墙冻结严密,绝不渗漏水。

③如地连墙施工时发生过槽壁坍塌的情况,冻结孔可向地连墙方向倾斜钻进,使深部冻结孔靠近始发口附近地连墙。

④减小地连墙附近的冻结孔间距,有利于冻土墙与地连墙之间冻结,并可提高洞口冻土墙的抗弯曲能力。

⑤在始发口位置地连墙上布置测温孔,以检查地层与地连墙是否冻结。

⑥冻结管采用带内衬的对焊接头,提高冻结管的接头强度,减小拔管阻力,并通过原位试拔,确定化冻时间,确保冻结管起拔时不断裂。

⑦封头冻土墙的第三排冻结孔冻全深,防止拔除冻结管后浅层地下水从钻孔流到始发口内。

⑧确保供液管下到冻结管(或测温管)底,并采取最后拔地连墙附近冻结管的拔管顺序,以免拔管后孔底土层化冻导通地下水。

3.4.2 端头墙玻璃纤维筋格栅加固技术

盾构进出洞为盾构隧道施工过程中的关键环节。盾构进出洞前,处理端头井围护结构中钢筋的传统方法为:用注浆或临时围护桩等措施对井壁背后的土体进行加固后,在降水条件下进行人工凿除。由于结构被开凿破坏,结构背后土体暴露,地下水较难控制等原因,盾构进出洞时易出现地层土体塌方而导致地表下沉并危及地下管线和附近的建(构)筑物。近年来,随着大深度、大断面化的盾构需求迅速增加,盾构直接掘削纤维筋混凝土工法问世,即把盾构要穿过的挡土墙上的相应部位用纤维筋混凝土制作,可用一般盾构机的切削刀具直接切削,达到盾构机的直接进洞、出洞。采用GFRP(玻璃纤维)筋代替围护墙中盾构隧道范围内的钢筋,使盾构在进出洞时可以直接切削围护墙进行掘进,这样既可以加快施工进度、减少施工风险,同时还可以降低围护墙前地层加固范围和降低地层与围护墙间的止水要求,又节约投资[23-25]。

(1)玻璃纤维筋的特性

玻璃纤维筋是以玻璃纤维为增强材料,以合成树脂及辅助剂等为基体材料,在光电热一体的高速聚合装置内受热固化,经拉挤牵引成型的一种新型复合材料。这是一种具有较好的抗拉、耐腐蚀和抗电、磁等性能的纤维复合材料,在特殊环境下可以用来代替普通钢筋。其英文名称为 glassfiber reinforced polymer rebar,简称 GFRP 筋。玻璃纤维筋在 1942 年由美国橡胶公司研制成功;1970 年,欧洲首先将 GFRP 筋应用于混凝土结构。目前作为混凝土结构配筋用的 GFRP 已经被广泛应用在土木工程中,然而,在我国对于 GFRP 的研究应用还十分有限。其外形根据需要,可以加工成光圆、螺纹、矩形及工字形等。玻璃纤维筋如图 3-102 所示。

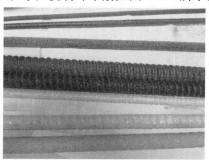

图 3-102 玻璃纤维筋

玻璃纤维筋作为新型的筋材,与传统钢筋相比,具有以下特性:

①抗拉强度高:抗拉强度比同规格传统钢筋高 20%,其抗拉强度与高强钢材接近,承载能力大、耐冲击性能和抗疲劳性好。

②与混凝土的黏结力较小:表面的螺纹、凸肋在黏结强度达到一定程度后容易剪切磨损,与混凝土的黏结强度大约是钢筋混凝土黏结强度值的 80%。因此,锚固长度要适当加长。

③密度小:仅为同体积钢筋的 1/4。

④弹性模量小于普通钢材,延性较低,易脆断。

⑤具有优良的耐久性和耐腐蚀性强:耐酸碱等化学物的腐蚀,可抵抗氯离子和低 pH 值溶液的侵蚀,尤其是抗碳化合物和氯化合物的腐蚀性更强;耐酸、碱等化学物的腐蚀,耐腐蚀寿命为普通钢筋的两倍。

⑥绝缘性、透磁波和抗磁性好,不会屏蔽信号。

⑦可设计性强:弹性模量稳定。热应力下尺寸稳定,折弯等形状可任意热成型;安全性能好,不导热、不导电、阻燃抗静电。

⑧是一种非磁性材料,在非磁性或电磁性的混凝土构件中不用做脱磁处理。

⑨施工方便:可按用户要求生产各种不同截面和长度的标准及非标准件,现场绑扎可用非金属拉紧带,操作简单。

⑩抗剪强度较低,普通的 GFRP 筋的抗剪强度仅有 50~60MPa,具有优良的切割性,可以很容易被盾构机的刀具切割,可对刀头起到保护作用。切割时不会产生火花,可用机械直接切割,免除拆卸工作。

⑪性价比较高:虽然绝对价格比传统钢筋高,但由于其密度仅为传统钢筋的 1/4,所以使

用玻璃纤维筋的成本比传统钢筋要低。若大量推广及使用,也可减少对钢材的依赖性,这也符合国家倡导建设节约型社会的宗旨。

(2)玻璃纤维筋的技术参数

玻璃纤维筋一般有两种表面形状:一种表面是螺纹状的;另一种表面是喷砂的。一般较常用的是第一种,即表面螺纹状的。表面螺纹状的玻璃纤维筋的技术参数见表3-18。从表3-18中的数据可以看出,其比强度、比模量综合指标是较高的(介于普通钢材和高强钢材之间)。

玻璃纤维筋的技术参数　　　　表3-18

项　目	技 术 参 数	项　目	技 术 参 数
直径	3~32mm	剪切强度	45.9MPa
密度	1.5~2.0g/cm³,一般为1.9g/cm³	弯曲强度	1156MPa
纤维含量	72%	断裂伸长率	3.0%~5.0%
弹性模量	30~41GPa	线胀系数	$0.69 \times 10^{-6}/℃$
弯曲模量	31.2GPa	耐碱性	大于75%
拉伸强度	大于550MPa,小于1230MPa	—	—

(3)玻璃纤维筋的工程适用范围

玻璃纤维提供了结构所需要的高强度,树脂提供了较好的耐腐蚀性能。玻璃纤维筋可以增大结构的强度,明显延长腐蚀环境中的水泥结构寿命。由于其与传统钢材相比,具有明显的性能优势,因此在国内外已广泛应用于各个领域的工程建设之中。

①土木建筑结构:建筑地基,及公路、桥梁、隧道、边坡、机场、码头、车站、水利工程、地下工程等领域。

②暴露在需要防结冰液体中的水泥结构:桥墩、隔离栏杆、盐碱或液体储存设施等。

③暴露在海水或淡水等具有腐蚀作用的水泥结构:海边堤坝、水坝、河堤或靠近水边的建筑、浮动建筑、地下室、深井等。

④其他有腐蚀介质环境中的水泥结构:污水处理厂、化工厂、造纸厂、石化厂、液化气厂、冷却塔基础、烟囱、各种冶炼厂、电镀厂、热电厂、核电厂、食品厂、电解槽和窨井盖等。

⑤要求电磁干扰小或需要透波性能好的建筑:有色金属熔炼厂、电力通信设备建筑、通信发射塔架基础、机场通信塔、医院电磁设备房、试验室以及特殊军用设施等需绝缘脱磁环境。

⑥对重量和热传导敏感的结构。

(4)玻璃纤维筋在深圳地铁5号线工程中的应用

由于矿山法施工要先于盾构机到达时完成,而且为了使矿山法隧道初支具有足够的强度,矿山法施工开挖和盾构机到达相隔时间较长。因此,矿山法隧道开挖掌子面暴露时间较长,当地质条件较差时仅在掌子面施作简单的初支,不足以保证掌子面稳定;并且,当盾构机推进至掌子面不远处时,由于盾构机的推进给掌子面较大的推力,更容易造成掌子面的整体失稳。为保证盾构机到达时,盾构机的推进力不至于将矿山法隧道掌子面推挤坍塌,在矿山法隧道与盾构隧道连接处设置端头墙。若采用传统的钢筋混凝土端头墙,则在盾构机推进前,先要人工破除该端头墙,存在一定的施工风险,而且也将影响施工进度,因此,决定采用剪切强度低、易脆断的玻璃纤维筋代替传统钢筋施作端头墙。盾构推进至端头墙时,只需降低速度,直接推进,不需人工破除,加快了施工的连续性,保证了盾构施工的安全性。

①端头墙施工措施

盾构端头墙周边采用3排钢格栅,墙体使用玻璃纤维筋,主筋之间及主筋和箍筋之间均采用绑扎连接,搭接长度是普通钢筋搭接长度1.3倍。全断面设置单层玻璃纤维筋网,初喷40mm混凝土后,挂φ6mm玻璃纤维筋网。端头处玻璃纤维筋格栅间距300mm,喷800mm厚的C20混凝土,保护层厚度为40mm;然后在玻璃纤维筋格栅喷射完的混凝土后面,设置一道混凝土环梁,环梁钢筋与矿山法隧道初支钢格栅焊接。玻璃纤维格栅平面图和配筋图分别如图3-103、图3-104所示。

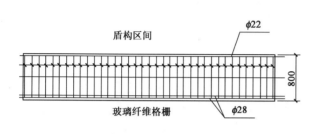

图3-103 璃纤维格栅平面图(尺寸单位:mm)

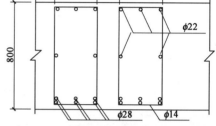

图3-104 璃纤维格栅配筋图(尺寸单位:mm)

在距离端头墙30m处地表有碧海花园小区建筑物,对应隧道范围土体为上软下硬地层,隧道上半断面及拱顶以上为砾质黏性土,下半断面为中风化花岗岩。在该地层中掘进时,容易对拱顶地层产生扰动,造成上部土体沉降超限或者塌陷。为了进一步保证盾构穿越时小区的安全稳定,对地层进行注浆加固。因隧道在楼房范围内,无法从地面进行注浆加固,因此从端头墙的上半断面水平打设小导管,注浆加固地层,提高上部土体的强度。注浆有效长度15m,横向及竖向加固范围为隧道拱腰以上及拱顶周围2m土体,浆液采用水泥水玻璃双液浆。

盾构机推进至矿山法隧道时,安排专人在矿山法隧道中玻璃纤维筋格栅墙前随时值班观察。

在端头墙施作过程中,采用同数量、同直径的玻璃纤维筋替代人工挖孔桩的钢筋,并辅以相应的技术措施。其施工有以下特点:

- 玻璃纤维筋笼所用材料均为厂制定型产品,尺寸准确。
- 筋材连接点均采用绑扎,减少了钢筋加工工序,制作时间约是普通钢筋的1/2,制作的精度高。
- 绑扎成型后不锈蚀、便于存放。
- 由于玻璃纤维筋是由玻璃纤维浸渍树脂制成的,易切割,制作时可根据需要用钢锯条任意截取,无需任何钢筋加工设备,施工极为方便。但其端头在外力作用下,易脱胶损坏,施工过程中要注意保护。

②玻璃纤维筋配筋设计

玻璃纤维筋配筋设计中需要对以下项目计算或检算:连续墙抗弯承载力计算、抗剪承载力计算。盾构端头井围护结构内力计算根据该处地质水文情况及基坑周边超载等。基坑围护结构内力包络图如图3-105所示。其中,弯矩设计值 $M = 1029.32 \times 1.1 \times 1.35 = 1528.5$ kN·m/m;剪力设计值 $V = 646.41 \times 1.1 \times 1.35 = 959.9$ kN/m。

玻璃纤维筋连续墙配筋立面图如图3-106所示。

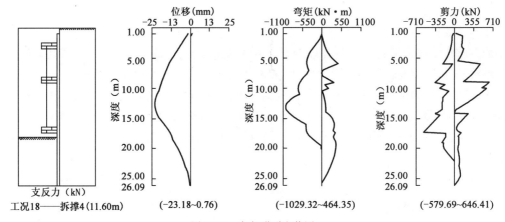

图 3-105 内力、位移包络图

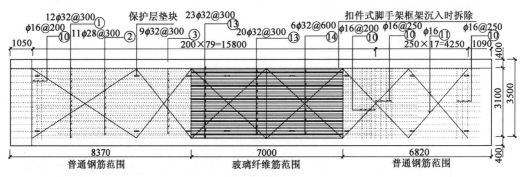

图 3-106 玻璃纤维筋连续墙配筋立面(尺寸单位:mm)

③盾构施工时玻璃纤维格栅的力学行为

不对端头墙进行人工破除,盾构机降低掘进速度向前推进。当盾构机顶进至端头墙前方时,因注浆加固而使用的小导管也被挤压出来;当盾构机刚顶进至端头墙时,端头墙表面产生了较大的裂缝,而其内部也产生一些贯通裂缝,但并未出现坍塌的情况。但是随着盾构机的不断向前推进,盾构机开始挤压和切削端头墙,首先在下部出现端头墙体部分垮塌现象,凝固的浆体坍塌下来,玻璃纤维格栅也暴露出来。这是由于上部地层经过注浆加固,土体和墙体强度均比下部要大得多,因此是强度较弱的墙体下部先破坏。但是玻璃纤维格栅依然保持着较好的整体性,只是直径较小的玻璃纤维箍筋由于抵抗不住玻璃纤维筋被盾构挤压而产生的较大变形而首先达到抗拉强度极限,而被撕裂拉断。

当箍筋被拉裂之后,玻璃纤维格栅开始解体,玻璃纤维筋也随着受拉变形的逐渐增大而达到其抗拉屈服强度。此后,其能承受的拉力不再增加,但形变急剧增大,当达到其变形极限后发生脆断。接着端头墙上部墙体发生同样的情况,首先是上部墙体塌落,随后玻璃纤维筋断裂。盾构机切削端头墙时玻璃纤维格栅力学行为如图 3-107 所示。

从玻璃纤维筋的断裂情况来看,可以发现,玻璃纤维筋多数是在周边的位置发生断裂的。这是由于随着盾构机的挤压,玻璃纤维筋中间部位有较大的空间使其产生自身能够承受的变形来释放所受到的挤压力,但是端头墙周边位置的玻璃纤维格栅,随着盾构的挤压,则没有足够的空间去产生变形来释放挤压造成的拉力,从而在与盾构机的刀盘接触后的挤压中产生了脆断。首先被拉断的并不是主筋，而是直径较小的玻璃纤维箍筋，因此在配筋设计时，可以考虑适当加大箍筋的直径，从而避免在主筋达到抗拉强度极限时箍筋首先断裂。盾构机从盾构隧道进入矿山法施工段的整个施工过程中，盾构段与矿山法段连接处并未出现垮塌，端头墙体也未出现瞬间坍塌。这就证明采用玻璃纤维格栅施作端头墙完全是可行的，不仅节省了施工的时间和成本，而且能够保证盾构机从盾构段隧道进入矿山法隧道施工所需的安全性和稳定性，提高了施工效率。

a) 玻璃纤维格栅受力变形，端头墙下部首先垮塌

b) 玻璃纤维格栅保持着整体性

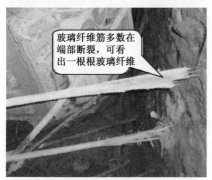
c) 玻璃纤维筋在根部断裂图

d) 最终所有的玻璃纤维筋被拉断

图 3-107 盾构切削端头墙时玻璃纤维筋格栅力学行为

3.5 盾构管片结构力学特性

3.5.1 测试准备、元件安装和数据采集

（1）测试准备

①测试断面的选择

结合本工程的水文地质特点和施工进度，选择深圳地铁 5 号线盾构区间的 3 个断面进行盾构管片结构力学特性测试。3 个断面处的地质情况如图 3-108 所示。

断面 I 为 5307 标怡景路—黄贝岭区间左线 DK38+654.17 处第 465 环（DG 标准环）。该断面隧道洞身埋深 17m，地下水位距地面 3.5m。隧道位于强风化凝灰质砂岩、中风化凝灰质砂岩及微风化凝灰质砂岩三种不同硬度的地层中，地质条件复杂，属于典型的软硬不均地层。

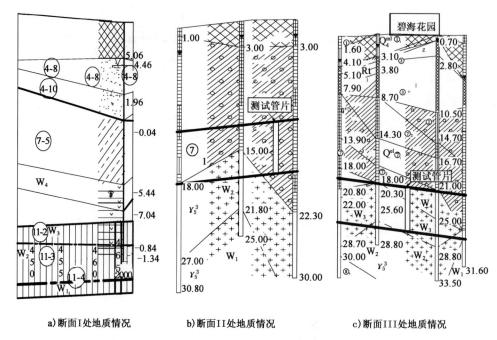

a) 断面Ⅰ处地质情况   b) 断面Ⅱ处地质情况   c) 断面Ⅲ处地质情况

图 3-108 3 个断面处的地质情况(高程单位:m)

断面Ⅱ为 5302 标翻身—灵芝盾构区间左线 DK5+020.225 处第 375 环(DG 标准环)。该测试断面拱顶埋深 15.5m,地下水位埋深为 3.5m。隧道位于砾质黏性土层中,属于典型的黏土地层。

断面Ⅲ为 5302 标翻身—灵芝盾构区间右线 DK4+521.540 处第 213 环(TD 加强标准环)。该断面埋深 20.5m,地下水位埋深为 3.2m。隧道位于砾质黏性土、全风化花岗岩及强风化花岗岩三种不同硬度的地层中,地质条件复杂,测试环管片覆土以上表面为碧海花园小区。

②测点布设

每个断面布设 10 个土压力测点,即 A1、A2、A3、B 和 C 块管片均布设两个,每两个测点之间的圆心角为 36°。由于测量土压力需要与围岩接触,因此,测点应布设于管片外表面。由于盾构管片为 30cm 厚,在管片上表面和下表面的受力情况相差很大,因此混凝土应变计和钢筋计每个断面需要布设 20 个,即上表面和下表面各 10 个。测试元件布设示意图如图 3-109 所示。仪器平面和立面布置分别如图 3-110、图 3-111 所示。

③测试元件型号

土压力的测试仪器采用 TFL-TY-P40 振弦式土压力盒,最大量程 4.0MPa;孔隙水压测试仪器采用 TFL-KY-P10 振弦式孔隙水压计,量程为 1MPa;管片的内力测试仪器采用 TFL-S-NM15 振弦式混凝土微应变仪,量程为 +1500 ~ -1500$\mu\varepsilon$;钢筋轴力测试采用 TFL-S-GJ20 振弦式钢筋计,量程为 500MPa;数据采集采用 TFL-F-BX01 型振弦式记录仪,便携式采集系统用于振弦式和电压式传感器的数据采集,量程频率 500 ~ 3500Hz;温度 -30 ~ +60℃,随机存储器 64K,可编程 E2PROM 固定存储器,5000 组读数存储。各测试元件如图 3-112 所示,断面Ⅲ所需元件数量见表 3-19。

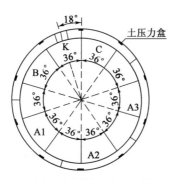 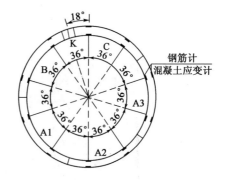

a) 土压力盒横断面布设示意图　　b) 混凝土应变计与钢筋计布设示意图

图 3-109　测试元件布设示意图

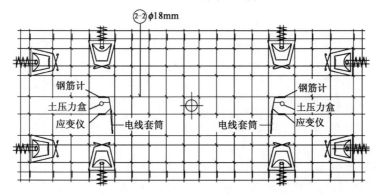

图 3-110　仪器平面布设位置示意图

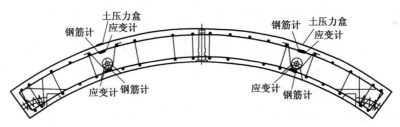

图 3-111　仪器立面布设位置示意图

断面 III 测试元件需求统计表　　　　表 3-19

型　号	仪　器	数量（个）	备　注
TFL-S-NM15	混凝土应变计(埋入式)	20	
TFL-S-GJ500	钢筋应力计	20	钢筋直径20mm
TFL-TY-P40	土压力盒	10	
TFL-KY-P10	水压力计(弦式孔压计)	6	量程1MPa
TFL-F-BX01	振弦式记录仪(测频仪)	1	

对于测试元件需要注意以下几点：

a. 能在仪表中自动保存用户所需的测试数据。

b. 每个测试元件的线缆长度不宜太长，管片拼装之后再将线缆延长以方便数据采集。

c. 所有测试元件均需用频率巡检仪接收频率值。

d. 每种测试元件均需要一定量的富余量,以便防止测试元件由于各种原因损坏造成测试无法进行,建议土压力盒12个,钢筋计、混凝土应变计各22个。

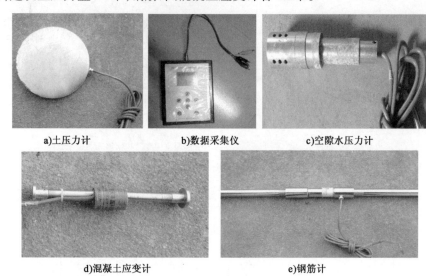

图3-112 测试元件

④测试元件工作原理

本次现场试验测试元件均采用振弦式传感器,它是以拉紧的金属弦作为敏感元件的谐振式传感器,其工作原理为:当弦的长度确定之后,其固有振动频率的变化量即可表征弦所受拉力的大小,通过相应的测量电路,就可得到与拉力成一定关系的电信号。这种传感器的振弦一端固定,另一端连接在弹性感压膜片上,弦的中部装有一块软铁,置于磁铁和线圈构成的激励器的磁场中,激励器在停止激励时兼作拾振器,或单设拾振器。工作时,振弦在激励器的激励下振动,其振动频率与膜片所受压力的大小有关,拾振器则通过电磁感应获取振动频率信号。振弦振动的激励方式有间歇式和连续式两种。在间歇激励方式中,采用张弛振荡器给出激励脉冲,并通过一个继电器使线圈通电、磁铁吸住弦上的软铁块。激励脉冲停止后,磁铁被松开,使振弦自由振动。此时在线圈中即产生感应电势,其交变频率即为振弦的固有振动频率。振弦一端固定,一端连接在受力机构上,利用不同的受力机构就可以做成测压力、扭矩或加速度等的各种振弦式传感器。

(2) 测试元件的安装

所有测试元件在安装埋设之前,应对元件进行逐个检验,并记录元件的编号,初始频率不在允许范围之内的元件不予使用。土压力盒、钢筋计和混凝土应变计在现场浇注管片混凝土前预先固定在预制好的钢筋笼上。测试元件位置固定后,测试专用电缆全部导入专用走线孔,并将出线管用胶带密封好后,再进行盾构隧道管片混凝土浇筑。元件具体安装方法如下:

①土压力盒的安装

在安装之前,对应力计的初始频率进行测试,测试结果频率在正常范围内,方可进行安装,并对初始值进行记录。混凝土内的土压力盒采用嵌入式安装,感应面与管片迎土面相平,保证感应面与管片外弧面的距离小于5mm,从而能够较为真实地感受外部压力。安装时,将土压力盒用钢筋垫高并用扎丝绑扎,从而固定土压力盒以及确保其灵敏地感应到外部压力。

②钢筋计的安装

在切割主筋之前对钢筋计的初始频率进行测试,测试结果频率在正常范围内,方可进行安装,并将初始值记录下来。首先将钢筋计与自带的螺纹钢棒对接后,然后将安装位置处的主筋按照钢筋计的长度截掉一段,再将钢棒两端焊接在主筋截断位置处。为避免焊接时的高温对传感器的损伤,在焊接钢筋计时,应当采取隔热措施,可用湿毛巾将钢筋计的两端包裹住并往毛巾上面浇冷水来阻隔热量传递给仪器。

③混凝土应变计的安装

在埋设混凝土应变计之前应进行初始频率的测试,测试结果在正常范围内,方可进行安装,并记录下初始值。将应变计的应变感应方向沿环向受力主筋方向平行固定,每个测试点处管片内外侧各布设一个应变计,应变计埋设于环向主筋的内侧。所有仪器在焊接安装好之后再次对仪器进行检查,发现损坏的要立即更换。待一个测点的土压力盒、钢筋计以及混凝土应变计均安装后,这些元件的线缆在测点附近通过 PVC 管集中引出。走线孔两端设置封堵,可利用胶带进行密封以保证管片混凝土浇筑后能顺利将线缆引出。

④水压力计的安装

在盾构管片拼装完成后,在所选择的测试断面,利用冲击钻打穿管片注浆孔和注浆层,再把水压力计放入隧道周围围岩中。安装时要保证仪器测试面与地下水接触,确保仪器的进水口畅通,防止泥浆等堵塞进水口,可在进水口用中砂、细砂做成人工过滤层防止堵塞。水压力计和注浆孔之间的空隙用棉纱或双快水泥封堵,避免或尽量减少水从空隙渗漏。

土压力盒、钢筋计、混凝土应变计和孔隙水压力计安装后的情况分别如图 3-113 ~ 图 3-116 所示。

图 3-113 土压力盒的安装

图 3-114 钢筋计的安装

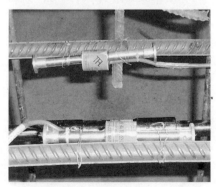

图 3-115 混凝土应变计的安装

图 3-116 孔隙水压力计的安装

(3) 试验管片数据采集

本次使用的传感仪器均为振弦式传感器,测试数据采集采用 TFL-F-BX01 型振弦式记录仪,可进行自动或手动频率采集。数据采集根据管片是否拼装上,分为管片未拼装前的初始数据采集和管片拼装后的数据采集。通过所测频率值与初始频率值,可计算出各个时段以及拼装不同环数后的管片内力。由于此次盾构隧道的外径为 6m,内径也有 5.4m,当测试管片拼装上后,处于隧道上部的测点数据需要借助于长梯才能采集到。这在正常施工时蓄电池车不停来往穿行的情况下是十分危险和不便的,当每天需要采集几次数据时,就更加困难。因此,我们用四芯屏蔽线与测试元件线路连接,将其引至方便采集数据的位置。图3-117中分布于管片环周的黑色线缆为测试元件走线情况。

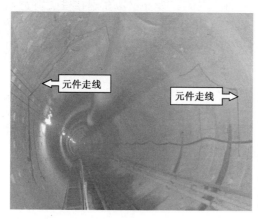

图3-117　测试元件走线图

① 初始数据采集

试验管片通过蓄电池车运送至隧道最前方,准备拼装前,测试其初始频率值,并记录下来,作为计算时的初始数据。由于管片生产后堆放在场地上以及运输过程中,管片内力都会有所变化,因此选择管片在拼装之前的这一时刻的测试数据作为初始数据将更加准确和科学。采集方法如下:打开数据记录仪的电源,将记录仪的红黄两种颜色的输入端子分别与传感器元件红黄颜色的线路对应相接,记录仪的两个黑色的输入端子与传感器元件的蓝色和绿色的两条线路相接(其中红色和黄色端子输出的是温度,两个黑色端子输出的是频率值);然后将读数记录在事先制作好的表格之中,或者储存在记录仪中,事后把数据导出即可,这样采集数据的效率更高。采集一个断面的数据,大约需要1h。

② 测试数据采集

按照以前试验经验,对于刚拼装的后几环试验环管片,由于地层还未稳定,以及受到同步注浆压力等施工荷载的影响,管片内力变化较大。因此,为及时反映施工中管片结构的受力变化状况,管片拼装后的前5d 按4次/d 的频率采集数据,5d后可减小频率至2次/d,10d 后视采集数据情况确定测试频率,但当盾构机停机时,管片的各项受力状态均不会有较大波动,因此可以适当降低测试频率。

在试验环管片制作时,由于人工振捣混凝土不当,以及随着混凝土的收缩和水化热的不断产生,使得埋设在混凝土内的仪器一直处于较高的应力状态,小部分测试元件损坏。断面I 的数据采集工作从 2009 年 9 月 14 日开始,至 2009 年 10 月 20 日结束,一共历时36d,共采集了28 次数据,盾构隧道从465 环推进至685 环;断面II 的数据采集工作从 2009 年 11 月 20 日开始,至2010 年1 月3 日结束,一共历时43d,共采集了38 次数据,盾构隧道从375 环推进至531环;断面III 的数据采集则是在 2009 年 12 月 3 日至 2010 年 1 月 14 日这42d 中进行的,共采集31 次数据,盾构隧道从213 环延伸至300 环。图 3-118、图 3-119 所示为数据采集仪器及技术人员洞内采集数据。

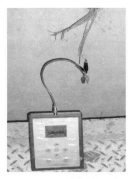
图 3-118　数据采集仪器

图 3-119　技术人员正在采集数据

3.5.2　软硬不均地层试验成果及分析

(1) 软硬不均地层土压力分布规律

测试环刚拼装上时,由于在盾尾的保护之下,并未接触到周围土体以及同步浆液,土压力盒未受到土压力作用,直到试验环脱出盾尾之后,即从拼装后的第 3 环开始,试验环外表面与同步浆液接触,土压力盒开始受到压力的作用。土压力随施工变化曲线如图 3-120 所示。从图中可以看出,当试验环刚脱出盾尾时,各测点的土压力基本上均达到了最大值。这是由于测试环刚离开盾构机外壳的支护时,上覆土压力开始作用于试验环之上,同时测试环外表面还受到盾尾同步注浆压力和盾尾刷刮擦的影响,此时土压力值是部分上覆土压力和注浆压力叠加的结果。由于浆液的初凝时间只有 6h 左右,根据 8 环/d 的施工进度,当试验环为脱出盾尾后的第 2 环时,试验环外周的浆液便开始凝固,其强度和刚度逐渐增大,此时后方的注浆压力对各测点土压力的影响也越来越小,而未释放的上覆土压力则通过凝固后的浆液层作用于测试环,此时的土压力值相较试验环刚脱出盾尾时要小。随着施工的不断进行,土压力值仍存在降低的趋势。这是由于大约到了 20 环左右,浆液达到 70% 的强度,注浆压力基本上对土压力没有影响,同时上覆土层变形逐渐收敛,地层压力通过浆液固结层传递到测试环上的土压力基本保持不变,各测点稳定后的土压力值均小于理论计算值,稳定后的土层压力如图 3-121 所示。由此得出以下结论:

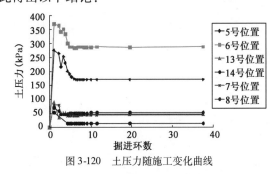
图 3-120　土压力随施工变化曲线

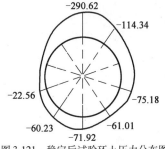
图 3-121　稳定后试验环土压力分布图
（土压力单位:kPa）

① 由于土体软硬程度不一,其侧压力系数和抵抗变形的能力不同,导致试验环左右两侧土压力并不对称,同时拱顶压力比拱底压力大得多。这也证明用上覆土压力等于拱顶上覆土自重的理论计算土压力值,会与实际情况有较大误差。

②在软硬不均地层中盾构施工,当试验环管片脱出盾尾20环,4~5d后,地层达到稳定状态。这是由于软硬不均地层的地质条件较为复杂,存在土体分层现象,各种土体的力学性能差异较大,盾构施工时,土体需要相对较长的时间来完成地层沉降变形,形成拱平衡效应,最终达到稳定状态的过程,同时也证明了在软硬不均地层中盾构施工难度较大。

(2)软硬不均地层管片内力分布规律

当试验管片拼装后,通过试验测得其实际受力状态十分复杂。为了方便理解和计算,在不影响计算结果的前提下,先做两个假定:

①假定管片环向接头对管片受力不影响,管片与管片之间受力连续;

②取管片环向一个计算单元,将弧形管片简化为一矩形单元。

建立矩形单元力学模型,如图3-122所示。根据两个假定,可按偏心受压构件来计算管片环向受力,其中主筋和混凝土共同承担压力,取管片环向1m长度为计算单元。N_1、N_2分别为管片内、外侧单根钢筋轴力;N_c为截面环向混凝土压力的合力;M为环向截面弯矩;a为钢筋保护层厚度,且上下层钢筋的保护层厚度相等,均为35mm。

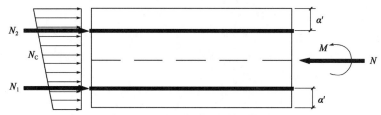

图3-122 管片矩形单元力学模型

根据所测结果,可以已知截面内、外侧混凝土应力值σ_{c1}和σ_{c2},钢筋内、外侧轴力N_1、N_2,管片纵向截面积为A,管片纵截面的轴力由混凝土所受轴力N_c和钢筋所受轴力N_s组成,截面弯矩则由混凝土所受弯矩M_c和钢筋所受弯矩M_s组成。根据静力平衡条件和材料力学压弯组合计算公式,可得力的平衡方程如下:

$$N = N_c + N_s = \left(\frac{\sigma_{c1} + \sigma_{c2}}{2}\right)A + n(N_1 + N_2) \quad (3-59)$$

$$M = M_c + M_s$$
$$= n(N_2 - N_1)\left(\frac{h}{2} - a'\right) + \frac{1}{12}(\sigma_{c2} - \sigma_{c1})Ah \quad (3-60)$$

$$A = bh \quad (3-61)$$

式中:b、h——截面的宽度和厚度(这里b取单个管片幅宽1.5m,h取0.3m);

n——管片内外侧钢筋根数,此处内外侧钢筋根数相等,均为12根。

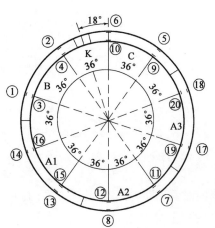

图3-123 试验环管片测点编号图

将采集到的钢筋计频率值代入钢筋轴力和混凝土应变的计算公式,可得到各测点钢筋的轴力和各测点混凝土的应变,根据图3-123所示的试验环管片测点编号图可以得知管片各位置的受力变形情况。钢筋轴力随施工变化曲线和混凝土应变随施工变化曲线分别如图

3-124 和图 3-125 所示。

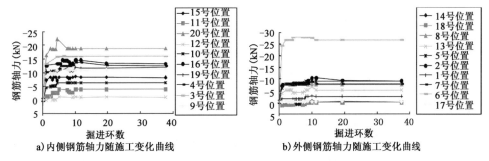

图 3-124　各测点钢筋轴力随施工变化曲线

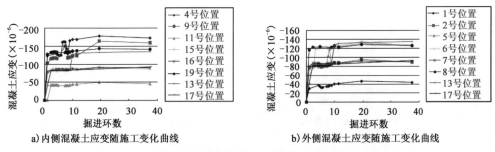

图 3-125　各测点混凝土应变随施工变化曲线

假定实际量测到的单根钢筋轴力代表了此截面单幅管片环向受力筋的应力水平,管片的环向受力筋内、外侧均为 12 根,则将数据代入式(3-59)～式(3-61)后,可得试验环管片刚拼装钢筋所承受的轴力和弯矩,弯矩外侧受拉为正,轴力受拉为正。假定测点位置处的混凝土应变代表了此截面单幅管片环向内侧或外侧的混凝土应变水平,则将数据代入式(3-59)～式(3-61)后,可得混凝土所承受的轴力和弯矩,弯矩外侧受拉为正,轴力受拉为正。根据以上所求的试验环在各阶段时管片钢筋内力和混凝土内力,将其叠加,得到试验环管片在刚拼装、脱出盾尾和达到稳定三个阶段的内力分布,如图 3-126 所示。

试验环管片刚拼装、脱出盾尾时和稳定后的轴力和弯矩各不相同。为了便于比较分析,现将这三种施工阶段的轴力和弯矩数值绘制成表格,见表 3-20。

试验环刚拼装、脱出盾尾和稳定后截面轴力、弯矩值对比　　表 3-20

测点位置	截面轴力(kN)			截面弯矩(kN·m)		
	刚拼装	脱出盾尾	稳定后	刚拼装	脱出盾尾	稳定后
0	-1543.24	-1873.82	-1902.84	7.14	-8.3	0.38
36	-1324.11	-1430.93	-897.46	-26.73	-49.58	-40.85
72	-1406.18	-1691.24	-1201.64	-41.27	-67.22	-75.33
108	-1543.58	-1710.65	-906.26	-18.62	-35.98	-35.64
144	-1798.30	-2070.00	-2325.03	45.91	60.13	53.56
180	-1724.08	-2124.08	-2422.80	16.14	20.36	34.87
216	-1624.08	-2073.22	-2490.84	22.96	45.4	26.26
252	-1600.23	-2081.36	-2046.37	39.86	42.83	40.65
288	-1587.43	-1997.29	-1989.67	88.57	104.02	89.01
324	-1605.42	-1745.91	-1643.91	1.56	18.69	35.46

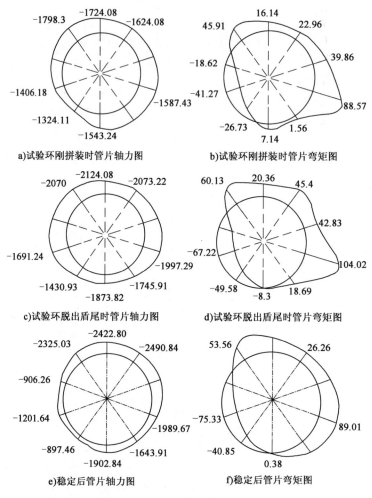

图 3-126 管片内力分布图(轴力单位:kN;弯矩单位:kN·m)

从中可以得出试验环管片刚拼装上时,由于管片还在盾壳的保护下,未受到地层压力和注浆压力的影响,仅受管片自重和千斤顶撑靴的作用,因此试验环内力较小;当管片脱出盾尾时,管片的受力状态发生改变,同步注浆压力、盾尾密封刷和密封油脂压力作用于管片外表面,同时上覆地层压力也通过注浆层作用于管片之上,此时管片处于复杂的三维受力状态下,其内力达到最大值。由于盾构姿态控制的需要,随时要调整千斤顶,由此对管片产生压力差,对管片受力非常不利;当试验环管片拼装上 20 环左右,也就是在拼装后的第四天开始,由于浆液达到 70% 强度,盾尾后方注浆压力基本上不再对试验环有影响,管片内力趋于稳定,稳定后的管片内力一般相较刚脱出盾尾时要小。

(3)软硬不均地层孔隙水压分布规律

为了更准确更方便地测量孔隙水压值,在试验环管片脱出盾构机 5 号台车后安装到管片吊装孔内,水压力随施工变化曲线和各测点布置分别如图 3-127 和图 3-128 所示。从图中可以看出,拱腰处 063 号水压力计稳定后读数为 69.4kPa,拱底处 055 号水压力计读数为 94.9kPa,两者相差 25.5kPa,与理论计算的 30kPa 相差 15%;拱腰处 066 号水压力计稳定后读数为

63.5kPa，拱底处 064 号水压力计读数为 89.5kPa，两者相差 26kPa，与理论计算的 30kPa 相差 13.3%。这部分差距可能由于靠近拱底较完整的微风化岩层形成了一层不易透水的隔水层，阻隔了地下水的向下渗入，引起水头损失。

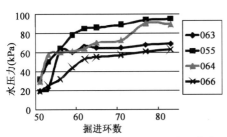

图 3-127　各测点孔隙水压力随施工变化曲线

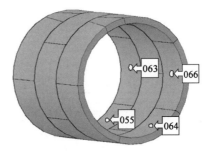

图 3-128　水压力测点布置图

由此可以得出软硬不均地层中盾构管片孔隙水压的分布规律：地下水压力的大小与水力梯度、渗透系数、渗透速度以及渗透时间有关。在水压力计刚装上后，各测点水压力值逐渐增大，大约两天左右，孔隙水压力值趋于稳定。这是由于该地段的强风化凝灰质砂岩及中风化凝灰质砂岩强度和硬度不同，地层与地层之间形成具有可供地下水流通的分界面甚至是过水通道，凝灰质砂岩内也分布有密密麻麻的相互连通的裂隙，其间储存着部分基岩裂隙水。因此，当局部地下水损失时，周围的地下水会由于水头差的存在而不断补给过来，直至达到水力平衡状态。上部软岩层为较易透水的地层，地下水压能够准确地反映出来，但是下部硬岩层则相当于形成了一个不易透水的隔水层，会阻隔地下水向下渗透。

3.5.3　黏土地层试验成果及分析

（1）黏土地层土压力分布规律

测试环刚拼装上时，在盾壳的保护下，并未接触到围岩和同步浆液，直到试验环管片脱出盾尾之后，土压力盒迎土面才开始受到压力的作用。土压力随施工变化曲线如图 3-129 所示。从图中可以看出，当试验环刚脱出盾尾时，各测点的土压力基本上均达到了最大值，因为测试环刚离开盾构机壳体的支护时，上覆土压力便开始作用于试验环上，同时测试环外表面还受到盾尾同步注浆压力的影响，此时土压力值是部分上覆土压力和注浆压力叠加的结果，达到其最大峰值。随着试验环外周的浆液凝固，其强度和刚度逐渐增大，此时后方的注浆压力对各测点土压力的影响也越来越小，而未释放的上覆土压力则通过凝固后的浆液层作用于测试环。随后土压力值仍存在降低的趋势，注浆压力基本上对土压力没有影响，同时上覆土层变形逐渐收敛，地层压力通过浆液固结层传递到测试环上的土压力基本保持不变，各测点稳定后的土压力值均小于理论计算值，稳定后的土层压力如图 3-130 所示。由此得出以下结论：

①由于土体为性质单一、渗透系数较低的砾质黏性土，其同步注浆效果较好，试验环各位置的土压力分布较为均衡。管片稳定后，拱顶受到竖直向下的土压力作用，而管片左右两侧所受主要为水平土压力，因此，左右两侧土压力相对较小，但由于存在注浆压力的影响，靠近注浆孔的拱底左右两侧的位置土压力也比较大，同时拱顶压力比拱底压力大得多。这也证明用上覆土重等于拱顶上覆土自重的理论计算土压力值会与实际情况存在较大误差。

②在砾质黏性土地层中盾构施工,当试验环管片脱出盾尾15环,3~4d后,地层基本上已经达到稳定状态了。由于地质条件单一,土体力学性能一致,盾构开挖后,地层会在较短的时间内完成地层沉降变形,形成拱效应,从而达到稳定状态。

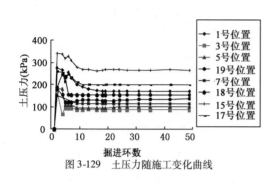

图3-129 土压力随施工变化曲线

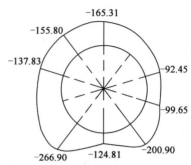

图3-130 稳定后试验环土压力分布图
（土压力单位:kPa）

(2)黏土地层管片内力分布规律

根据前述上软下硬地层内力计算的方法来计算黏土地层管片内力,根据计算结果可得到试验环管片在刚拼装、脱出盾尾和达到稳定三个阶段的内力分布,如图3-131所示。

从图中可以得出,试验环管片刚拼装上时,在盾体内未受到地层压力和注浆压力的影响,仅受管片自重和千斤顶撑靴的作用,因此试验环内力较小;当管片脱出盾尾时,管片的受力状态发生改变,同步注浆压力、盾尾密封刷和密封油脂压力作用于管片外表面,同时上覆地层压力也通过注浆层作用于管片之上,此时管片处于复杂的三维受力状态下,其内力达到最大值。由于盾构姿态控制的需要,随时要调整千斤顶,由此对管片产生压力差,对管片受力非常不利;当试验环管片拼装上15环左右,也就是在拼装后的第三天开始,由于浆液达到60%~70%设计强度,盾尾后方注浆压力基本上不再对试验环有影响,管片内力趋于稳定,稳定后的管片内力一般相较刚脱出盾尾要小。

试验环管片刚拼装、脱出盾尾时和稳定后的轴力和弯矩各不相同。为了便于比较分析,现将这三种施工阶段的轴力和弯矩数值绘制成,见表3-21。

试验环刚拼装、脱出盾尾和稳定后截面轴力、弯矩值对比　　　　表3-21

测点位置	截面轴力(kN)			截面弯矩(kN·m)		
	刚拼装	脱出盾尾	稳定后	刚拼装	脱出盾尾	稳定后
0	-1543.24	-1873.82	-1902.84	7.14	-8.3	0.38
36	-1324.11	-1430.93	-897.46	-26.73	-49.58	-40.85
72	-1406.18	-1691.24	-1201.64	-41.27	-67.22	-75.33
108	-1543.58	-1710.65	-906.26	-18.62	-35.98	-35.64
144	-1798.30	-2070.00	-2325.03	45.91	60.13	53.56
180	-1724.08	-2124.08	-2422.80	16.14	20.36	34.87
216	-1624.08	-2073.22	-2490.84	22.96	45.4	26.26
252	-1600.23	-2081.36	-2046.37	39.86	42.83	40.65
288	-1587.43	-1997.29	-1989.67	88.57	104.02	89.01
324	-1605.42	-1745.91	-1643.91	1.56	18.69	35.46

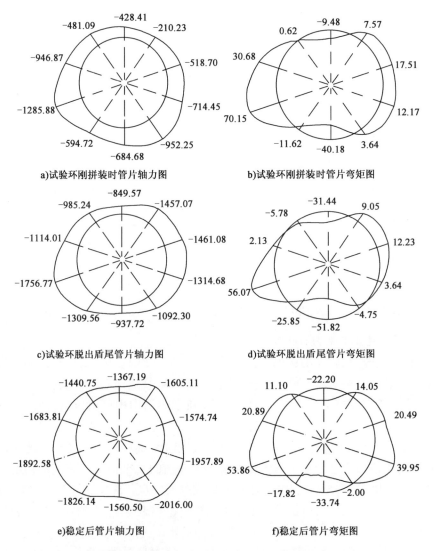

图 3-131　管片内力分布图(轴力单位:kN;弯矩单位:kN·m)

(3)黏土地层孔隙水压分布规律

水压力随施工变化曲线和各测点布置分别如图 3-132 和图 3-133 所示。从图中可以看出,075 号孔隙水压力计埋设于拱底混凝土中,水压力为 125kPa,即有 12.5m 的水头压力,这个值比实际的 170kPa 水压力小了 45kPa,偏小 26.5%;同时 054 号孔隙水压力计埋设于拱腰位置,其埋深为 19m,水压力也达到 115kPa,两个测点的水压力值相差仅为 10kPa,比实际的 20kPa 水压力差值小了 50%。产生水头损失的主要原因是隧道拱底处渗透系数较小的砾质黏性土部分阻隔了地下水的流通,导致水压力不能完全向下传导;同时由于封堵水压力计与管片注浆孔之间的缝隙用的是能够透水的棉纱,因此有部分水压力流失。

由此可以得出黏土地层中盾构管片孔隙水压的分布规律:地下水压力的大小与水力梯度、渗透系数、渗透速度以及渗透时间有关。由于黏土颗粒较小,孔隙水主要为结合水,水和土颗粒黏结在一起,使孔隙水透水性弱、不能有效传递静水压力,地下水的补给速度相对较慢,导致各测点水压力值缓慢上升,大约60h,孔隙水压力才趋于稳定,比软硬不均地层中水压力达到稳定时所需的时间长。这是由于隧道拱底处渗透系数较小的砾质黏性土未能形成有效的过流通道,阻隔了地下水的流通,水压力不能完全向下传导,导致拱底和拱腰处的实际水压力差值比理论上的差值小。同时地下水压会受降雨的影响,下雨过后,地下水位上升,水压力增大。

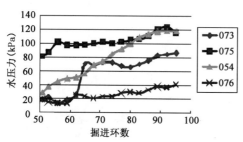

图3-132 各测点孔隙水压力随施工变化曲线

图3-133 水压力测点布置图

3.5.4 近接桩基管片力学特性试验成果及分析

(1)近接桩基时管片土压力分布规律

测试环刚拼装上时,在盾壳的保护下,并未接触到围岩和同步浆液,直到试验环管片脱出盾尾之后,即从拼装后的第3环开始,试验环外表面与同步浆液接触,土压力盒迎土面开始受到压力的作用。土压力随施工变化曲线如图3-134所示。从图中可以看出,当试验环刚脱出盾尾时,各测点的土压力基本上均达到了最大值,因为测试环刚离开盾构机壳体的保护时,地面建筑物自重便通过上覆土体开始作用于试验环上,同时测试环外表面还受到盾尾同步注浆压力的影响,此时土压力值是上覆土压力和注浆压力叠加的结果。由于浆液的初凝时间只有约6h,根据8环/d的施工进度,当试验环脱出盾尾3h后,同步浆液便开始凝固,其强度和刚度逐渐增大,此时盾尾的注浆压力对试验环土压力的影响也越来越小,未释放掉的上覆土压力通过凝固后的浆液层作用于测试环,由于缺少注浆压力的影响,此时的土压力值相较试验环刚脱出盾尾时要小。随着盾构施工的进行,土压力值仍表现出不断降低的趋势,这是由于大约到了20环左右,浆液已经达到其设计强度的一半以上,注浆压力基本上对土压力没有影响,同时上覆土层变形逐渐收敛,地层压力通过浆液固结层传递到测试环上的土压力基本保持不变,各测点稳定后的土压力值均小于理论计算值,稳定后的土层压力如图3-135所示。由此得出以下结论:

①由于隧道埋深较大,达到将近20.5m,同步注浆效果较好,试验环各位置的土压力分布较为均衡。试验环拱顶与建筑物桩基最近只有1.137m,管片脱出盾尾后,桩基荷载将传递给隧道上部土体,最后传递至衬砌管片。拱顶受到竖直向下的较大压力作用,而管片左右两侧所受主要为水平土压力,因此,左右两侧土压力相对拱顶土压力较小,但由于存在注浆压力的影响,靠近4个注浆孔位置土压力也比较大,同时拱顶压力比拱底压力要大很多。这也证明用上覆土重等于拱顶上覆土自重的理论计算拱底地基反力时偏保守。

②在近接桩基盾构施工中,当试验环管片脱出盾尾20环,4~5d后,地层基本上就达到稳定状态了。盾构管片脱出盾尾后,地面建筑物荷载并不是瞬时传递到管片衬砌之上,而是一个

循序渐进的过程,建筑物桩基在发生少量沉降变形的同时,逐渐将大部分建筑物荷载传递给管片,直到最后形成拱平衡效应,到达力的平衡状态。

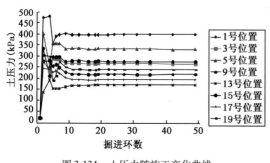

图 3-134 土压力随施工变化曲线

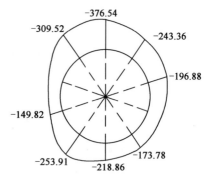

图 3-135 稳定后试验环土压力分布图
(土压力单位:kPa)

(2)近接桩基时管片内力分布规律

根据前述上软下硬地层内力计算的方法来计算黏土地层管片内力,根据计算结果可得到试验环管片在刚拼装、脱出盾尾和达到稳定三个阶段的内力分布,如图 3-136 所示。

从上图中可以得出,试验环管片刚拼装上时,由于管片还在盾壳的保护下,未受到地层压力和注浆压力的影响,仅受管片自重和千斤顶撑靴的作用,因此试验环内力较小;当管片脱出盾尾时,管片的受力状态发生改变,同步注浆压力、盾尾密封刷和密封油脂压力作用于管片外表面,同时地面建筑物自重荷载通过桩基传递至上覆地层,最后通过注浆层作用于管片之上,此时管片处于复杂的三维受力状态下,其内力达到最大值。由于盾构姿态控制的需要,随时要调整千斤顶,由此对管片产生压力差,对管片受力非常不利;当试验环管片拼装上 20 环以上,即在拼装后 4~5d,浆液达到约 70% 设计强度,盾尾后方注浆压力基本上不再对试验环有影响,管片内力趋于稳定,稳定后的管片内力一般相较刚脱出盾尾时要小,而比刚拼装上时大。由于隧道上方的建筑物自重荷载的存在,试验环管片受到较大的附加应力作用,管片内力相较没有上覆建筑物时,要大得多,同时证明此处使用加强型 TD 环管片的设计是合理的。

试验环管片刚拼装、脱出盾尾时和稳定后的轴力和弯矩各不相同。为了便于比较分析,现将这三种施工阶段的轴力和弯矩数值绘制成表 3-22。

试验环刚拼装上、脱出盾尾和稳定后截面轴力、弯矩值对比   表 3-22

测点位置	截面轴力(kN)			截面弯矩(kN·m)		
	刚拼装	脱出盾尾	稳定后	刚拼装	脱出盾尾	稳定后
0	-1031.69	-1359.18	-1604.25	20.19	-22.76	-53.18
36	-1110.41	-1685.51	-1793.27	-4.33	-8.97	-1.83
72	-1197.52	-1800.30	-2277.95	11.28	45.29	69.34
108	-1433.23	-2503.01	-2585.25	44.85	33.77	31.42
144	-1565.40	-2199.25	-2478.22	2.00	-10.71	-13.56
180	-1160.79	-2428.33	-2664.25	-24.40	-34.31	-80.46
216	-937.45	-2356.86	-2240.88	-13.49	5.94	-0.84
252	-1286.26	-2154.31	-2584.06	20.62	32.23	55.08
288	-744.43	-2414.68	-2371.75	55.98	34.63	27.79
324	-1134.65	-1871.63	-2110.60	3.64	-7.68	-12.19

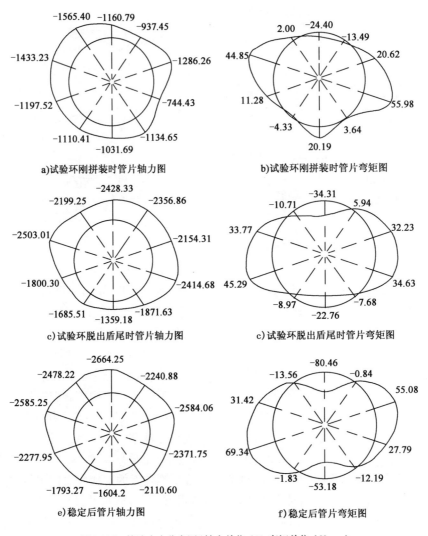

图 3-136 管片内力分布图(轴力单位:kN;弯矩单位:kN·m)

(3)近接桩基地层孔隙水压分布规律

水压力随施工变化曲线和各测点布置分别如图 3-137 和图 3-138 所示。从水压力分布曲线可以看出,072 号孔隙水压力计埋设于拱底右侧混凝土中,拱底水压力为 210kPa,具有 21m 的水头压力,此水压力值与理论值十分相近。这是由于岩层较为破碎,有大量的过水通道和裂隙,地下水压力值能够准确地由孔隙水压力反映出来。

由此可以得出近接桩基时盾构管片孔隙水压的分布规律:地下水压力的大小与水力梯度、渗透系数、渗透速度以及渗透时间有关。各测点水压力值上升速度较快,在孔隙水压力计安装上 24h 后水压力值便趋于稳定。这是由于该试验环处于全风化和强风化花岗岩层中,岩层较破碎且极度发育,岩层中有很多地下水赋存带,可储存大量的基岩裂隙水和松散岩类孔隙水,同时岩层间形成可供地下水流通的分界面。因此,当地下水损失时,其他位置的地下水能够以较快的速度补给过来,直到水压力差消失,最终达到水力平衡状态。该断面埋深较大,同时距离预设集水池的位置不远,只有约100m,为隧道的较低点,整个隧道的地下水会积聚于此,这也将导致该断面水压力增大。

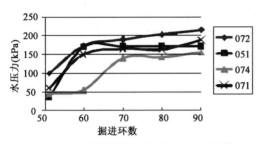

图3-137 各测点孔隙水压力随施工变化曲线

图3-138 水压力测点布置图

第4章 深圳地铁盾构隧道技术应用工程实例

4.1 黏土地层应用工程实例

4.1.1 工程概况

5301标前临区间通过填海片区淤泥层,结构松软,承载力低,含水率高,容易产生触变、流变。盾构机主要在淤泥层下黏性土层中通过,如图4-1所示。盾构机掘进时会对地层产生较大扰动,引起地基变形和失稳;刀盘中心区域容易结泥饼,造成掘进速度降低、切削扭矩增大,同时造成土舱内温度升高,影响主轴承密封的寿命,严重时会造成主轴承密封老化破坏。螺旋输送机由于排土不畅而无法形成土塞,排土口易产生喷涌,由于上层淤泥土流变性强,易下陷,可能会造成开挖面失稳,引发地层坍塌。

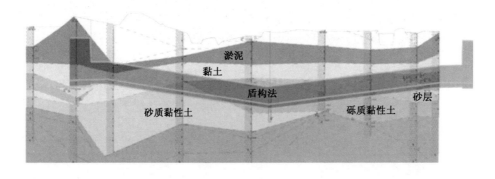

图 4-1　前临区间地质断面图

4.1.2 盾构掘进技术措施

为了避免刀盘结泥饼,刀箱被糊,进而出现刀具偏磨,掘进过程中表现为推力大、速度低、扭矩变化不灵敏;渣土呈块状,基本不具有流动性,渣土温度偏高,严重时出现出渣口冒白气甚至阻塞螺旋机等症状,应按照以下施工措施进行操作。

(1)浅埋隧道施工、刀盘开口率小于40%并且地层标贯值大于20的情况下,即地层相对自稳时,设定的出土压力不宜超过主动土压,并且最好控制在 0.1MPa 以下,即宜采用欠土压平衡模式掘进。

(2)控制土舱压力,在保证地面安全的情况下,掘进的过程中可以适当降低土舱压力,若地层稳定性较差,但隔气性较好时,宜采用辅助气压作业,掘进也宜采用欠土压平衡模式。

(3)控制掘进速度小于 60mm/min,关注连续几环的参数变化,尤其注意推力和扭矩的变化,黏土地层掘进参数如图 4-2 所示。

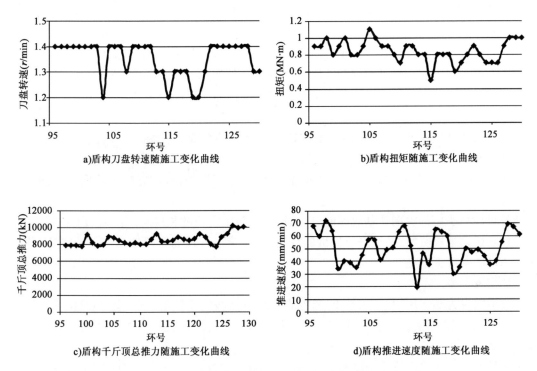

图 4-2 盾构在黏土地层中的掘进参数

(4)特别注重渣土改良及时关注渣土温度变化情况,避免掘进过程中不出渣,向土舱挤土,保证足够的加水量及添加剂注入量。

(5)长时间掘进或是发现有糊刀盘或结泥饼的征兆时,应停机加水并向刀盘前方注入分散剂空转刀盘,采用冷却措施,避免土舱高温高热。

4.1.3 形成泥饼的原因及防止对策

探究泥饼的成因,应从地质、盾构机选型及施工等三个方面着手,其中地质是客观自然的因素,是形成"泥饼"的基础。

(1)地质因素

易在盾构掘进过程中形成泥饼的地层有:可塑、硬塑状的黏土类地层、黏土质砂土地层、泥岩、泥质粉砂岩、母岩为花岗岩的残积土层、全风化岩层和强风化岩层等。深圳盾构施工形成泥饼的地层,富含黏土矿物。其原因是深圳地铁5302标沿线的地层主要为形成于7000万年以前的"燕山期"花岗岩,其基岩(原始的)的主要矿物成分为石英、斜长石和正长石三种,其中作为稳定矿物的石英含量约25%,不稳定矿物长石类超过55%。黏土矿物是泥饼形成的物质基础,并且易在黏土矿物含量超过25%的各类地层中形成。

(2)盾构机选型

当然,黏土矿物含量超过25%的各类地层仅是泥饼形成的物质基础,盾构机是否制造泥饼关键还在于盾构机选型。与泥饼形成有关的盾构机主要系统有刀盘系统、密封舱和搅拌系统、螺旋输送器出土系统等。刀盘系统决定着地层的破碎机理,它将原始的呈整体的地层破碎成大小不等的碎屑和粉末。其中,刀盘刀具的数量、布置形式、开口率、刀盘转速等对切削下来的碎屑或粉末的性质影响最大。海瑞克盾构机刀盘的滚刀高出面板175mm,齿刀高出面板140mm,滚刀和齿刀的高差超过35mm,层次明显,能够充分发挥各类刀具的使用效率,不易产生泥饼。在密封舱内安装搅拌棒对防止结泥饼也能起到作用,搅拌棒的设置还利于螺旋输送器出土,螺旋输送机伸入舱内深度越长排土效果越好,越不易形成泥饼。

(3)施工因素

一旦盾构机从始发井掘进,预防形成泥饼的责任就落到施工措施上。从施工角度来说,"制造"泥饼的因素有:对地质条件的误判(认知问题),设定过高的出土压力,未用或未针对性使用渣土改良剂,没有及时适量地注水,盾构机长期运作产生的高温高热,土舱保压时间过长等等。

通过对典型事例的解剖及其成因的分析研究,预防结泥饼的相应对策概括如下:

①认真研究地质资料,是选好盾构机的基础;施工全过程现场跟踪地质条件的变化,并根据地质条件改善施工措施。

②盾构机选型。

当隧道洞身为黏土层、黏土质砂土层、泥岩、泥质粉砂岩、残积花岗岩、全、强风化花岗岩等软岩类(小于30MPa)地层,并且黏土矿物含量超过25%时,盾构机选型需考虑预防结泥饼的(措施)设施,诸如:

• 刀具的布置要层次清楚,其中滚刀和括刀的高差宜大于35mm;刀盘中心区直径2.0m范围内少设或不宜设置滚刀,可尽可能增大开口率,也可设置独立驱动的中心子刀盘或高出面板40cm以上的中心刀群,刀盘的扭矩也应相应增大。

• 宜设置搅拌棒,尤其是能进行注泥浆、注泡沫、注水的固定搅拌棒必须设置,位置宜设计在轴承密封圈内侧。

• 舱体的容积(即密封舱的宽度)宜设计为25~30之间(就直径5~7m的盾构而言)。

• 螺旋输送器的伸入长度宜超过密封舱宽度的一半以上。

• 装备有泡沫生产机、辅助气压作业和盾构机冷却设备等。

4.2 上软下硬地层应用工程实例

软硬不均地层中,由于地层岩性变化较大,局部存在不均匀风化夹层,致使盾构掘进姿态控制困难,易发生盾构机向上偏移事故且易造成刀口折断,同时工况转换频繁也对地层产生扰动,易造成较大地表变形。

4.2.1 工程概况

5302标工程西起翻身站(DK4+196.04),终点到兴东南明挖段(DK7+534.91),全标段长3339m。区间盾构隧道主要穿越砾质黏性土、全风化花岗岩石、强风化花岗岩,部分穿越中、微风化岩层(地质纵断面见图4-3)。盾构隧道穿越地层同一断面软硬不均现象突出,而且存在不均匀现象,且变化频次多,硬岩单轴抗压强度高达154MPa。

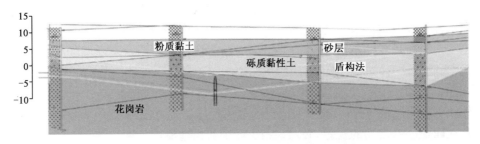

图4-3 洪浪—兴东盾构区间隧道地质纵断面图

4.2.2 盾构施工主要难点及原因分析

(1)地面沉降

在软硬不均地层中开挖时,软岩强度小,稳定性差,易于切削;硬岩部分强度较高不易切削。当上部软岩自稳能力很差时,由于掘进对地层的扰动,使软土地层容易液化,导致掌子面坍塌,引起地面不均匀沉降。施工时可适当降低盾构机推力及刀盘扭矩,减小对地层的扰动,可采用半敞开模式或土压平衡模式掘进,然后向土舱注入压缩空气或泡沫等人工材料辅助进行开挖,既可以防止上部掌子面坍塌又利于检查清理刀盘和更换刀具。同时,加强沉降监测和出渣量管理,保证掘进顺利进行。

(2)刀具磨损

在软硬不均地层中采用盾构法施工时,刀具在软硬不均岩面作周期性碰撞,刀盘受到的冲击力很大,容易造成局部刀具受力超载,刀盘和轴承受偏心荷载作用致使主轴承受损或主轴承密封被破坏。同时,由于切削所释放的热量高,导致刀盘刀具温度升高,加速了刀盘刀具的磨损速度,对盾构机工作状态非常不利。为此,在确保掌子面稳定的前提下,需要进入渣舱内了解工作面软硬不均程度,以确定掘进推力的大小,避免刀具超载工作而受破坏。盾构机掘进时,应注入足量的泡沫或膨润土改良渣土,增加渣土的流塑性,减轻对刀具的磨损,减少换刀频率,提高掘进效率。

(3)隧道轴线偏离设计轴线

在软硬不均地层中,土体性质极不均匀,致使盾构掘进姿态控制困难,容易引起盾构施工轴线偏离设计方向,盾构掘进控制难度大。引起轴线偏离的主要原因有:

①地质条件。开挖断面内岩石软硬不均,在软硬岩交界处推力和扭矩变化较大,盾构机有向地层较软一侧偏移的惯性。因此,应根据掘进面地层变化情况,设定合理的掘进参数。

②滚动偏差。刀盘切削土体的扭矩主要由盾构壳体与洞壁之间的摩擦力矩来平衡。当摩擦力矩无法平衡刀盘扭矩时将引起盾构体的滚动,过大的滚动将会引起隧道轴线的偏斜。

③测量误差。主要由仪器及人为因素引起的,可通过多级测量复核予以消除。

4.2.3 穿越软硬不均地层盾构施工技术措施

(1)探明工程地质情况

设计选线时应尽量避开软硬不均地层,使隧道位于均质地层中,以减少盾构施工的风险。施工前必须掌握工程地质及水文地质情况,为科学选择掘进参数提供依据,减少施工的盲目性。盾构施工前期进行多次补充地质勘察工作,能够摸清软硬不均地层地段的工程地质及水文地质情况,为施工预案的制定提供可靠的依据。

(2)掘进模式选择

由于软硬不均地层是一种特殊的地质,既有软岩地层的不稳定性,又具有硬岩的强度。为确保地表及地面建(构)筑物的稳定,必须采用土压平衡掘进模式。

(3)掘进参数选择

在软硬不均地层中掘进,局部岩石硬度较高,硬岩处刀盘的滚刀受力较大,而软岩部分只需对掌子面进行切削即可破坏土层,但局部硬岩对刀具即刀盘的损伤较大,应适当降低刀盘转速,刀盘的转速要控制在 1.0r/min 左右。土压力的设定需要考虑多方面的因素,以静止土压力为计算依据,结合 10~20kPa 的预备压力设置。为了防止盾构机抬头,掘进过程中适当加大顶部千斤顶的顶推力。要保证掌子面的稳定性,需要保持较高的土压。要求螺旋输送机的出渣量小,转速一般保持在 3~8r/min 之间。

(4)刀具布置

在刀具的布置上,增加边缘滚刀的数量,减小刀间距,增强边缘的破岩能力;同时,利用安装在刀盘上的超挖刀,便于掘进方向发生偏差时能够对硬岩进行超挖,及时纠正偏差,确保盾构机前进方向与隧道设计轴线一致。

(5)盾构掘进方向控制

由于地层软硬不均、隧道曲线和坡度变化以及操作等因素的影响,盾构推进不可能完全按照设计的隧道轴线前进,而会产生一定的偏差。当这种偏差超过一定界限时,就会使隧道衬砌侵限、盾尾间隙变小使管片局部受力恶化,并造成地层损失增大而使地表沉降加大。因此,盾构施工中采取有效技术措施控制掘进方向,及时有效纠正掘进偏差。

①采用 SLS-T 隧道自动导向系统和人工测量辅助进行盾构姿态监测。采用分区操作盾构机推进油缸控制盾构掘进方向。

②根据线路条件所做的分段轴线拟合控制计划、导向系统反映的盾构姿态的信息,结合隧道地层情况,通过分区操作盾构机的推进油缸来控制掘进方向。

③在上坡段掘进时,适当增大盾构机下部油缸的推力和速度;在下坡段掘进时,适当增大盾构机上部油缸的推力和速度;在左转弯曲线段掘进时,适当增大盾构机右部油缸的推力和速度;在右转弯曲线段掘进时,适当增大盾构机左部油缸的推力和速度;在直线段掘进时,尽量使所有的推力和速度保持一致。

④在均匀的地质条件下,保持所有油缸推力和速度一致;在软硬不均的地层掘进时,根据不同地层在断面的具体分布情况,遵循硬地层一侧推进油缸的推力和速度适当加大,软地层一侧推进油缸的推力和速度适当减小的原则。

⑤采用使盾构刀盘反转的方法,纠正滚动偏差。滚动允许偏差为3°;当超过3°时,盾构机报警,提示操纵者必须切换刀盘旋转方向,进行反转纠偏。

(6)科学更换刀具

在软硬不均地层中盾构施工,为了保护盾构机刀盘和确保刀具磨损达到极限值时能够及时换刀,应注意总结刀具在类似地层中的磨损规律,超前制订刀具配件计划,并结合工程地质及地面环境等因素,提前确定开舱检查刀具的位置,做到开舱的计划性、可控性。在软硬不均及硬岩地层施工时,当边缘滚刀磨损量在15mm、正面区滚刀磨损量在20mm、中心区滚刀磨损量在20~25mm时需要进行更换;当刮刀合金齿缺损达到一半以上或耐磨层磨损量达2/3以上时需要进行更换。

(7)监控量测

盾构推进过程中要加强施工监测,通过盾构机采集信息和地面监测信息相互校核,更好地指导施工,为区间隧道的顺利贯通提供安全和质量保证。地面监测项目包括线路地表沉降观测、沿线邻近建筑物变形测量和地下管线变形测量。

4.3 花岗岩球状风化体地层应用工程实例

4.3.1 工程概况

本工程在宝翻区间、翻灵区间和民五区间盾构线路均遇到孤石。宝翻区间盾构隧道开挖范围以砂质黏性土和砂层为主,拱顶以上地层以杂填土、淤泥、粉质黏性土为主。根据勘察报告,本区间左线发现5块孤石,其中2块孤石位于隧道范围内;右线发现6块孤石,其中3块孤石位于隧道范围内。

翻灵盾构区间隧道上覆坡积层、冲洪积层,地表为人工填土层。由于花岗岩在成岩、后期构造作用和风化的不均一性,导致花岗岩风化不均,存在孤石。据统计,本区间左线和右线共有8个较大的孤石位于隧道开挖断面内,翻灵区间隧道主要穿越的岩层为砾质黏性土和全风化花岗岩,含水丰富并且与海水存在动力联系,同时隧道下穿诸多构建筑物,如碧海花园、创业立交桥、107国道、宝安汽车站、白金酒店、海明宾馆、宝民路等。

民五盾构区间上覆第四系填土、坡积黏土、残积层,下伏风化花岗岩体,区间隧道穿越地层主要为砾质黏性土和全风化花岗岩。左右线各存在19个球状风化体,球状风化体强度为150~180MPa,地表主要为福盈公路及平南铁路基边。

4.3.2 孤石的物理性质及主要特征

孤石属于花岗岩残积土的不均匀风化,包括囊状风化岩和球状风化岩。本工程盾构隧道工程中孤石主要表现形式为球状风化,即残积土中存在球状中等风化、微风化岩体。一般于地形平缓、风化带厚度较大的地区较发育。风化球一般见于残积土的下部。孤石形状各异,大小从几十公分到几米,单轴抗压强度大部分为 80～200MPa 之间。相对周边的风化土体,孤石的强度要大得多,主要赋存在花岗岩的全风化、强风化岩体当中。其空间分布具有较大的随机性,很难找到规律性。

孤石的主要特征:
(1)孤石分布在残积层中,具有一定的隐蔽性。
(2)从外观上看孤石一般呈"球形",因而可用其"直径"判断其大小。
(3)孤石内无节理裂隙,岩质由中风化—微风化岩组成。
(4)从平面及空间上看,孤石在残积层中分布无规律性,为施工处理带来了一定的难度。
(5)孤石由岩石组成,其周围为残积土,力学性质不均匀。

本工程中,从土舱取出的孤石见图 4-4。

a)从土舱中清理出的球形孤石　　　　b)从土舱中取出的块状孤石

图 4-4　土舱中取出的孤石

4.3.3　孤石形成的原因及其探测

(1)孤石形成的原因

孤石形成主要有两个方面原因:一是由人工回填造成的存在于回填土层中的大孤石;二是由于岩石岩性不均匀、抗风化能力差异大,加之断裂构造发育及岩体的次生裂隙导致岩体破碎,抗风化能力减弱,在深程度风化情况下所形成的。当花岗岩中发育有几组交叉的节理时节理把岩石分割成棱角形块,风化特别集中在三组节理相交的棱角部位,风化速度快,久而久之,棱角逐渐被圆化。风化作用不断进行时,愈趋于使岩块变圆,形成球状花岗岩孤石。

(2)孤石探测

为确保探明孤石的分布情况,采用以钻探为主、多种方法联合运用相互印证的综合探测方案。在工程初勘和详勘工作成果基础上,首先采用物探的方法沿隧道中轴线进行勘探,大致探出盾构隧道中轴线洞身及上下一定深度影响范围内孤石的分布、发育情况和接触关系等。然后结合区间隧道中线和开挖轮廓线,根据物探确定的孤石位置,布设地质探孔,进行取芯补勘。翻灵区间右线孤石分布如图 4-5 所示。

补勘孔沿线路中线间距 10m 布置。具体步骤是在揭露有孤石存在的区域中心利用原来的物探孔打眼,根据所取芯样中岩层的情况判别补勘范围是否要向外延伸或向内缩进,再沿纵横向轴线增加新补勘孔,直至探明孤石的大小及分布范围。如果地质钻显示下方有孤石,以第一个地质探下钻点为中心,以 2m 为半径画圆,然后在圆上的四个方向上定出四个点位分别下钻继续勘探,直到确定出孤石的具体位置、大小、埋深、强度以及孤石周围的地层的软硬程度,并认真核对是否和详勘地质报告所提供的地质情况相符,探明后记录孤石的起止里程并在地面用红油漆标注清楚。根据物探和补勘结果,本工程各区间孤石统计及孤石分布情况见表4-1~表4-4。

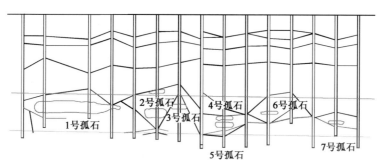

图4-5 翻灵区间右线孤石分布图

宝翻区间孤石统计表　　　　　　　　　　表4-1

孤石编号	里程	孤石大小(m)	强度(MPa)	与隧道关系
Z1	ZDK3+755.513	1.0	56.4	隧道外
Z2	ZDK3+765.513	2.0	39.3	隧道外
Z3	ZDK3+775.513	0.9	75.4	隧道外
Z4	ZDK3+795.513	0.5	128.7	隧道内
Z5	ZDK3+815.513	0.6	141.2	隧道内
Y1	YDK3+700.066	1.0	116.5	隧道外
Y2	YDK3+750.066	0.7	42.6	隧道外
Y3	YDK3+770.066	3.5	14	隧道内
Y4	YDK3+780.066	2.2	68	隧道外
Y5	YDK3+810.066	2.6	49.8	隧道内
Y6	YDK3+820.066	1.6	76.5	隧道外
Y7	YDK3+850.066	2.0	115.1~161.7	隧道内

翻灵区间孤石统计表　　　　　　　　　　表4-2

孤石编号	里程	纵向长度(m)	高度(m)	强度(MPa)	孤石深度(m)	隧道中心深度(m)	与隧道断面关系
1	YDK4+259	8	1.8	103~163	14~15.8	15.82	上半断面
2	YDK4+266	2	1.3	146.1	15.4~16.7	16	隧道中间
3	YDK4+268	1	0.3	108.6	14.7~15	16.1	上半断面
4	YDK4+300	1	0.4	45.4	16.5~16.9	16.9	隧道中间
5	YDK4+300	2	1	129.1	17.2~18.2	16.9	隧道中间
6	YDK4+304	1	0.3	191.5	15.5~15.8	17	上半断面
7	YDK4+310	1	0.3	186.2	17.2~17.5	17.2	隧道中间
8	ZDK5+205	2	0.8	178.5	17.3~18.1	15.4	下半断面

民五区间左线孤石统计表 表4-3

序　号	大小(m)	风 化 程 度	中心埋深(m)	与隧道关系
1	6	微风化	20.6	球体顶部伸入隧道1.6m
2	3	中风化	19.4	球体顶部伸入隧道2.6m
3	8	微风化	18.4	球体横穿隧道
4	10	微风化	18.1	球体横穿隧道
5	5	微风化	19.0	球体位于隧道内偏上
6	8	微风化	18.1	球体横穿隧道
7	3	微风化	24.2	球体顶部伸入隧道0.8m
8	5	微风化	22.7	球体位于隧道内底部
9	6	微风化	16.6	球体底部伸入隧道3.7m
10	6	微风化	20.9	球体顶部伸入隧道4.5m
11	4	微风化	23.9	球体顶部伸入隧道3.5m
12	5	微风化	23.6	球体位于隧道内
13	4	微风化	25.8	球体底部伸入隧道2.6m
14	5	微风化	25.0	球体底部伸入隧道2.5m
15	3	中风化	24.0	球体位于隧道内顶部
16	6	微风化	20.0	球体底部伸入隧道2.9m
17	6	微风化	20.7	球体底部伸入隧道4.0m
18	3	微风化	10	球体顶部伸入隧道1.5m
19	8	中风化	17.6	球体位于隧道内顶部

民五区间右线孤石统计表 表4-4

序　号	大小(m)	风 化 程 度	中心埋深(m)	与隧道关系
1	3	中风化	16.4	球体底部伸入隧道2.4m
2	3	中风化	18.3	球体位于隧道内
3	3	中风化	19.7	球体位于隧道内
4	4	微风化	19.0	球体位于隧道内
5	5	微风化	21.4	球体位于隧道内底部
6	4	中风化	21.8	球体位于隧道内底部
7	5	微风化	20.9	球体位于隧道内底部
8	6	微风化	36.3	球体位于隧道内顶部
9	4	中风化	29.4	球体底部伸入隧道3.2m

续上表

序　号	大小(m)	风化程度	中心埋深(m)	与隧道关系
10	5	微风化	27.8	球体底部伸入隧道3.3m
11	4	中风化	26.4	球体底部伸入隧道2.4m
12	3	微风化	21.3	球体底部伸入隧道0.9m
13	7	微风化	20.6	球体底部伸入隧道5.8m
14	4	微风化	20.2	球体位于隧道内
15	4	微风化	19.9	球体底部伸入隧道2.6m
16	5	微风化	16.2	球体顶部伸入隧道3.7m
17	3	中风化	15.1	球体位于隧道内
18	7m	微风化	18.4	球体横穿隧道
19	4	微风化	16.9	球体位于隧道内

4.3.4　孤石对盾构施工的影响

由于孤石的埋藏分布及大小是随机的,很难通过地质钻完全探明其分布情况,故给盾构施工造成较大困难。在硬土层中滚刀对孤石破碎通常比较有效,滚刀随着刀盘的转动而滚动或滑过较硬的土层直接撞击和切割遇到的孤石。滚刀以点载荷作用于孤石,使岩石碎片剥落,直到孤石破碎。如果岩石碎片较小,它们就可以穿过刀盘进入土舱;如果碎片仍很大,就必须由滚刀进一步破碎。如果石头是埋在土层中被牢牢地固定在其位置上,滚刀就能够冲击和破坏非常坚硬的孤石。

有时滚刀破碎不了孤石,孤石被刀盘的旋转推力弹开或被推向隧道旁边;若孤石处在盾构的外侧,可能会挤压盾构使其偏离方向;如果隧道左侧土壤软弱,而右侧是坚硬的孤石,盾构将被挤向阻力最小的左侧。如果这种情况过于严重,隧道的轴线将偏斜。若土质太软弱,固定不住孤石,不能产生足够的破碎反力,孤石就会随着土体的破坏而移动或被刀具弹开,或者会在刀盘前面循环,挡在刀盘前面并损坏刀具。这种情况下,操作工人必须进入开挖面人工清除孤石。

清除孤石的工作对于工作人员和工程项目都很危险,开挖面崩塌可能会使施工人员伤亡,也可能引起隧道顶部地面过大的沉降。在这种情况下进入开挖面是不可能的,解决的办法是提高周围土壤的抗剪切强度,通常是从地面对土体进行袖阀管注浆加固和通过盾构机的超前注浆孔,向开挖面地层注入浆液对土体进行加固。

孤石对施工的影响主要表现在刀具磨损严重、刀座变形、刀具更换困难;刀盘磨耗导致刀盘强度和刚度降低,引起刀盘变形;刀盘受力不均导致主轴承受损或主轴承密封被破坏,刀盘堵塞,盾构机负载加大;孤石无法破碎,致使盾构掘进受阻或偏离线路。

4.3.5　孤石处理方法

孤石处理方法将根据孤石的大小、位置、形状、周边环境等因素确定。既有地层注浆加固、钻孔爆破、人工挖孔桩破碎和冲击破碎等地面处理方法,也有盾构机超前注浆孔注浆、静态爆破、岩石分裂机破碎等洞内处理措施，还有盾构机直接推进通过的措施。孤石处理的原则，应该首先选择在地面处理的方式进行处理，地面处理条件不具备时考虑洞内处理。当隧道上方地面具备冲孔、挖孔条件时，采取地面处理方式；当地面不具备冲孔、挖孔条件时，采用洞内处理。

（1）地层注浆加固后盾构机推进

在确认孤石区域之后，从地面对孤石周边一定范围的地层采用袖阀管进行加固，待浆液凝固后，浆液将孤石紧紧的包裹住，盾构机推进时，孤石受到刀盘正面的切削作用而破碎，不会被挤压至土体产生较大的扰动，盾构姿态也比较容易控制。宝翻区间孤石地段注浆加固范围如图4-6所示。

①袖阀管施工流程

袖阀管注浆加固地层，是以打孔的PVC管作为注浆外管（即袖阀管），注浆孔外用橡胶圈包好，注浆时把两端都装有密封橡胶塞的注浆芯管插入袖阀管，浆液在压力作用下胀开橡胶圈进入地层，逐次提升或下降芯管即可实现分段注浆。橡胶圈的作用是当孔内加压注浆时，橡胶圈胀开，浆液从小孔中进入土层，停止注浆时橡胶圈封闭，阻止土和地下水逆向进入注浆管内。袖阀管构造如图4-7所示。加固范围为孤石前方2m，后方2m，隧道中线左右各5m。注浆孔布置采用梅花形布置，孔距为1.2m，扩散半径定为0.75m。先外围后中间，从下向上。即从施工周边孔到内部孔，在各序孔内跳孔进行注浆，以防止注浆时串孔。袖阀管注浆加固流程如图4-8所示。

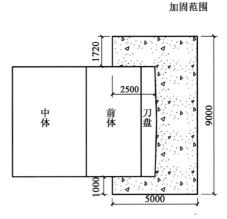

图4-6 地层加固范围示意图（尺寸单位：mm）

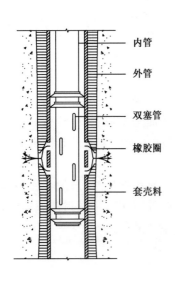

图4-7 袖阀管构造图

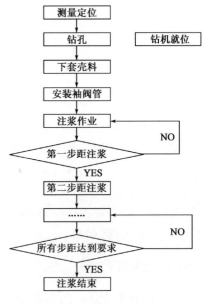

图4-8 注浆工艺流程图

②袖阀管施工准备工作

a. 钻孔

钻孔间距1.2m,梅花形布置。根据钻孔布置图定出孔位,孔位允许偏差为50mm。钻机(KBT-50/70)就位后,利用垂球结合水平尺检查钻机水平及钻杆垂直度。在钻孔过程中对钻孔垂直度进行检查,要求钻孔垂直度允许偏差为1%。开孔直径一般为ϕ130mm,终孔直径ϕ91mm。为防止塌孔,钻孔时采用相对密度为1.2~1.3的膨润土浆护壁(在卵石层中,护壁可采用植物胶护壁)。

b. 浇注套壳料

测量钻孔深度满足设计要求后,通过钻杆将套壳料压入置换孔内泥浆。套壳料7d无侧限抗压强度宜为0.3~0.5MPa,浆液黏度0.08~0.09Pa·s,配比为水泥:膨润土:水 = 1:1.2:1 或水泥:植物胶:水 = 1:1.45:1.34。

c. 插入袖阀管

袖阀管采用ϕ48mm、壁厚4mm的PVC管,分节长度为4m。依次下放袖阀管至孔底,第一节袖阀管底部安好堵头封闭,相邻两节袖阀管用套箍连接。下放袖阀管时在管中加入清水,减少袖阀管的弯曲,尽量使袖阀管位于钻孔的中心。袖阀管接至地面以上0.3m后用彩条布包裹孔口,防止杂物进入管内。

套壳料浆液初凝后,钻孔口0.7~1.0m范围内用C15细石混凝土掺加3%的速凝剂封堵,防止注浆时浆液窜至地面。

d. 安设注浆芯管

封孔24h后下放注浆芯管。注浆芯管采用2m/节ϕ20mm镀锌钢管制成,节间用螺纹套管连接。注浆芯管下放时,防止地面泥浆回灌入袖阀管内,造成注浆芯管下放及提管困难。

③袖阀管注浆施工操作

a. 注浆参数

水泥单液浆和水泥水玻璃双液浆主要参数分别见表4-5和表4-6。从表4中可以看出,采用水泥水玻璃双液浆的凝胶时间只有2min左右,是水泥单液浆的凝胶时间的1/360,基本上达到了瞬时凝固的效果。如果工程工期较紧,而且地层中含水率大,为了保证浆液能够尽量短的时间内到达一定强度,因此建议采用水泥水玻璃双液浆进行注浆加固;若地层含水不丰富,且工期不是很紧时,本着节约成本的目的,建议采用单液浆进行加固。

注单液浆主要参数 表4-5

序 号	项 目	参 数
1	水灰比 $W:C$	0.8:1~1:1
2	扩散半径(m)	0.75
3	凝胶时间(h)	12~18
4	初始注浆压力(MPa)	0.8~1.0
5	正常注浆压力(MPa)	1.2~1.5
6	最大注浆压力(MPa)	1.8~2.0
7	注浆速度(L/min)	10~15
8	注浆量(L/m)	260~300
9	注浆步距(m)	0.5~1

注双液浆主要参数 表4-6

序 号	项 目	参 数
1	水灰比 W:C	0.8:1~1.2:1
2	扩散半径(m)	0.75
3	体积比(C:S)	1:1
4	波美度(Be′)	20~30
5	凝胶时间(s)	100~120/120~150
6	初始注浆压力(MPa)	0.8~1.0
7	正常注浆压力(MPa)	1.2~1.5
8	最大注浆压力(MPa)	1.8~2.0
9	注浆速度(L/min)	10~20
10	注浆量(L/m)	300~350
11	注浆步距(m)	0.5~1

b. 配制浆液

拌浆桶容积280L,根据水灰比计算出每桶需加水210L、水泥210kg搅拌至少5min,待缓凝剂充分溶解后,加入水泥继续搅拌。

c. 注浆注浆时采用先外围、后内部的注浆顺序。为防止窜浆,提高钻孔利用率,施工时跳孔间隔注浆。当有流动的地下水时,从水头高的一端开始注浆。

d. 注浆结束标准

外围孔注浆控制以限制注浆量为主,内部孔无法注入为止。

e. 施工中问题的处理

注浆过程中,若出现每步距注浆量能满足要求,而注浆压力太低,可能浆液外逸或土层中有大的空洞,采取间歇注浆和减小浆液胶凝时间的方法处理。

注浆中出现注浆压力满足设计要求,注浆量小于设计量时,若是外围孔注浆则该步距上下两段各增加1倍的注浆量。

(2) 深孔爆破孤石

地质勘探过程中遇到孤石时,查明孤石的产状、大小、形状并依此来制定爆破孔的数量、分布和装药量,利用小口径钻头从地面下钻,在孤石上钻出爆破眼,然后在小孔内安放适量的静爆炸药对孤石进行爆破。一次爆破完毕后,清除孔内岩块继续进行下一次静爆,进而达到分裂、瓦解孤石的目的。对于垂直高度特别大的巨石,可以进行多次爆破直到钻孔穿过巨石。深孔爆破法具有适应范围广,方便灵活,适应不同埋深的孤石,可根据孤石的形状、大小来具体确定爆破孔的孔径、深度和装药量大小;对厚度较大的孤石,可实施分层爆破,施工周期短,成本低。考虑本工程所用盾构机的出渣能力,经过螺旋输送机的石块尺寸不能超过40cm,因此爆破后石块的单边长度应控制在30cm以下,以利于螺旋输送机顺利出渣。爆破后石块的大小通过调整爆破孔间距和用药量来进行控制。该方法具有如下特点:

- 对地表施工条件无要求,施工周期较长,成本较低;
- 适应范围广,可适应不同埋深的孤石;

● 方便灵活,可根据孤石的形状、大小来具体确定爆破孔的孔径、深度和装药量;对厚度较大的孤石,可实施分层爆破确保对孤石的爆破效果;

● 不适宜用于松散地层中的直径相对较小、形状近似圆形、表面光滑的孤石;在小口径钻进此类岩石时,岩石和钻头一起回转,钻进成孔困难;

● 钻孔和爆破时对环境影响较大。

①钻孔情况

在孤石区域进行围挡施工,然后进行地质钻垂直打孔,钻孔直径为110mm,孔距和排距均为800mm。由于本工程需要爆破处理的岩石位置在地表以下14~22m的位置,因此无法采取手风钻进行钻孔爆破施工。结合本工程的特殊性以及现有的机械设备和技术力量,决定采用地质钻机进行钻孔。

②爆破参数设计

a. 火工器材选型

孔内雷管选用毫秒导爆管雷管,起爆雷管选用瞬发电雷管,炸药选用乳化炸药,标准直径为ϕ60mm,具体根据现场的需要加工。雷管选用毫秒电雷管,炸药选用乳化炸药,标准直径为ϕ60mm,具体根据现场的需要进行加工。

b. 装药结构及起爆网络

由于炮孔深度达到22m,需要爆破处理的岩石位置为地表以下约14~22m的位置,同时由于炮孔中有水,因此,起爆药包采用软钢丝悬吊于爆破点的位置,且一端固定于孔口,高程允许误差为10cm。炸药装在特制的PVC材料的起爆体内,该起爆体须具有较好的防水性能。由于起爆体上方有至少15m高的水柱,浮力相当大,因此在起爆体下方需要悬挂一个抗浮金属吊装体。炮孔采用正向装药起爆,起爆雷管选用两发瞬发电雷管,且分别属于两个电爆网路,两套网路并联后起爆。爆破网络如图4-9所示。

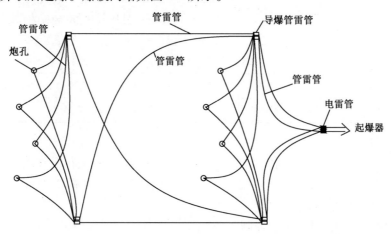

图4-9 爆破网络示意图

c. 装药参数

根据资料显示,孤石厚度分别为0.3m、0.6m及1.8m以上。因此,按岩石厚度分三类进行爆破参数的设计,即厚度0.3m、厚度0.4m、厚度1.8m的孤石,共三种情况。

依据瑞典的设计方法,单位耗药量计算:

$$q = q_1 + q_2 + q_3 + q_4 \tag{4-1}$$

式中：q_1——基本装药量，是一般陆地梯段爆破的两倍（本工程爆破对象位于地下 14～22m，且存在地下水，故视为水下爆破），对水下垂直钻孔，再增加 10%，例如普通坚硬岩石的深孔爆破平均单耗 $q_1 = 0.5 \text{kg/m}^3$，则水下钻孔 $q_1 = 1.0 \text{kg/m}^3$，水下垂直孔 $q_1 = 1.1 \text{kg/m}^3$；

q_2——爆区上方水压增量，$q_2 = 0.01 h_2$；

h_2——水深（m）；

q_3——爆区上方覆盖层增量，$q_3 = 0.02 h_3$；

h_3——覆盖层（淤泥或土、砂）厚度（m）；

q_4——岩石膨胀增量，$q_4 = 0.03 h$；

h——梯段高度（m）。

本工程中 $h = 4\text{m}$，h_2 平均取 18m，$h_3 = 15\text{m}$，$q_1 = 1.1 \text{kg/m}^3$，则 $q = 1.1 + 0.01 \times 18 + 0.02 \times 15 + 0.03 \times 4 = 1.7 \text{kg/m}^3$。

③装药

根据上述数据试爆后，针对具体情况调整爆破参数。虽然岩石厚度较小，但是考虑到测量以及起爆体吊装过程中产生的误差（误差累计不得超过10cm），因此孤石爆破时，单孔单体爆破时装药长度与岩石厚度相同，多孔单体爆破时，相邻两个炮孔，其中一个炮孔钻至孤石底面（即钻穿），装药至炮孔底部，孤石顶面留10cm 不装药；其邻孔底距离孤石底面10cm，装药至炮孔底部，孤石顶面留10cm 不装药。具体钻孔装药结构如图4-10 所示，不同体积孤石所需装药量见表4-7。

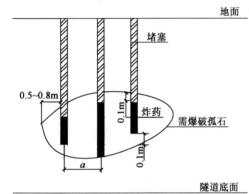

图 4-10 孤石爆破钻孔装药结构示意图

不同体积孤石装药量　　　　表 4-7

岩石体积(m^3)	0.2	0.5	0.8	1.0	1.5	2	3	4	5
装药量(kg)	0.256	0.64	1.024	1.28	1.92	2.56	3.84	5.12	6.4

④爆破效果检测

在地质钻开始打孔之后，根据以上孤石处理措施，取一处孤石进行爆破效果检验。检验方式采取抽芯检测，从所取芯样的大小及破碎程度来判断此种方法是否能达到爆破后预定岩块单边长度小于30cm 的效果。

⑤孤石破碎后盾构机推进参数控制

大的孤石虽然已经爆破成为体积较小的碎石，但由于爆破位置处于地下 14～22m，钻孔质量、装药位置和爆破效果都不能完全保证，因此，孤石最终不一定都能破碎成单边长度小于30cm 的碎石。爆破过后，体积较大石块的存在，依然会对盾构施工带来较大的困难。因此，盾构机进入孤石爆破区段后，要密切注意推进油缸的推力变化、盾构机姿态的突变及土舱压力和出渣量的变化，优化掘进参数，降低螺旋输送机转速，加大泡沫注入量等，采用"高转速、低扭矩、小推力"的原则谨慎掘进穿越孤石爆破群。同时盾构司机应根据渣样特征、掘进时刀盘发出的声音、盾构机震动等情况，判断刀盘前方碎石的情况、盾构机的工作状态以及刀具磨损的情况。翻灵区间盾构掘进参数随施工变化曲线如图4-11所示。

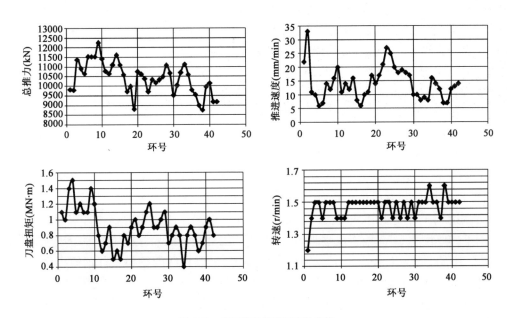

图4-11 掘进参数随施工变化曲线

从掘进参数变化曲线中可以得出，在孤石爆破后地层中掘进（在30环开始进入孤石爆破地段），盾构掘进参数（推力、扭矩、推进速度和转速）控制如下：

a. 盾构机总推力比平常掘进时小，控制在9000~11000kN；

b. 保持较低的推进速度，控制在5~20mm/min以内；

c. 刀盘扭矩也要相应降低，保持在0.5~1.2MN·m之内；

d. 加快刀盘转速，使其从1.4~1.5r/min，增加到1.6r/min左右。

（3）人工挖孔破碎孤石

在确认孤石所处区域位置后，定出孔位，即可进行开挖。人工挖孔桩破碎孤石的流程如图4-12所示。

人工挖孔桩破碎孤石施工方法如下：

①场地平整

平整场地，清除杂物，夯打密实。如现场条件允许的情况下，桩位处地面应高出原地面50cm左右，场地四周开挖排水沟，防止地表水流入孔内。

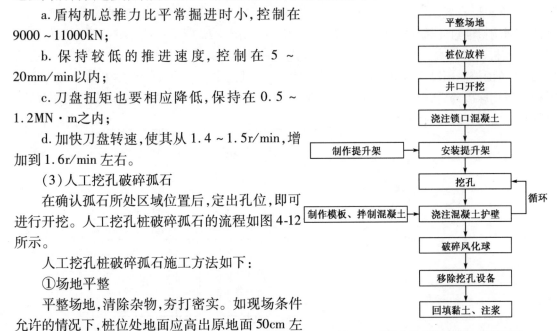

图4-12 挖孔桩施破碎风化球工艺流程图

②测量放样

进行施工放样,施工队配合测量员按设计图纸定出孔位,经检查无误后,由施工队埋设十字护桩。十字护桩必须用砂浆或混凝土进行加固保护。

③桩孔开挖

采用从上到下逐层用镐、锹进行开挖,遇坚硬土或大块孤石采用锤、钎破碎。挖土顺序为先挖中间后挖周边,按设计桩径加15cm控制截面大小。孔内挖出的土装入吊桶,采用自制提升设备将渣土垂直运输到地面,堆积到指定地点,防止污染环境。注意挖孔过程中,不必将孔壁修成光面,要使孔壁稍有凹凸不平,以增加桩的摩擦力。

④护壁施工

开挖过程中,为了保持孔壁稳定,确保施工安全,必须施作护壁。护壁拟采用现浇模注混凝土护壁,混凝土选用C20,竖向钢筋选用$\phi 12mm$螺纹钢筋,环向钢筋选用$\phi 8m$圆钢筋,间距200mm×200mm,单层设置。第一节混凝土护壁(原地面以下1m)宜高出地面20cm,使其成为井口围圈,以阻挡井上土石及其他物体滚入井下伤人,并且便于挡水和定位。

该方法适用于各类土层,每挖掘1.0m深时,即立模灌注混凝土护壁。每层混凝土上口厚度15cm,下口厚度7.5cm,施工成喇叭错台,以便下层混凝土的灌注施工。混凝土搅拌应采用人工拌制,坍落度宜为1~3cm。护壁混凝土的施工,采取自制的钢模板。钢模板面板的厚度不得小于3mm,浇注混凝土时拆上节,支下节,自上而下周转使用。模板间用U形卡连接,上下设两道6~8号槽钢圈顶紧;钢圈由两半圆圈组成,用螺栓连接,不另设支撑,以便浇注混凝土和下节挖土操作。

⑤孤石的处理

人工挖孔至风化球处,既可对风化球进行处理,采用风钻对风化球进行打眼,间距300mm×300mm,梅花形布置,孔径40mm,钻孔结束使用劈裂机对风化球进行破碎,破碎后清理吊出,清除至盾构机通过此风化球处时的底高程下15cm,如图4-13所示。挖孔桩范围内风化球清理至盾构机通过底高程后,应对侧壁风化球进行处理。处理方法依然为风钻打眼,劈裂机破碎,处理范围控制超过盾构机通过时洞身外15cm,如风化球全部在洞身范围内,对其进行全部破碎。风化球破碎后,对孔洞进行黏土回填,并随填随夯,保证密实度,并在孔中埋设注浆管,在回填完毕后,对其进行注浆加固。

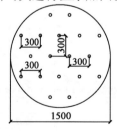
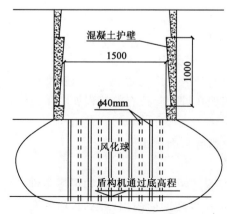

图4-13 挖孔桩范围内打眼示意图(尺寸单位:mm)

(4) 冲孔桩破碎法

冲击破碎法是指确定孤石的位置、大小和形状后,在地表采用十字冲击锤冲击破碎孤石的施工方法。根据孤石大小确定冲击钻机锤头大小、钻孔间距及钻孔根数,钻孔前首先探明有无地下管线或其他构建筑物;若钻孔位置地下有管线等市政管道,则需要将钻孔位置旁移一段距离,进行避绕,待钻孔后及时采用原土对钻孔分层回填夯实,并进行土体压密注浆,直至将整个孤石区域处理完毕。

(5) 盾构机超前注浆孔注浆,盾构推进

该方法是指隧道内采用盾构机上预留的超前注浆孔注浆固定球状风化体,然后盾构机直接切削球状风化体的方法。当地面设有注浆加固地层的场地或者是在地质条件稍好的地层中盾构掘进,确认孤石区域之后,盾构机掘进至孤石跟前后停机,把准备好的钢花管从盾构机的预留超前注浆孔插入刀盘前方的土体(超前注浆孔的延伸方向与盾构机的中轴线存在一个夹角)。刚开始插的时候比较容易,可以用大锤打击,等钢花管进入土体一定深度后大锤难以将其继续打入,可以采用铁链拴在花管尾部,铁链的两头分别与挂在盾构机吊环上的导链连接,吊环的安设位置可根据现场情况而定,然后两个导链同时拉铁链的两头,这样铁链就会带动花管将花管插进预定深度。注浆浆液采取水灰比1:1的水泥浆,注浆压力控制在0.2MPa以内,注浆压力超过0.2MPa时停止注浆。若注浆效果理想,则拱顶将形成稳固的整体性良好的围岩。注浆固定孤石如图4-14所示。

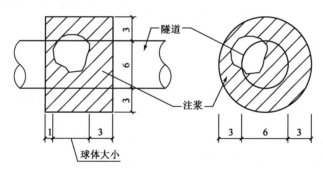

图4-14 注浆固定孤石示意图(尺寸单位:m)

注浆加固范围为隧道周边各3m,球体前方3m,球体后方1m。注浆完成后,调整掘进参数,直接掘进通过孤石。施工时,采用低贯入度、高转速的方式对孤石掌子面进行切削,靠刀盘的冲击破碎能力通过孤石区域。盾构机宜采用小推力(1200kN)、慢掘进速度(0.5cm/m)、高刀盘转速(2.5r/m)进行掘进,并随时注意掘进参数变化,防止刀盘局部过载,造成刀盘变形。根据掘进时刀盘发出的声音和盾构机震动情况,判断盾构机推进困难后停止掘进,开舱检查地质情况和孤石的破碎面情况以及刀具磨损情况。在孤石处理前,当地层满足换刀要求时,应进行刀具检查,对需要更换的刀具进行更换,以满足掘进施工的连续。

(6) 静态爆破

对孤石进行静态爆破,大石化小,再把小石块从刀盘前方移进土舱由螺旋输送机排出土舱。此方法不进行地面加固,等刀盘抵达孤石表面后,采用盾构机的预留超前注浆孔进行超前注浆,使刀盘前方拱顶形成稳固整体性良好的围岩,然后再开舱对孤石采取静态爆破,再将碎石进一步粉碎后由螺旋输送机排出土舱。这种方法同样需要在静爆、处理1m孤石后,盾构机即刻要向前掘进 1m,始终保证刀盘与孤石的距离不大于 1m,防止土体坍塌造成地面塌陷。

①施工控制参数

a. 钻孔直径与药卷直径

考虑孤石位于刀盘前方,工作面狭小,钻孔机械和药卷品种规格,选用 Y26 手风钻作为钻孔设备,钻孔直径为 42mm,相应药卷直径为 32mm。

b. 钻孔深度

钻孔深度根据孤石大小以及软硬程度而定,但必须控制钻孔在穿透孤石前 0.8~1.0m 处终孔。当孤石厚度为大于或等于 2.0m 时,钻孔深度一般为 1.2~1.0m;当孤石厚度小于 2m 时,可适当缩小钻孔间距与层距,具体深度可根据静态爆破的效果现场进行适当调整。

c. 炮孔间距

孔距一般为 1.0~1.2m,排距 0.5~0.6m,可根据现场情况适当调整。

d. 单位耗药量

单位耗药量控制在 $0.40 \sim 0.45 kg/m^3$ 范围内,装药量可根据孤石软硬程度以及现场爆破效果适当调整。

e. 布孔方式

梅花形布置炮眼。

f. 爆破参数的确定原则

一般根据钻孔机具的性能、孤石的岩石性质,以及施工中根据爆破效果不断进行调整和修正。

②施工工艺及技术要求

a. 施工准备

首先进行测量放样,以确定预裂孔爆破的作业范围;可能的话,用红油漆标明开孔位置。

b. 钻孔作业

水平预裂孔开孔误差要求不大于 10cm,爆破孔的孔底高程误差不大于 20cm,钻孔时要严格控制钻孔深度和方向。

(7) 岩石分裂机破碎孤石

在地质条件较差的地层中,需要先对地层进行加固;若地层条件较好,则可直接开舱,对掌子面孤石用岩石分裂机破碎。岩石分裂机是一种手工操作的设备,它利用液压原理,可以控制性地分裂岩石。特别是在对灰尘、飞屑、振动、噪声、废气排放有严格限制而大型拆除设备无法工作的地方,岩石分裂机有其无法替代的特殊优势。施工工艺顺序如下:

①整理设备

一拖一式 C9N 型岩石分裂机 2 套(图 4-15)、岩芯钻(钻孔用)2 台,及辅助工具千斤顶、铁锹、撬杠、大锤等若干。

②钻孔

孔径 46mm,钻孔深度 35cm(中间楔块伸出全长为 41cm),孔间距 50cm。分裂机作业时,为避免损伤中间楔块,要拔出适当高度。

③分裂

每个孔洞的分裂只要十几秒钟。在异常的地方,还要换上加厚的反向楔块将裂隙扩大,再

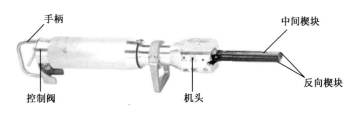

图 4-15　岩石分裂机

用分裂机分裂。

④拆移

分裂完成以后,要及时用撬杠将大块的孤石碎块拨开,使孤石分裂面形成较大松散的临空面,以便下一个分裂作业,不至于让裂纹犬牙交错,挤密镶嵌,难以拆除。

(8)盾构机直接推进

当工期较紧,没有时间对孤石进行辅助施工措施,同时孤石区段周围没有管线以及桩基建筑物等的存在时,施工中对地层的变形影响要求较低,则可以不进行任何辅助工法,通过调整盾构机掘进参数,直接通过。待盾构机刀盘接近孤石后,采用低贯入度,增加泡沫注入量,并以"小推力、高转速、低扭矩"为指导思想,使刀具与孤石的切削、冲击频率加大,靠刀盘的冲击破碎通过孤石区域。此方法适合对付较大型孤石,且孤石与刀盘的接触面较大的情况。

4.3.6　孤石处理方法的比较

根据以上所述共有八种孤石的处理方法,各种处理方法具有各自的优缺点,并且随着工程中所遇孤石的大小、位置、形状以及周边环境等因素的不同,其适应性也不尽相同。因此,需要总结出各类孤石处理方法所适应的情况,从而能够有针对性地将这些方法应用于不同的工程当中。

(1)地面注浆加固地层后盾构机推进

该方法具有以下特点:

①采用袖阀管从地面对孤石附近地层进行注浆加固,工艺简单易操作,且注浆效果好。

②工艺比较成熟,可借鉴的经验比较丰富;若地层加固效果好,则可以借机进行换刀。

③费用较大,对数量较多且遍布线路的孤石在经济上不划算。

④地表需要有围挡施工的作业条件。

(2)钻孔爆破法

该方法具有以下特点:

①对地表施工条件无要求,施工周期较长,成本较低。

②适应范围广,可适应不同埋深的孤石。

③方便灵活,可根据孤石的形状、大小来具体确定爆破孔的孔径、深度和装药量;对厚度较大的孤石,可实施分层爆破确保对孤石的爆破效果。

④不适宜用于松散地层中的直径相对较小、形状近似圆形、表面光滑的孤石,在小口径钻进此类岩石时,岩石和钻头一起回转,钻进成孔困难。

⑤钻孔和爆破时对环境影响较大。

（3）人工挖孔桩对孤石进行处理

该方法具有以下特点：

①适用于对付体积较大的孤石。

②人工费用较高，且工期较长。

③由于挖孔的稳定性不易控制而存在一定的施工风险。

④在破碎孤石时，对周围环境有一定的影响。

（4）冲孔桩对孤石破碎

该方法具有以下特点：

①孤石处理彻底，效果较好。

②技术要求高，费用较高，工期较长。

③对于较大孤石来说，冲孔数量较大，工程量较大。

④如果孤石为圆形或者较小时冲击锤容易移位，且很容易冲击不到。

⑤冲孔施工时噪声较大。

（5）通过超前注浆孔注浆后，盾构机推进

该方法具有以下特点：

①适用于地面没有围挡条件、地质条件稍好、不易坍塌的破碎地层。

②施工速度较快，工期较短，成本也较低。

③但由于注浆范围和注浆质量不易控制，因此存在一定的施工风险。

（6）静态爆破

该方法具有以下特点：

①适用于自稳能力较好的地层，在地质条件较差的地区，需要先注浆处理。

②对地层的扰动小，可以在对地层变形控制较严格的市区使用。

③由于需要开舱对孤石进行钻孔埋设静态爆破剂，因此工期较长，费用也较高，同时存在一定的施工风险。

（7）开舱用岩石分裂机破碎孤石

该方法具有以下特点：

①适用于地质条件较好的含有孤石的地段。

②人工费用较高，由于未对掌子面注浆加固，因此也存在一定的施工风险。

（8）盾构机直接推进通过孤石

该方法具有以下特点：

①适合对付体积较大型的孤石，且孤石与刀盘的接触面较大的情况。

②可节约处理孤石的时间和成本。

③盾构机推进的速度很慢，对地层的扰动很大，且容易产生较大的地层沉降现象；同时，盾构机轴线有可能偏离隧道设计轴线，甚至有盾构机螺旋被卡住的风险。

综上所述，根据其各处理方法对地层适应、环境影响、施工风险、施工效果、工期成本以及适合孤石大小等方面进行研究，研究结果见表4-8。从表中可以看出，各种孤石处理方法均有各自的优势和劣势，因此，针对不同的工程，应该进行综合考虑比选后，选择适宜的处理方法，从而使困扰盾构机的孤石能够得到最有效的化解。在保证施工安全的前提下，保证工期和节约成本。

孤石处理方法比较   表4-8

孤石处理方法	适应地层	孤石大小	环境影响	施工风险	效 果	工 期	成 本	围 挡
地面注浆加固	较差	均可	较小	较小	中等	较短	较高	有
钻孔爆破	较好	较小	较小	较小	较好	较短	较小	有
人工挖孔	均可	较大	中等	中等	较好	较长	较高	有
冲孔破碎	较好	较大	较大	较小	较好	较长	中等	有
盾构机超前注浆	较好	均可	较小	中等	较差	较短	较低	无
静态爆破	均可	较小	较小	较大	中等	中等	中等	无
岩石分裂机破碎	较好	较小	较小	较大	较好	中等	较高	无
盾构直接推进	较好	较大	较大	较大	差	较短	较低	无

4.4 全断面硬岩地层应用工程实例

采用盾构法修建地铁隧道遇到硬岩地层时,通常采用传统工法即利用矿山法开挖隧道,盾构机拼装管片通过。在硬岩地层条件下,掘进存在的问题是刀具磨损严重,掘进速度慢,且在控制不当的情况下易造成刀具非正常损坏,进一步可能对刀盘造成磨损或损坏。对刀具进行科学的管理,能够在盾构施工中有效地减小换刀频率,降低工程成本,减少停机时间,提高掘进效率。因此,通过探明工程地质情况,有计划地更换刀具,在施工中选择合理的掘进参数等技术措施,在长距离硬岩地层中采用盾构法施工是完全可行的。

4.4.1 工程概况

5305 标段三工区单线延米总长 5.1km,包含 2 个盾构区间(单线延米长 2.68km)。盾构区间地层以花岗岩为主,岩质坚硬,最大单轴抗压强度 295MPa。石英含量高,脆性大。考虑到工期要求及减少变换工法带来的不便,决定采用盾构法施工。布吉—百鸽笼区间隧道盾构施工难点主要为硬岩地层距离长,岩石强度高,岩石单轴抗压强度超过 100MPa 的地层单线延米为 1600m,占整个区间的 46.5%。

4.4.2 盾构掘进主要困难及原因分析

本段工程盾构掘进硬岩强度高,距离长,在掘进过程中遇到许多困难。

(1)刀具磨损严重

由于围岩强度高,刀具挤压切削硬岩效率较低,刀具磨损严重(图4-16)。同时,由于切削所释放的热量高,导致刀盘刀具温度高,加速了刀盘刀具的磨损速度。因此,工作人员需注意观察,及时足量注入泡沫改良渣土,增加渣土的流塑性,同时冷却和润滑刀盘,以减轻对刀具的磨损,减少换刀频率,提高掘进效率。

（2）盾构机自转

硬岩地层盾构掘进时，易发生盾构机自转和较大震动现象。这是由于围岩强度高，切削围岩时，围岩给盾构机施加一个反力矩，使盾体旋转。为防止盾壳扭转和震动影响管片安装，可让盾构机上的撑靴撑紧岩壁，以防滚和减震，同时通过反转刀盘来纠正。

（3）管片相关问题

施工中出现了一些与管片有关的问题，主要有管片错台、管片渗漏水、管片上浮、管片破损等。

管片错台是盾构施工中最常见的问题之一（图4-17）。产生错台的主要原因可归纳为：

①相邻两环管片的千斤顶推力变化较大，是造成管片错台最主要的原因。

②盾构机姿态纠偏过猛导致超挖严重。

③管片环间注浆压力不均衡。

④地下水压力大等。

图4-16　中心刀偏磨严重

图4-17　管片错台

通过加强盾构机姿态控制，控制盾构机的纠偏量，优化掘进参数，以及从注浆孔放水降低地下水位，使管片错台现象得到了明显的改善。

虽然管片中安设有两道防水材料，但盾构管片渗漏水现象仍然存在（图4-18）。盾构隧道渗漏水原因主要有：

①同步注浆量不足，在初凝时间未能保证浆液在含水基岩中及时与围岩成为一体，是造成管片渗漏水的主要原因。

②遇水膨胀止水条粘贴不牢固，运输和拼装管片时对止水条的保护不够，存在部分止水条过早脱离甚至破坏。

③管片拼装时管片螺栓拧紧度不够，或管片脱离盾尾后未进行二次复紧，导致接缝张开度过大。

④封顶块管片在拼装前两侧未涂抹润滑剂，导致部分止水条受到了拉伸变形。

盾构施工过程中管片破损现象时有发生（图4-19）。造成管片破损的原因主要有：

①盾构在硬岩中掘进，所需推力较大，一般都在12000kN以上，较大的压力作用于管片容易造成管片破损。

②盾构掘进时，一般下组的千斤顶推力比上组千斤顶推力要大，受到较大油缸推力的管片

容易破损,在曲线段掘进时,这一现象更为明显。

③管片上浮现象严重,由于受到较大的上浮力,从而导致管片在螺栓孔处破坏。

④当二次注浆压力超过 0.5MPa 时,可能将管片挤破;本工程施工中既有因为施工人员大意又有压力表失效等原因,导致二次注浆压力达到 1MPa 左右,从而造成管片破损的现象发生。

图 4-18　管片渗漏水

图 4-19　管片破损

管片上浮现象主要出现在施工速度较快时或变坡点位置。由于地下水压力过大、同步注浆量不足以及浆液初凝时间相对较长等因素的影响,管片会产生一定的上浮现象。另外,因为始发段区间线路一直为下坡,为了防止盾构机低头和满足盾构机纠偏需要,在掘进时下部千斤顶压力一直高于上部,使得管片长期受到一个向上的不平衡力,这也是导致管片上浮的一个重要原因。施工中通过采取压低盾构机掘进姿态来保证管片上浮后不会偏离设计轴线,并在管片拼装时,通过压重车压重来抵消部分上浮力,取得了良好的效果。

(4)同步注浆浆液溢入盾壳和围岩之间的间隙

若同步注浆压力过大,则浆液可能渗流到盾壳与周围岩体间的空隙甚至刀盘处。转弯过程中,盾尾和管片有一定的夹角,导致盾尾密封刷局部堵浆效果不理想,易发生盾尾漏浆。为避免此类现象的发生,可适当增大浆液黏度、添加速凝剂来缩短浆液凝结时间,适当降低低注浆压力。

(5)隧道轴线偏离设计轴线

在盾构掘进时,由于油缸推力不均衡以及刀具破损等因素,常会出现超挖和欠挖的情况,如果同步注浆和二次注浆没有合理地控制,隧道轴线就可能偏离设计轴线。另外,盾构机纠偏过急、过猛,也可能造成蛇形修正现象,这将给下一步的掘进带来很大的困难。盾构在曲线段掘进时,由于油缸的推力方向为线路的切线方向,对管片产生一个向外的分力,导致管片发生偏移。

4.4.3　硬岩地段盾构掘进施工对策

盾构机在硬岩地层中施工,掘进所需推力大,掘进速度缓慢,刀具磨损严重,刀具更换频率高,错台现象比较严重。为了解决这些盾构施工中的问题,通过不断地探索研究,总结出了一套硬岩地段复合式土压平衡盾构施工对策。

(1)掘进模式的选择

土压平衡盾构机具有敞开式、半敞开式和土压平衡三种掘进模式。由于本工程微风化地层中岩石风化破坏轻微,岩石抗压强度高,掌子面自稳能力强,基岩裂隙水不丰富,盾构前方土体不易坍塌,因此,在硬岩地层中推进选择敞开式的掘进模式,盾构机切削下来的渣土进入土舱内,即刻被螺旋输送机排出。土舱内仅有少量渣土,掘进中刀盘和螺旋输送机所受反扭力较小。由于不需控制土舱压力,刀盘扭矩较低,掘进效果较好。

（2）盾构机姿态的控制

在硬岩地段掘进时,盾构机姿态控制非常重要。如果盾构机偏离了设计轴线,在硬岩段纠正盾构姿态比在软土中难度大得多。因为硬岩段的开挖难度大,调整千斤顶推力纠偏效果不明显,并且会加大刀具的磨损;同时,纠偏过猛,存在盾构机被卡和管片错台加大的风险。因此,盾构机在硬岩段掘进时,一定要控制好盾构姿态,一旦盾构姿态出现偏离,要遵循"长距离、缓纠偏"的思想。而不能是通过猛纠,造成刀具的无谓磨损,甚至盾构机难以前进。

（3）掘进参数的设定

硬岩地段盾构施工主要掘进参数的设定遵循"高转速、小扭矩,大推力"的思想。"高转速,小扭矩"是指在盾构机设计允许的范围内,刀盘转速尽量设定为最大值,这样扭矩就会变小。"大推力"是相对与软土地层而言,在硬岩掘进中,盾构机一定要有足够的推力。掘进施工控制以保护刀具为原则,掘进参数的选择以刀具贯入度为基准来控制掘进速度和总推力。正常推进时速度宜控制在3cm/min 之内,同时根据监测数据适当加快或放慢推进速度。在硬岩单轴抗压强度大于40MPa 的情况下,刀具贯入量取3mm/r 以下。盾构机尽可能以同一坡度推进,以减小盾构推进对土体的扰动,控制盾构通过后地面后期沉降。掘进参数设定如下:

①掘进模式选用敞开式掘进。

②盾构推进速度控制在 1~2cm/min。

③总推力控制在 18000~22000kN。

④刀盘扭矩 3000~4000kN·m。

⑤刀盘转速在 2~3r/min。

（4）同步注浆参数的设定

硬岩地段盾构掘进围岩收敛小,已拼装的管片壁后与围岩之间有 14cm 的间隙,如果不能及时注浆回填,管片在千斤顶推力的作用下会产生上移。合理控制同步注浆的注浆压力、注浆量以及注浆速度,能够有效遏制管片上浮现象。在硬岩地层条件下管片同步注浆宜采用快凝的水泥砂浆,以使管片尽早稳定。同时,保证同步注浆质量,浆液将会在围岩和管片间形成一层致密的防水层,对盾构隧道防水起到第一层保护作用。

（5）二次注浆施工

盾构施工时,由于同步注浆参数有时难以有效控制,导致注浆不充分,壁后仍留有一部分间隙。同时,由于地层变化大,致使同步注浆参数设定不是很合适,或是注浆不及时,将导致浆液不能在较短的时间内固结,从而导致地表沉降加大。因此,需要进行二次补注浆将壁后间隙填满,避免地面沉降过大,在下穿建（构）筑物时更应及时进行二次注浆。

（6）泡沫系统的使用

由于硬岩岩渣的流塑性和和易性不高,需要加入泡沫剂来改良渣土的流塑性,使螺旋输送机出土顺畅,更好地形成土塞效应来控制土舱内的土压力。同时盾构机在硬岩地段推进时刀盘、刀具磨损大、温度高,需增加泡沫剂掺入量,以降低刀盘和刀具的温度,同时起到润滑刀盘和刀具的作用,减少渣土对刀具的摩擦,从而增加刀盘和刀具的使用寿命。刀盘前方的泡沫注射管很容易被开挖下来的岩渣堵塞,在刀具检查和更换期间,要及时检查和清通泡沫注射管路,确保泡沫系统的正常工作。

(7) 冷却水循环系统的使用

在硬岩段掘进时,由于刀具和岩层的剧烈的挤压和摩擦,将产生大量的热量,土舱内温度高达80℃,整个隧道的温度也将达到近40℃,盾构机的液压油温很快达到报警值,迫使盾构机停止掘进,严重影响了正常的掘进,因此需要保证冷却水循环系统的正常工作来降低刀盘和隧道的温度,从而维持正常的掘进速度,提高盾构机的掘进效率。

(8) 刀具的相关处理措施

盾构长距离通过硬岩地段,盾构机刀盘、刀具磨损严重,换刀频率增加,影响掘进速度。刀具破损主要是由刀具的质量、围岩坚硬程度和人工操作三种因素所造成。为保证盾构顺利安全通过硬岩地段,施工过程中需采取有针对性的技术措施。

①加强刀具的管理

隧道穿越微风化地层时,刀具磨损较大。因此,在掘进过程中,根据微风化岩强度高的特点,合理配置刀盘及刀具,加强刀具管理,提前储备好充足的刀具以备更换。对于更换下来的刀具进行补焊,达到规范要求即可重新利用,从而提高了刀具的使用寿命,对于降低生产成本、节约检修更换时间,起到积极的作用。

②刀具更换标准

盾构在硬岩中掘进,正常磨损情况下刀具更换标准一般为:当周边刀刀圈磨损掉10~15mm、面刀和中心双刃刀刀圈磨损掉20~25mm时就需要更换。此时刀圈的刀刃变宽,其冲击压碎和切削岩石的能力降低,盾构掘进时的推力和扭矩就会增大,从而加大了盾构液压系统和电机系统的负荷,而且切削下来的岩石也会磨损刀盘面,降低刀盘的使用寿命。而如果在小于上述更换标准的情况之下频繁地进行刀具更换,则降低了刀具的利用效率,也将浪费许多宝贵的掘进施工时间。另外,在非正常磨损的情况之下,如发生刀圈的刀刃破损严重、转动轴承坏掉、刀具润滑油脂泄漏等情况,刀具就需要及时进行更换,因为这样会加重相邻刀具挤压切削岩石的负荷,不仅影响正常掘进,而且还会影响到与其相邻刀具的正常使用,会造成刀具连锁性大量破损。

③建立定期和不定期刀具检查制度

定期刀具检查制度:每掘进完成一定距离后,进行刀具的磨损常规检查。本工程中指定每掘进20环进行刀具定期检查,通过检查对照后,决定是否更换。停机检查时,尽量避开软弱地层和地表有建(构)筑物地段。刀具更换完成后,试运转后检查刀具的安装是否良好;若刀具安装不牢固,要重新复紧刀具螺栓。

不定期刀具检查制度:现场施工人员(盾构主司机、值班土木工程师等)通过掘进过程中推力、扭矩等参数异常以及刀盘发出的响声、出渣情况判断刀盘的运转和磨损情况。当推进艰难时,开舱对刀具进行检查,对刀具磨损进行评估。

建立严格的刀具管理制度,制定定期和不定期刀具检查制度,是盾构机在硬岩段掘进中必要的保障,能够及早发现破损刀具,及时更换,有利于掘进效率的提高和盾构施工安全顺利地进行。

④建立完善的刀具更换流程

刀具的更换需要在土舱中进行,作业空间狭小,而一把滚刀一般质量达150kg,人工拆卸、调运、安装难度比较大,突发事件多;若是要更换中心刀,难度更大。因此建立完善的刀具检查更换流程是至关重要的,能够加快刀具的更换速度,保证换刀人员的生命安全,为盾构掘进提供更多的时间保障,从而加快掘进速度,提高施工效率。

4.5 长距离基岩隆起地段应用工程实例

4.5.1 工程概况

西丽—大学城盾构区间,中、微风化基岩顶板高程在盾构施工底板高程以上的部位有4处。微风化混合花岗岩天然抗压强度103.2MPa,且该段花岗岩上方为砂层和砂质黏性土,为典型的上软下硬地层,会造成隧道管片破损、隧道中心线偏移盾构机损坏,盾构掘进施工等许多难以预料的问题,对盾构施工影响很大。

第一处基岩隆起位置处基岩为中风化混合花岗岩,高程-7.60m,沿轴线长3.8m。第二处基岩进入隧道范围0.70~2.13m,沿轴线长46.4m,基岩为中风化混合花岗岩和微风化混合花岗岩。第三处基岩进入隧道范围0.15~3.21m,沿轴线长约45.6m,发现基岩为中风化混合花岗岩和微风化混合花岗岩。第四处基岩进入隧道范围2.02~3.06m,基岩基本沿右线轴线分布39.0m,基岩面高程向大学城方向进入岩面抬升,发现基岩为中风化混合花岗岩和微风化混合花岗岩。

4.5.2 基岩处理措施

(1)第一处基岩处理措施

第一处基岩隆起位置位于2号盾构吊出井东侧。该处基岩隆起区域较小,长3.8m,宽5.2m,采取冲孔桩将盾构隧道内范围基岩冲碎,然后回填C15素混凝土。冲孔采用φ1200mm桩机。根据基岩隆起范围(图4-20),共需要冲18个孔,如图4-21所示。冲孔深度到隧道底部,深21m。冲至要求深度后回填C15素混凝土。

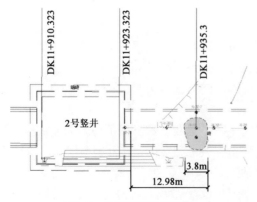

图4-20 基岩隆起范围平面图

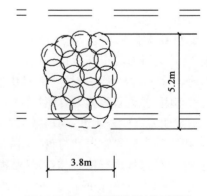

图4-21 第一处基岩隆起冲孔示意图

(2)第二处、第三处和第四处基岩处理

第二处、第三处和第四处基岩隆起区域较长,分别有 46.4m、45.6m 和 39m。在该三处区域分别选择三处区域预先进行地层加固,以备换刀;其他区域适当对砂层进行加固,防止地面坍塌。地层预加固方法采用 800mm 厚素混凝土连续墙 + ϕ600mm@500mm 旋喷桩加固;其他区域对砂层采用袖阀管注浆形式对砂层进行适当加固。

①连续墙施工处理

在需要预加固区域四周施工 800mm 厚 C15 素混凝土连续墙并完成封闭,采用 ϕ600mm 旋喷桩在连续墙封闭范围内进行地层加固。在地面加固方案处理措施完成后,抽芯检查地层加固效果,达到要求后,结合其他类似地层中刀具更换经验开始开舱清理盾构机,并更换刀具。按照以上方案处理后,盾构机处在封闭较好空间里,并加固地层使其强度较均匀,在盾构机到达前已加固完毕,盾构机破墙进入围挡内,如需换刀或基岩处理,都能更好地解决,减少换刀风险。连续墙施工横向范围为隧道轮廓线外 2.0m,纵向范围每 9.0m 一个区段,连续墙接头形式采用接头管柔性接头。

②地面旋喷桩加固

为了减少盾构机通过基岩突起区域时围岩的软硬差异,保证盾构能正常掘进,在素混凝土连续墙封闭范围内施工 ϕ600mm@500mm 双重管旋喷桩,对基岩附近土层进行加固处理。旋喷桩旋喷长度为砂层以上 1.0m 至隧道底部以下 3.0m,基岩部分入中风化岩层即可。

③袖阀管注浆

在地下连续墙加固区域以外采用袖阀管注浆技术对砂层范围进行注浆加固,加固范围为砂层以下 2.0m 至砂层以上 1.0m,浆液选择水泥—水玻璃双液浆,浆液浓度初步确定为 C:S = 1:(0.6~1.0)(体积比),水泥浆水灰比 0.8:1~1:1,水玻璃模数 2.6~2.8,水玻璃浓度 30~40°Be′。注浆压力控制在 1.0~1.5MPa,单孔每延米注浆量取 0.3m³。注浆参数可根据现场注浆效果做适当调整。注浆孔梅花形布置,间距 1.0m。袖阀管注浆加固范围上至砂层上 1.0m,下至砂层下 2.0m。第三处基岩隆起地段进行连续墙、旋喷桩和袖阀管注浆加固施工范围示意图如图 4-22 所示。

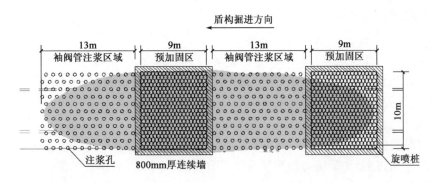

图 4-22 第三处连续墙、旋喷桩和袖阀管注浆加固施工范围示意图

4.6 穿越建(构)筑物盾构施工工程实例

4.6.1 盾构下穿管线施工关键技术

(1)工程概述

本工程中多个区间存在盾构隧道下穿管线施工的情况,宝宝区间、宝翻区间,内市政管线分布较为密集,共存在两条横穿创业路的燃气管线。盾构在掘进至里程DK3+583.2时,将第一次穿越一根中压燃气管线,在里程为DK3+813的位置时,盾构再次穿越一根次高压管燃气管线(图4-23)。区间隧道穿越地层主要为淤泥、砂层、砂质黏性土、粉质黏性土和黏性土层,局部存在圆砾、砾质黏性土及全风化花岗岩,结构松软,地质条件较差。翻灵区间1号竖井及创业立交桥下管线较多,施工范围内地下管线主要有燃气、电信、给水、雨水、电力管线及管沟,管线迁改难度大。部分管线采取就地保护。民五区间在里程DK22+397~DK22+525,下穿燃气管道,管道埋深3m,隧道拱顶埋深18.3m,地层土体主要为砂石土。

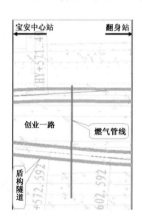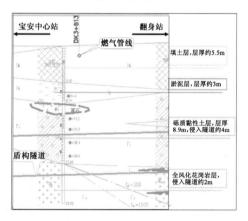

图4-23 宝翻区间燃气管线区域平纵断面图

(2)地下管线施工保护原则

①保护前摸清地下管线的具体情况,做好详细记录和标记。

②以埋深较深、管径大、对变形敏感的混凝土管、电力及电缆等管线为重点保护对象,采取相应的保护措施。其他管线以监测为指导,必要时采取跟踪保护措施。

③对一些现有状况较差难以控制的、接缝结构不牢固,及一些煤气、电力电缆等重要的管线,若根据监测结果出现预警时,采取对地下管线悬吊和加强监测的方法进行保护。

④每条地下管线的保护均与施工期间的交通疏解紧密结合,以使管线保护工作对地面交通和居民生活影响减到最小程度。

⑤盾构掘进过程中加强对盾构机的管理。通过合理确定土舱压力、推进速度、总推力、排土量、刀盘转速和扭矩、注浆压力和注浆量等参数和保证同步注浆质量的措施控制地表沉降来保护地下管线。同时根据地下管线调查的结果,确定管线保护的方法。

(3)地下管线保护措施

①盾构掘进的施工控制

盾构法施工影响地表沉降的因素很多,如地质条件、隧道埋深、土舱压力、注浆量及注浆压力、地下水位变化、施工多次扰动等。根据以往工程经验和理论分析,影响地表沉降的主要因素为开挖面土舱压力、管片衬砌背后的注浆量和施工引起地下水位变化情况。

a. 合理确定土舱压力,保证开挖面的稳定。

根据地质条件和地下水状态,确定各地段土舱压力值,通过调整推进速度和螺旋输送器的转速,使土舱压力与开挖面土压力相应以保证工作面的稳定。并在掘进中根据信息化施工反馈信息进行及时调整。

b. 保证同步注浆质量。

盾尾空隙是盾构施工中引起地层变形的主要因素,地基下沉的大小受同步注浆材料材质及注浆时间、位置、压力、数量的影响。盾构施工中严格执行"掘进与注浆同步、不注浆不掘进"的原则,加强设备管理,确保同步注浆不间断进行,保证注浆量足,必要时进行二次补充注浆。通过管线期间注浆采用水泥220kg、粉煤灰200kg、膨润土150kg、砂760kg的配合比,以便浆液能快速凝固,注浆量每环不得小于6m³。隧道贯通后要对管线区域进行二次注浆,防止后期沉降对管线造成影响。

c. 防止管片变形。

接头螺栓紧固不足时,管片容易变形,盾尾空隙的实际量增大,盾尾脱出后外压不均等使衬砌变形变位,从而增大地基下沉。盾尾脱出后管片通过真圆保持器作用使其保持真圆状态,并进行二次拧紧螺栓防止管片变形。

d. 防止地下水流失。

防止从管片接头、壁后注浆孔等漏水,进行管片安装和防水施工按施工要求进行,保证施工质量。同时,掘进过程中采取在土舱和螺旋输送器内注入膨润土、泡沫等措施,改善渣土性能来控制地下水的流失。

e. 推进过程中减少对围岩的扰动。

为了减少推进中盾构与围岩之间摩擦,尽量不扰动围岩,减少盾构偏转及横向偏移等防止蛇行发生。

②加强施工监测控制和信息反馈

盾构隧道施工过程中全程对地下管线监控量测,并及时对监测数据进行分析,分析引起沉降的主要原因,并根据分析结果及时信息反馈到施工,及时调整施工参数,如土舱压力、注浆量、注浆压力、掘进速度等。

根据规范要求,每条管线的测点间距为6m。测点尽量做成直接测点,布置直接测点时将测点布置处的管线暴露,严格按照图所示埋设,通过地表的变位来反应管线的变位,同时布置沉降观测点。在测量的过程中,对于每次的监测结果根据水平位移与沉降换算出管线的曲率,对施工起指导作用。初始监测频率为1次/d,以后根据具体情况调整。

开挖覆土(圆锥形)至管顶作为监测点,用圆台形混凝土盖保护,如图4-24所示。部分场地不允许做上述监测点时,采用在管线旁预埋短钢筋,使预埋钢筋和管线接触。采用配有测微器的水准仪进行精密水准量测。监测警界值:10～50mm。当达到警界值时采取相应的保护措施。

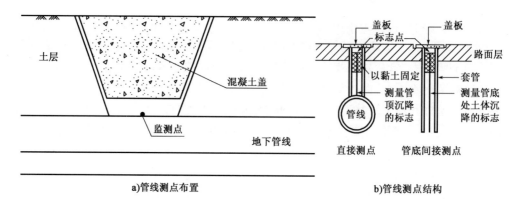

a) 管线测点布置　　　　　　　　　b) 管线测点结构

图 4-24　管线测点布置和测点结构图

③注浆保护

对地层软弱、隧道埋深较浅的混凝土排水管,必要时采取跟踪注浆。边注浆边监测,注浆时严格控制注浆压力,确保管线安全。注浆管直径取 40mm,钻孔与水平面的倾角取 60°,孔距取 1.0m,注浆材料采用水泥浆,注浆压力取 0.1~0.3MPa。如果浆液不下沉,则可逐渐加大压力,但不超过 0.6MPa,注浆在 10~15min 内再不下沉则可停止注降。

注浆点位布置图和注浆管布置分别如图 4-25 和图 4-26 示。

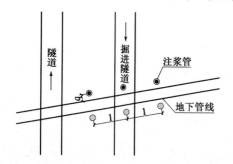

图 4-25　注浆点位平面图(尺寸单位:m)
注:注浆管沿管线中心线对称布置。

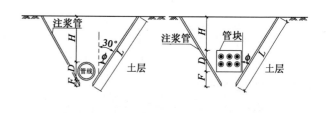

图 4-26　混凝土管块注浆管布置断面图
L-注浆管长度;H-地下管线埋深;ϕ-注浆管倾斜度(取 30°);
D-管线直径;F-富余量

④悬吊保护

对部分注浆难以控制的管线,采取悬吊的保护措施。在管线上部的土方开挖,采用人工开挖。管线暴露后,立即对管线进行支托和吊挂,如图 4-27 所示。

施工前进行结构受力计算,保证支撑架的强度和刚度满足管线的受力和变形要求;采用人工掏挖一节悬吊一节的方法施工,保证管线不受损、不变形;悬吊管线周围用吊篮保护,并悬挂安全标志,对高压电缆线用绝缘材料套捆,防止损坏绝缘

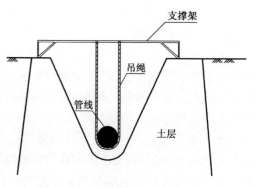

图 4-27　管线悬吊保护示意图

层;管线上设观测点,进行沉降监测,检查连接点状况,定期进行维修和调整。沉降稳定后,进行土方回填时,采用人工夯实,边夯实边监测。

4.6.2 盾构下穿广深准高速铁路施工关键技术

(1) 工程概述

长龙站—布吉站起于长龙站后端至布吉站前端,线路出长龙站后沿吉华路下穿金鹏路,之后下穿布吉公园、广深铁路,到达布吉站,如图4-28所示。区间隧道在左DK31+317.569~DK31+392.037(16~66环)范围内平面斜交穿越广深铁路,隧道中心线与铁路中心线的平面交角为77°,左线斜交的铁路里程为DK138+282,共计8股道。穿越长度约58m。区间和铁路的竖向净距为13.7m,区间周边围岩为全风化角岩层。土层从上到下分别为:素填土、砾砂、粉质黏土、全风化角岩、强风化角岩、中风化角岩。隧道在DK31+350处覆土最浅,约为13.3m。

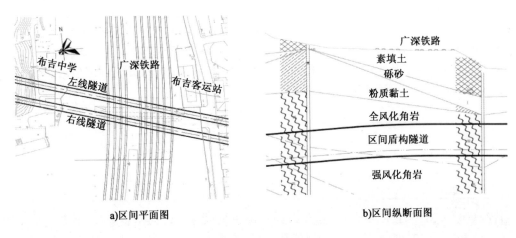

图4-28 下穿广深铁路平纵断面

广深铁路作为国家准高速铁路,对地表沉降的要求极高。通过实际资料提炼和分析,本工程中技术难点体现在以下几个方面:

①加固措施要到位。在推进前,由于盾构掘进会造成地应力重分布,地表位移产生变化,需要对地表进行旋喷桩预注浆进行加固,并且需要预留注浆孔;在推进时发生隆沉趋势应及时加以跟踪注浆,而旋喷桩工艺复杂,注浆时通过如何保证注浆效果,并不断改变措施,使地表隆沉在规定范围内是一大难题。

②掘进参数的合理选择。盾构掘进中如果不能够合适地选择盾构掘进参数,推力过大,出土量过多,会对地表隆沉产生不良后果,极大地影响工程质量。

③需要进行实时监测。由于广深铁路运行着动车组,所以在下穿时对它的监测极其重要。该区域布点多,点位数量大,精度高,是监测的一大难点。

(2) 推进前预加固

盾构推进前,铁路线路应进行预加固。下穿区域铁路线路两侧设4排旋喷桩,桩间范围内路基分层注浆加固,加固剖面图如图4-29所示。

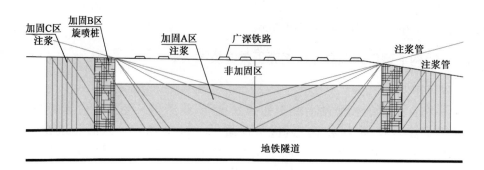

图 4-29　铁路线路加固剖面图

首先进行广深铁路路两侧(B 区)的旋喷桩施工,起加固和隔断及控制变形的作用。加固过程中应控制施工速度,以减小施工对广深铁路的影响;旋喷桩施工期间必须对广深铁路进行监护和监测,根据监测结果调整施工参数,并通知铁路部门对线路进行及时养护。旋喷桩单桩直径为 0.8m,桩与桩相互咬合量为 0.2m,水泥掺入量 460kg/m³,加固土体无侧限抗压强度大于 0.8MPa,渗透系数 $k \leqslant 10^{-8}$cm/s。浆液为自来水和普通硅酸盐 R32.5 水泥,比例为 1∶1。旋喷桩施工工艺为:定孔位→钻机造孔→浆液配制→浆液喷射→旋摆提升→冲洗桩孔→成桩→移至下一孔位。旋喷桩相关参数见表 4-9。

旋喷桩相关参数　　　　　　　　表 4-9

项　　目	参　　数	项　　目	参　　数
浆液压力(MPa)	20~25	提升速度(m/min)	0.15~0.2
浆液流量(L/min)	100~150	旋转速度(转/min)	10~20
喷嘴个数和直径	1 个,2mm		

其次施工 A、C 等注浆加固区。施工线路下部主加固区(A)时对铁路线路应采取以下保护措施:采用分层注浆加固,实施第一层斜孔注浆,注浆孔与地面的夹角为 15°,并采用复合浆液,缩短胶凝时间,以控制注浆压力和扩散范围,注浆压力和注浆速度根据线路轨道变形的监测数据进行调整,减小注浆对基床的影响。次加固区(C)采用竖直施作注浆孔,复合浆液,一次性加固完成。A~C 加固要求逐渐降低,在强度及刚度上形成过渡。

(3)掘进参数的合理选择

在掘进过程中盾构掘进参数的正确选择,直接关系到盾构掘进是否正常进行。参数选择不当或者应操作失误而导致参数设定错误,在实际工程中将会酿成巨大灾难。

①土舱压力

由于该区域地层绝大部分为软土,局部夹杂强风化角岩,渣土黏性大,含水率小,极易形成泥饼;自稳性较差,不具备开舱条件。一旦形成泥饼,推进将变得异常艰难。推进过程中必须全程加水以调整土舱渣土性状,以出土为流塑状为宜。另外,通过调整盾构机的排土量来实现土压平衡,控制地层压力与土舱压力的差值在一定范围,将土舱压力波动控制在最小幅度,以控制地面沉降。盾构穿越广深铁路推进过程中顶部土舱压力不宜过大,土舱压力平均值控制在 0.11MPa 左右,否则场内过多的积土难以与水搅拌均匀,将导致出土不畅,形成泥饼。

②转速和扭矩

下穿铁路时,应适当提高刀盘转速,以充分混合渣土与水,但同时需要保持一个比较稳定的值,防止土体扰动过大。盾构穿越广深铁路推进过程中平均转速为 1.8r/min,由于易结泥饼,扭矩一般比较大,平均扭矩为 2.0MN·m。

③推力和掘进速度

推进速度受到推力大小的控制,盾构穿越广深铁路推进过程中平均掘进速度为 37mm/min,平均推力大小为 10440kN。掘进过程中不能因为提高速度而加大推力,推力增大将会导致前方土体隆起,在本工程中是绝对不能允许的。如需要适当加大推力,应该缓慢加大,切忌猛推。

④出土量大小

推进过程中要严格控制出土量,保证掘进进尺与出土量匹配。一般来说,每掘进 100mm,所出松散土方量 $4.3m^3$,每环控制在 $6m^3$ 以内。广深铁路掘进过程中要杜绝开舱,保证土舱压力足够平衡掌子面的反力,使前方土体稳定不沉降。如果在推进过程中发现进尺与出土量不匹配,有超挖趋势,或判断因刀盘位置土体塌方导致土舱压力突然大幅增加,应立即停止出土,加力,保压继续推进至土舱压力稳定后停机。无论推进过程中加入多少水,出土含水率有多高,都不能作为出土超量的合理原因。

(4)盾构机姿态控制

盾构掘进中不可避免地会有纠偏,下穿广深铁路时应该做到纠偏量少,轴线控制精度高。盾构机姿态一旦发生偏差,需要及时纠正。纠偏关键在于"逐步纠正,不得猛纠硬调",具体应做到如下几点:

①盾构下坡推进时,要防止盾构"磕头";盾构上坡推进时,要防止"抬头"。每次纠偏幅度不得过大,调整切口水压设定值,确保切口土体不下沉、不隆起或少隆起。

②控制盾构轴线,利用控制盾构纵坡来控制盾构高程位置;利用两个对称千斤顶伸出的差值,控制盾构平面位置。

③选择合理的压浆位置,利用压浆的压力调整管片和盾构的相对位置,改善盾构的纠偏条件。

(5)监控量测

在整个下穿过程中,将通过各项监测数据不断调整盾构掘进参数,从而保证盾构正常进行。控制地表沉降是施工中的难点,所以隧道外地表沉降观测是监测布点的重中之重。

基点应埋设在沉降影响范围以外的稳定区域,并且应埋设在视野开阔、通视条件较好的地方,基点要牢固可靠,地表沉降测点埋设时应用冲击钻钻孔,然后放入长 200~300mm、直径 20~30mm 的圆头钢筋,四周用水泥砂浆填实。在盾构下穿铁路线左线两侧范围内,沿隧道中线上方地面平均每隔 3m 建立一个监测横断面,平均每 5m 设一个沉降测点。每个断面上布设至少 5 个观测点,分别布设于轨道两旁和就近地面上,共计 117 个点。根据铁路沉降相关规范,监测设计基准值、部分沉降和偏移报警值见表 4-10 和表 4-11。

监测设计基准值 表 4-10

监测项目	路基沉降	拱顶下沉	轨道沉降	水平收敛
允许值	5mm	50mm	4mm	0.005B(隧道宽度)

沉降和偏移报警值   表 4-11

序 号	监测项目	累计变化量报警(mm)	速率报警(mm/d)
1	地表沉降	+4，-4	1
2	轨道沉降	+3，-3	1
3	线路偏移	+6，-4	2

观测时间从 2009 年 5 月 15 ~ 5 月 22 日，以 DKZ31 + 317 ~ DK31 + 356 中隧道中心线测点 D-3 为研究对象，变化时间为横坐标，沉降量为纵坐标建立各断面隧道中线测点纵剖面变化曲线如图 4-30 所示。

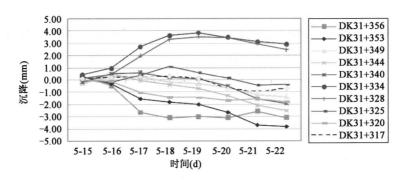

图 4-30　各断面 D-3 隧道中心测点随时间变化曲线

从统计图形可以看出，各段面中心点沉降点在 21 号后开始收敛，隧道中心里程各点最大累计沉降量为 DK31 + 353 中的 D-3 点，累计沉降量 3.79mm；最大隆起点为 DK31 + 334 中的 D-3 点，在 5 月 19 日时隆起值达到 3.83mm，随后开始下沉，并保持稳定。说明此时通过实时监测不断调整掘进参数，使地表沉起没较大变化。测量结果表明，监测项目累计变化在规定范围内，能够保证广深铁路准高速的正常运行，同时也能保证施工的正常进行。

(6) 盾构下穿铁路施工力学特性分析

①实体模型建立

计算采用有限差分程序 FLAC3D 建立三维模型，横向取 28m，竖向取 24m，向上取至地表，向下取隧道中心以下 10m，沿隧道长度方向取 42m，共 28 环。左、右、前、后边界施加水平方向约束，底面限制垂直位移，顶面为自由面。初始应力只考虑自重应力场的影响。地层、管片、注浆浆液均视为理想弹塑性材料，服从 Mohr-Coulomb 屈服准则；管片和同步注浆浆液均采用壳单元；地层和桩基则采用实体单元模拟。模型共有 84368 个单元，89648 个节点。盾构机长 7.5m，盾构外径 6.25m，管片宽 1.5m，厚 300mm，盾尾间隙厚 75mm。广深准高速铁路路基未加固和加固后的盾构隧道三维计算模型如图 4-31 所示。

根据地质勘察资料，该计算模型段地质分层从上而下分别为：2m 的素填土、6m 的粉质黏土、2m 的全风化角岩、8m 的强风化角岩和 6m 的强风化角岩。各土层的物理力学参数见表 4-12。

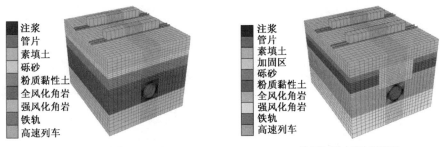

a)地层未加固的计算模型　　　　　　b)地层加固后的计算模型

图 4-31　盾构下穿广深准高速铁路三维计算模型图

各种材料力学参数表　　　　　　　　　　　　　　　表 4-12

土　层	密度 (kg/m³)	c (kPa)	φ (°)	泊松比 ν	弹性模量 (MPa)	剪切模量 (MPa)
素填土	1780	28.9	21.4	0.2	38.1	17.9
砾砂	1930	33.1	18.3	0.3	46.1	19.2
粉质黏性土	1850	26.7	21.4	0.28	36.3	14.5
全风化角岩	1890	29.4	22.0	0.26	46.1	18.3
强风化角岩	1890	30.6	24.2	0.22	46.9	19.2
中风化角岩	1900	30.86	27.1	0.21	48.1	19.3
加固区	2200	20	29.8	0.2	25	10
固态注浆体	2200	600	30	0.2	7000	3010
管片	2500	1500	35	0.17	35500	28000

②计算结果分析

a. 应力分布分析

选择两列高速列车相向行驶至盾构隧道开挖面上部时的最不利情况作为研究对象。当铁路路基未进行和进行注浆加固两种不同工况时,盾构推进 42m 即 28 环,最大主应力和最小主应力云图分别如图 4-32 和图 4-33 所示。

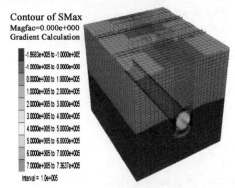
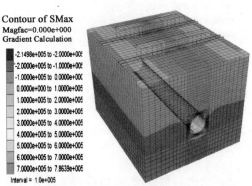

a)地层未加固掘进42m时最大主应力云图　　　b)地层加固后掘进42m时最大主应力云图

图 4-32　盾构掘进 42m 时最大主应力云图

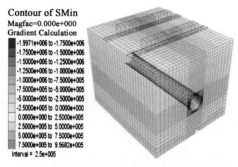 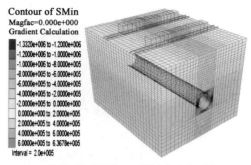

a) 地层未加固掘进42m时最小主应力云图　　b) 地层加固后掘进42m时最小主应力云图

图 4-33　盾构掘进 42m 时最小主应力云图

从图中可以看出,当路基未进行加固时,最大主应力值出现在拱腰位置,最大值达到 0.8MPa,最小主应力值出现在隧道拱顶的位置,最小值达到 -2.0MPa。当路基下方进行旋喷桩和双液浆加固后,地层刚度增大,抵抗变形能力和承受的应力增大,使盾构隧道所承受的主应力减小,隧道衬砌的最大主应力值和最小主应力值均有所降低。最大主应力值出现在拱底的位置,最大值为 0.78MPa,最小主应力值出现在隧道拱腰上方的位置,最小值为 -1.25MPa,均远远小于盾构管片的设计强度。因此,在地层加固后,盾构隧道施工时,管片衬砌应力减小,盾构管片所受到的内力不足以使管片结果产生破坏,管片结构仍有较大的安全富余量,安全性更高。

b. 地层沉降分析

从地层沉降图 4-34 中可以看出,当盾构开挖后,拱顶上部的地层产生沉降,拱底下部的地层产生隆起,拼装上的管片衬砌由于与地层密贴。因此,隧道拱顶也产生沉降,拱底隆起,并随着盾构的推进,已经拼装上的盾构管片的隆沉变形也越来越明显。随着与隧道距离的不断加大,地表沉降量也随之减小,地表沉降曲线基本上符合正态分布规律,同时也验证了横向沉降槽理论。

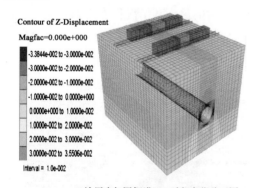 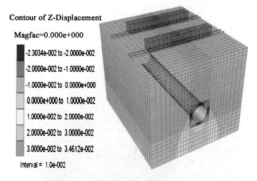

a) 地层未加固掘进42m时竖向位移云图　　b) 地层加固后掘进42m时竖向位移云图

图 4-34　盾构掘进 42m 时竖向位移云图

地层未进行加固前,隧道拱顶的最大沉降量达到 24mm,隧道底部最大隆起量有 32mm,铁轨沉降达到 33mm。这样一个沉降值将不但使列车上的乘客感觉不舒适,更重要的会给高速行使的列车带来较大的安全隐患。在地层加固之后,隧道衬砌的变形降低,隧道拱顶和拱底的最大沉降量和隆起量分别为 18.5mm 和 30.5mm；最重要的是当列车行使过盾构隧道开挖面上方时，铁轨的沉降却不足 10mm。这个沉降值，不仅会使乘客感觉到乘车的舒适感，而且能够保证列车高速行驶的安全。从而能够证明，对铁路路基下方，隧道上方地层进行旋喷桩和双液浆加固的施工方法是合理可行的，能够使土压平衡盾构施工对列车行使的影响降低至可承受的范围内，并能保证高速列车运营的安全。

4.6.3 盾构下穿公路施工关键技术

本工程中盾构机将下穿众多道路，其中有一般的道路，也有像广深高速公路这样的重要公路。现以广州通往深圳的 107 国道为例，总结盾构下穿公路施工的关键技术。

(1) 工程概述

翻身至灵芝区间位于深圳市宝安区，线路出翻身站后，沿创业一路下穿碧海花园、创业立交桥、107 国道、宝民路，之后沿创业二路下穿海明宾馆、宝安汽车站、建安一路，到达灵芝站。区间隧道在里程 DK4+702～DK4+734 位置下穿 107 国道，其路面宽度为 32m，双向 8 车道，为南北走向。该处地质为砾质黏性土、砾砂层、人工回填土。其中拱顶以上为砾质黏性土，厚度为 11.6～12.2m；人工回填土厚度为 1.7～3.7m；在人工回填土与砾质黏性土中间为砾砂层，厚度为 5.6～6.4m。

(2) 盾构机掘进控制措施

107 国道是深圳与广州两地之间的一条交通要道，公路等级高，车流量大。因此当盾构机刀盘快要到达其正下方时，应该适当降低推进速度，减少对地层扰动。在下穿 107 国道的过程中，要控制好掘进参数，在保证施工安全的前提下，快速通过。翻灵区间左线隧道从 482 环开始进入 107 国道正下方，至 493 环结束，共计 22 环。盾构机掘进控制措施如下：

① 土舱压力

采用土压平衡模式进行推进，土舱压力(1 号传感器)控制在 0.15MPa 左右，停机保压时则要适当将压力增大到 0.18MPa，避免盾构机因长时间停机造成掌子面土体坍塌。

② 千斤顶推力和推进速度

此处埋深 19m，根据土压力计算以及以往施工经验，盾构机千斤顶总推力值控制在 13000kN 左右。推进速度也控制在 40mm/min 左右。但是当刚进入国道正下方时，由于突遇孤石，千斤顶总推力明显增大，最大值达到 16000kN，速度也显著下降，平均只有 15～20mm/min；当顺利通过孤石段时，推力和推进速度又恢复正常。

③ 扭矩和刀盘转速

刀盘转速基本上都控制在 1.4r/min 不变，扭矩则除了在突遇孤石和离开国道的位置时出现较大波动外，其他绝大多数时候都保持在 1.1～1.5MN·m 之间。盾构机各项掘进参数如图 4-35 所示。

④ 同步注浆量及注浆压力控制

同步注浆浆液初凝时间为 6～8h，注浆压力取 0.2～0.5MPa，注浆量大于或等于 6m³/环。

⑤ 出土量

根据计算，每掘进一环理论开挖土体体积为 60m³。掘进过程中，时刻注意控制掘进速度和螺旋输送机出土速度，使掘削土量等于出土量，以避免多出土，保证掌子面及拱顶土体稳定。

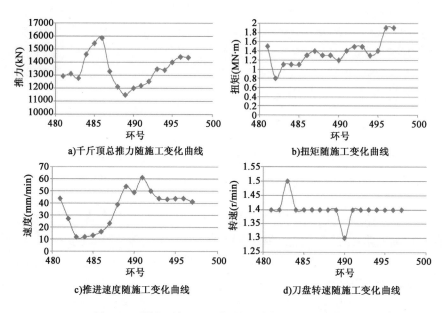

图 4-35 盾构机下穿 107 国道时掘进参数随施工变化曲线

(3) 盾构推进时可能遇到的问题及处理对策

①突遇孤石

根据地质资料显示,翻灵区间地质复杂,地层变换频繁,隧道所处地层多为花岗岩残积层和全风化花岗岩层。为了保持国道行车畅通,前期未对其进行地质补勘,地层中存在少量孤石的可能性较大。当掘进中遇到孤石时,可采取以下措施:

a. 盾构机直接推进

当遇到少量孤石时,为了避免工期延误,在保证施工安全的前提下,盾构机可以直接切削通过。107 国道路面宽度仅 32m,若采用停机破除或者注浆加固等措施,势必造成成本和工期增加,所增加的一些辅助措施将影响两地车辆的正常通行。因此,采用低贯入度、低转速的方式对其进行切削,靠刀盘的冲击破碎能力通过孤石区域。

b. 人工破除

盾构机司机可以根据以往经验以及掘进时刀盘前方发出的声音、盾构机震动等情况来判断盾构机的工作状态和前方掌子面孤石的分布情况及其特点。如若发现盾构机推进困难,应立即停止掘进,小心开舱检查掌子面孤石以及刀具磨损情况。在掌子面土体自稳条件较好的情况下,可以对孤石采用岩石劈裂机进行破碎;如掌子面土体自稳性能不佳,应采用带压进舱的方式对孤石进行处理;若刀具磨损较为严重,在带压的情况下一并将达到更换磨损量的刀具换掉。

②沉降超限

虽然有详细的盾构施工方案,但是实际施工中地层沉降的问题仍然不可避免,因为具体工程地质和水文地质特征的判断,以及盾构机操作人员的责任心等人为因素也是控制地层沉降至关重要的因素。当监测数据显示,地面沉降沉降变形超限时,立即分析原因,改正操作中的不规范行为,并从地面打设孔洞进行双液浆加固。

路面沉降超限主要有以下三个原因引起:

a. 同步注浆压力及注浆量不足引起地表沉降。同步注浆压力不足,造成浆液不能有效地进入土体的裂隙,而注浆量不足则难以将管片与围岩间的空隙填满。其表现为管片脱出盾尾后,在盾尾后部地表沉降会继续发展。

b. 土舱压力不足引起地表沉降。当土舱压力不足以平衡掌子面水土压力时,在受到刀盘转动而产生的扰动后,掌子面土体有向刀盘面板坍塌的趋势,表现为盾构机切口环前后20m地表均会产生不同程度的沉降。

c. 出土量不正常引起地表沉降。盾构机在具有上软下硬特征的残积层中掘进,很可能会使上半断面及拱顶上方土体因受扰动而小范围坍塌,造成多出土或喷涌现象,从而引起地表沉降。

在分析得出路面沉降的原因后,根据不同原因采取相应的措施。若是由于同步注浆引起时,则要在隧道内相应里程及前后各5环管片位置进行二次补强注浆,浆液采用水泥水玻璃双液浆,以注浆压力对其控制,注浆压力控制在0.3~0.4MPa之间。在其后的推进过程中,严格按照注浆量和注浆压力双重指标控制同步注浆,在下穿107国道过程中注浆量增加约20%,达到7m³左右。而土舱压力不足导致路面沉降时,则应重新进行土压力计算,将计算结果适当增加0.02MPa作为新的土舱压力值;同时盾构司机还要根据经验以及现场情况再进行适当调整,得出最适当的土压值;还应注入足量的泡沫,保证渣土改良效果,从而使得土压力传感器准确地反映土舱压力。

当掘进过程中发现出土量异常时,应保持较快速度推进;同时对相应里程地面进行围蔽打孔,对地面以下3~5m的位置进行注浆加固施工。围蔽时,不完全阻隔交通,保持两车道通行;若路面没有围蔽条件时,则要打设斜孔注浆。浆液采用水泥水玻璃双液浆,以注浆压力和地面监测数据进行双控,注浆压力不超过2MPa,同时保证地面不隆起。

③多出土

在盾构施工过程中,由于地质和人为因素等原因,多出土的情况时有发生,5辆渣斗车都装载不了本环所切削下来的土体,而不得不让蓄电池车多来回运输一趟,不仅增加了作业成本和时间,更为严重的是,将导致地层沉降,甚至是塌方。

造成多出土有三方面的原因:

a. 地质因素。当地层中含有砂砾层等含水率较大的土体时,盾构刀盘切削掌子面围岩,扰动了土体,导致含水砂层瞬时产生小部坍塌,坍塌的土体进入土舱,随后便被螺旋输送机排出,上部土体则下沉补给其空洞,因此,空洞体积的大小即为多出土体积的大小。

b. 人为因素。当盾构掘进参数控制不当,也会导致出土量增加,尤其是推进速度和刀盘扭矩增大时,对土体的扰动也随之而增大,前方自稳性较弱的土体极易塌落。

c. 泡沫注入量不足导致土体的流塑性不足也是出土量增多的另一诱因。

控制多出土的措施有:在有条件的情况下,对工程地质条件进行更为详细的补勘,尽可能对地质情况有更为充分而全面的了解,然后才能制订出更加合理和具体的施工方案;控制好盾构推进时的各项参数,尤其是刀盘扭矩和转速等,尽量减少对掌子面土体的扰动,增加泡沫注入量,保证土体具有优良的流塑性。

④结泥饼

107国道下方地质以砾质黏性土为主,由于盾构机刀盘自身的制约(中心区开口率低,仅为28%),盾构机在高黏性土或砂砾岩等地层中掘进时可能会在刀盘尤其是中心区部位产生泥饼。当产生泥饼后,掘进速度急剧下降,刀盘扭矩也会显著上升,大大降低开挖效率,甚至无法掘进。因此盾构司机要加强对刀盘结泥饼现象的预测,对掘进参数进行比较,如果出现刀盘扭矩显著增大,推进速度降低,推力增大的情况,且出渣温度过高(>50℃),则可判断刀盘或者土舱内已结泥饼。施工中应采取以下主要技术措施防止泥饼形成:

a. 加强盾构掘进时的地质预测和出土管理,特别是在黏性土中掘进时,更加密切注意开挖面的地质情况和刀盘的工作状态。

b. 增加泡沫注入量,降低渣土的黏附性,增加土体的流塑性,降低泥饼产生的概率。

c. 一旦发现产生泥饼,及时采取对策。当判断泥饼刚形成时,可通过间断调整刀盘转动方向、调整泡沫注入量来消除泥饼。当泥饼结成时间较长时则采用泥饼分散剂,浸泡土舱内土体,使其分散,必要时采用人工处理的方式清除泥饼。

⑤防喷涌措施

在砂砾层和砾质黏性土地层中容易产生喷涌现象,而已成型的隧道背后渗流水汇集到开挖面是产生喷涌的主要原因。因此,要防止喷涌的发生,就必须对隧道背后渗流水汇集通道进行封堵。根据以往施工经验,采取对背后间隙进行同步注浆和补充二次注浆的方式,能有效防止汇水通道的形成。在本段隧道掘进过程中,在桥架与1号台车连接位置每隔10m做二次注浆封水环,以防止喷涌的发生。二次注浆采用水泥水玻璃双液浆,注浆压力控制在0.2~0.4MPa。

4.6.4 盾构下穿立交桥施工关键技术

本工程中盾构隧道下穿广深高速立交桥和梅观立交桥。现以盾构下穿广深高速立交桥施工为例,总结土压平衡盾构机穿越立交桥施工时的关键技术措施。

(1)工程概述

广深高速公路在K100+220处与深圳地铁5号线相交,相交处为广深高速立交桥。该桥为双墩三跨桥,中跨16m,边跨16.02m,采用φ1200mm钻孔灌注桩基础,桩底为中风化岩层。桥台下桩基底高程为-6.247m,桥墩下桩基底高程为-10.247m。盾构于兴东站始发,在DK7+149处穿越广深高速立交桥。广深高速立交桥为桩基础,线路自桥跨间通过,隧道外轮廓距离桩边缘1.6m以上。隧道洞身与桩基础位置关系如图4-36所示,广深高速立交桥现状如图4-37所示。

本段隧道通过砾质黏性土,地层厚度为10m,主要由花岗岩风化残积组成,含约20%~25%的石英质砾石。上层覆约2m素填土,向下依次为软土层、粉质黏土、砾砂层,下卧全风化和中风化花岗岩。根据详勘揭露盾构隧道穿越广深立交桥地段时左线隧道穿过砾质黏性土土体,右线隧道上断面一小部分断面穿过砾质黏性土土体,其余断面穿过全风化花岗岩土体。

(2)下穿立交桥前的准备工作

①设备检修

在盾构机通过前15m即DK7+179时,全面检修盾构机,对盾构机存在的一些问题彻底解决,为盾构机过立交桥做好准备。

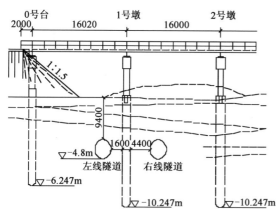

图 4-36 隧道洞身与桩基础位置关系(尺寸单位:mm)

图 4-37 广深立交桥现状

其中包括：
a. 驱动动力系统,如电机、油马达、高压油管等。
b. 电气控制系统中的电磁阀、接触器以及传感器。
c. 注浆系统,检修注浆泵、清通注浆管路,使之保持畅通。
d. 渣土改良装置,检修泡沫泵、水泵,清通管路,使之保持畅通。
e. 运输系统,含皮带机及蓄电池车。改造皮带机,在螺旋泵出口处的皮带下部设置刮泥板,使之少落泥;尤其是蓄电池车,必须保证制动系统正常工作。
f. 盾尾排水设备,潜水泵为备用设备。
g. 气压设备按照 0.3MPa 压力进行保压试验,对气压设备的气密性进行全面检查。
h. 检查铰接密封、盾尾密封,保证各部位具有良好的密封性能。

②监测点布设

在盾构机通过前,做好监测点布置,并取得原始数据。

③刀盘磨损和泥饼预测

对孤石的预测:对前期掘进数据进行分析,并与通过立交桥前的数据相比较,看推力、扭矩、掘进速度等数据是否有突变及异常,结合推进过程中的异常情况和渣土的性状分析,得出是否遇见孤石的结论。

对刀盘结泥饼的预测:对掘进参数进行比较,如果出现刀盘扭矩显著增大,推进速度降低,推力增大的情况,且出渣温度过高(>50℃),则可判断刀盘或者土舱内已结泥饼。

(3)掘进参数控制

①控制掘进速度

盾构掘进速度 = 刀盘转速 × 掘进度(又叫贯入度,即刀盘每转的进尺)。在选定刀盘转速后,盾构机操作手唯一能直接控制的就是调整掘进速度电位器的值。由于岩层情况不同,掘进所需要的扭矩和推力不同,实际到达的掘进速度也不尽相同。盾构机操作手根据扭矩、推力的情况及刀盘振动、出土情况选择掘进速度电位器选择值大小来调解掘进速度。

掘进速度、刀盘转速、贯入度和掘进速度电位器选择值这几个参数都是相互促进又相互制约的。当要提高掘进速度时就必须提高刀盘转速和贯入度以及选择较大的掘进速度电位器值。随着掘进速度的增加,贯入度不断加大,伴随而来的是刀盘扭矩的增加。如果刀盘扭矩过大会加大整个传动系统的负荷,最终导致超荷而停止掘进。所以当刀盘扭矩随着掘进速度升高而升高时,就必须控制好掘进速度、刀盘转速、贯入度和掘进速度电位器选择值之间的关系,从而到达一个合理值使掘进处于正常状态。

因此,掘进速度主要根据地层土质、刀盘转速、扭矩等因素综合确定,不同的地质条件,应选择不同的掘进速度。土压平衡盾构机是依靠排土来控制的,所以土舱的入土量必须与出土量匹配。由于掘进速度和排土量的变化,土舱压力也会在地层压力值附近波动,施工中应控制调整掘进速度和排土量的配合,使压力波动控制在最小幅度。

在盾构机距离钻孔桩15m即DK7+179时降低推进速度,将掘进速度控制在20～40mm/min,以便保证出土量、正面土压力及注浆均匀、及时。

②控制盾构推力

盾构向前行进是靠安装在支撑环周围的千斤顶顶力,各千斤顶推力之和就是盾构的总推力。盾构总推力包括盾构施工全过程中遇到的阻力。盾构的总推力必须大于各推进阻力的总和,否则盾构无法向前推进。根据本工程地层情况和施工条件,盾构机推力取值为9000～11000kN。

③控制土舱压力

土舱压力是控制开挖面平衡的关键因素。刀盘切削下来的渣土充满土舱,与此同时,螺旋输送机排土。掘进过程中始终维持切削土量与排土量相等来确保切削面的稳定及防止地下水的涌入。

土舱压力主要取决于刀盘开挖面前的水土压力,一般取刀盘中心处的水土压力为准,按以下经验公式计算:

土压力:

$$p_0 = k_0 \cdot \gamma \cdot H \tag{4-2}$$

式中:p_0——静止土压力;

k_0——静止土压系数;

$$k_0 = 1 - \sin\varphi'$$

φ'——有效内摩擦角,$\varphi' = 26.4°$;

γ——掘削地层的土体重度(kN/m^3),$\gamma = 18kN/m^3$;

H——掘削面拱顶到地面的覆盖土层的厚度(m),$H = 9.4m$。

$p_0 = k_0 \cdot \gamma \cdot H = (1 - 0.4446) \times 18 \times 9.4 = 93.97 kN/m^2 = 93.9 kPa$

在通过广深高速时,采取土压平衡模式进行掘进,为控制地表沉降设定掘进土舱压力为0.1MPa(根据实际情况可作适当调整)。

④控制同步注浆

根据广深立交桥下的地质、水文及隧道埋深情况按以下理论公式计算注浆量。

注浆量:

$$q = \left[\frac{\pi}{4}(D_1^2 - D_2^2)\right]ma \tag{4-3}$$

式中:D_1——理论掘削外径,$D_1 = 6.28m$;

D_2——管片外径,$D_2 = 6m$;

m——每环长度，$m = 1.5\mathrm{m}$；

a——注入率，一般取 $1.3 \sim 1.8$，根据本区间始发掘进段经验，取 $a = 1.5$。

$$q = \left[\frac{\pi}{4}(6.28^2 - 6^2)\right] \times 1.5 \times 1.5 = 6.07\mathrm{m}^3$$

同步注浆与盾构掘进同时进行，通过同步注浆系统及盾尾的内置注浆管，在盾构向前推进盾尾空隙形成的同时进行，采用双泵四管路（四注入点）对称同时注浆，如图4-38所示。为保证达到对环向空隙的有效充填，同时又能确保管片结构不因注浆产生变形和损坏，根据计算和经验，注浆压力取值为 $0.2 \sim 0.5\mathrm{MPa}$。由于在盾构掘进中，对周围土体产生一定的扰动，因此，在注浆时，不仅考虑到浆液要充满管片背后的空隙，同时还要渗透至周边的土层中，所以要求注浆量比计算的空隙要大些，一般取为理论空隙体积的 $130\% \sim 180\%$。根据区间地质情况，取系数为 150%，每环注浆量约为 $6\mathrm{m}^3$。

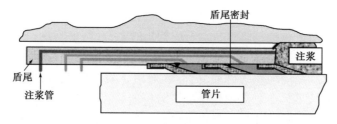

图4-38 同步注浆示意图

⑤控制二次注浆

同步注浆没有达到理想效果，不能及时有效地填满管片与围岩的空隙，则需从管片相应的注浆孔位置进行二次补强注浆。注浆前需在吊装孔内装上单向逆止阀，并凿穿外侧保护，通过该接口，实施管片二次注浆。二次注浆采用手动控制，注浆范围根据连接管长可达盾构机后部 $50\mathrm{m}$。因壁后间隙较少，需较大压力才能将浆液注入，注浆压力控制在 $0.2 \sim 0.4\mathrm{MPa}$，浆液配比：水泥浆水灰比为 $0.8 \sim 0.9$；水玻璃与水按 $1:1.5$ 进行稀释。注入时浆液与水玻璃体积比：水泥浆：水玻璃 $= 4:1$。

(4) 掘进方向的控制与调整

由于地层变化、隧道曲线和坡度变化以及操作等因素的影响，盾构推进不可能完全按照设计的隧道轴线前进，而会产生一定的偏差。当这种偏差超过一定界限时就会使隧道衬砌侵限、盾尾间隙变小使管片局部受力恶化，并造成地层损失增大而使地表沉降加大。因此，盾构施工中采取有效技术措施控制掘进方向，及时有效纠正掘进偏差。

①盾构掘进方向控制

a. 采用 SLS-T 隧道自动导向系统和人工测量辅助进行盾构姿态监测。采用分区操作盾构机推进油缸控制盾构掘进方向。

b. 根据线路条件所做的分段轴线拟合控制计划、导向系统反映的盾构姿态的信息，结合隧道地层情况，通过分区操作盾构机的推进油缸来控制掘进方向。

c. 在上坡段掘进时，适当增大盾构机下部油缸的推力和速度；在下坡段掘进时，适当增大盾构机上部油缸的推力和速度；在左转弯曲线段掘进时，适当增大盾构机右部油缸的推力和速度；在右转弯曲线段掘进时，适当增大盾构机左部油缸的推力和速度；在直线段掘进时，尽量使所有的推力和速度保持一致。

d. 在均匀的地质条件时,保持所有油缸推力和速度一致;在软硬不均的地层掘进时,根据不同地层在断面的具体分布情况,遵循硬地层一侧推进油缸的推力和速度适当加大,软地层一侧推进油缸的推力和速度适当减小的原则。

e. 采用使盾构刀盘反转的方法,纠正滚动偏差。滚动允许偏差为3°;当超过3°时,盾构机报警,提示操纵者必须切换刀盘旋转方向,进行反转纠偏。

②盾构掘进姿态调整与纠偏

在实际施工中,由于地质突变等原因盾构机推进方向可能会偏离设计轴线并超过管理警戒值;在稳定地层中掘进,因地层提供的滚动阻力小,可能会产生盾体滚动偏差;在线路变坡段或急弯段掘进,有可能产生较大的偏差。因此及时调整盾构机姿态、纠正偏差。

采用分区操作盾构机推进油缸调整盾构机姿态,纠正偏差,将盾构机的方向控制调整到符合要求的范围。在急弯和变坡段,必要时可利用盾构机的超挖刀进行局部超挖来纠偏;也可利用盾构机的中盾和尾盾的铰接油缸进行调整盾构机的姿态,纠正偏差。

(5) 防泥饼措施

本区段盾构主要穿越的地层为砾质黏性土,而由于盾构机刀盘自身的制约(中心区开口率低),盾构在高黏性土或砂砾岩等地层中掘进时可能会在刀盘尤其是中心区部位产生泥饼。当产生泥饼后,掘进速度急剧下降,刀盘扭矩也会上升,大大降低开挖效率,甚至无法掘进。判断掘进时刀盘前方结泥饼的主要方法是观察出土情况,当发现出土过程不顺畅,出土的温度有明显升温时,可判定泥饼的形成。因此,施工中采取以下主要技术措施防止泥饼形成:

①加强盾构掘进时的地质预测和泥土管理,特别是在黏性土中掘进时,更加密切注意开挖面的地质情况和刀盘的工作状态。

②增加刀盘前部中心部位泡沫注入量,选择比较大的泡沫加入比例,降低渣土的黏附性,降低泥饼产生的概率。

③必要时螺旋输送机内也要加入泡沫,以增加渣土的流动性,利于渣土的排出。

(6) 掘进注意事项

①在穿越桩基础之前提前检查刀具,对刀具的磨损应有一个正确的估计。因右线始发端距离广深桥桩只有110m左右,且过桥桩之前所穿越地层多为砾质黏性土及全风化花岗岩,故右线在过桥桩之前不设刀具检查点。根据地面情况,右线刀具检查点设于距离始发端300m左右的联络通道位置;左线始发端距离广深高速桥桩有370m左右,根据地面情况,计划于明挖区间围挡内范围以及联络通道位置,根据管线情况选择地段进行土体加固,盾构掘进至此位置后进行刀具检修。根据刀具磨损情况决定在过广深立交桥前更换刀具与否。

②确保盾构掘进过程中盾尾不漏浆,防止由于漏浆导致的注浆不足,导致沉降变大。如发生漏浆情况及时在管片背后垫海绵,并将头部浆液清理干净。通过盾尾油脂采用高质量油脂、控制泥浆稠度、盾构机姿态与管片吻合良好等手段,防止漏浆现象的发生。

③各工种协同工作,避免各行其是。首先,沉降监测人员依照隧道推进进度执行测量计划,以约定的时间、频率对各沉降观测点进行测量,并准确记录,及时上报;继而由工程部门及盾构队长及时将观测数据进行综合比较,调整盾构掘进参数,并将结果(包括监测资料)及指令及时通知施工员、注浆工和测量员。

④加强穿越期间的质量、安全管理工作。盾构穿越前严格控制轴线偏差,如发生偏差后,及时纠偏。纠偏时限制每次纠偏量,减少纠偏造成的土体损失及管片错台和压坏。同时,加强安全管理,安全员和施工员做好吊索具平时检查工作,机修班负责设备的维修和保养,特别是龙门吊、蓄电池车制动检查以及盾构机械设备检查,尽可能减少故障停机,确保盾构连续平稳掘进。

(7) 盾构下穿立交桥数值计算分析

盾构法隧道施工工艺复杂,施工过程中引起地层移动和地表沉降的地层损失主要有隧道开挖面的土体损失(F)、盾体周围的土体损失(w)和盾构通过后(土体侵入盾尾与管片之间的空隙)的土体损失(G_p)。隧道开挖面的土体损失主要通过控制盾构的土舱压力来实现。盾体周围的土体损失(w)主要包括刀盘直径大于盾体直径所产生的空隙、盾构的"蛇行"以及其他施工因素引起的地层损失,这种地层损失一般称作为"工艺因素"。根据 Lee 等人(1992)研究结果,"工艺因素"所引起的地层损失一般少于盾构通过后的土体损失(G_p)的60%。本研究盾体周围的土体损失只考虑由于刀盘直径大于盾体直径这一部分,在用 FLAC3D 模拟盾构施工引起的地层移动和地表沉降过程中,不考虑地层的后期固结和流变。

① 材料性态模拟

a. 土体材料

目前,在土工计算中广泛采用的各向同性模型有两大类:一类是弹性非线性模型;另一类是弹塑性模型。两者都反映了土的非线性应力—应变关系特性。本文土体采用弹塑性本构关系,屈服准则为直线性 Mohr-Coulomb 准则。

b. 盾壳和衬砌材料

盾壳和衬砌单元在模拟过程中都看作弹性材料。由于盾构的中体的内部焊接有加强环和 H 架,具有很高的强度和刚度,在实际生产过程中盾壳的变形是非常小的,所以在模拟过程中把盾壳当作刚体来看待,具体通过提高盾壳的厚度和弹性模量来实现。管片采用 C50 钢筋混凝土,弹性模量为 35GPa。

c. 间隙单元

在盾构的推进过程中,为了能使盾体顺利通过,刀盘的直径要大于盾体的直径,以及盾构在推进过程中转弯及其他施工因素会在土体与盾体之间形成一个环状的空隙。采用低模量的材料来模拟,一般取盾体周围土体材料模量的 0.1%。

d. 注浆材料

注浆材料的强度会随着时间的推移而增加。为了模拟注浆材料在不同阶段的力学性质,根据注浆材料的实际凝固过程,分为两种:一种是液体注浆材料,将其视为有内压的低刚度材料,弹性模量等于注浆压力;另一种是长期固化注浆材料,其弹性模量取 400MPa。模拟过程中各材料单元的相对位置见图 4-39 所示。

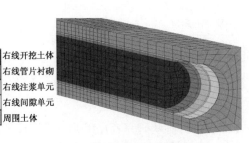

图 4-39 模型各材料单元详图

② 实体模型建立

本文运用 ANSYS 有限元软件划分网格,再将网格导入 FLAC3D 中进行有限差分计算。计算模型如图 4-40 所示,隧道与桥梁桩基位置关系如图 4-41 所示。分析区域竖向深 40m,宽 65m,沿隧道纵向长 60m,计算模型网格为 147518 个单元,155568 个节点。

图 4-40 三维计算模型图

图 4-41 隧道与桥梁桩基的位置关系图

盾构机长 7.5m,盾构外径 6.24m,管片宽 1.5m,厚 300mm,盾尾空隙厚 75mm,后构刀盘外径比盾构壳外径大 2cm。计算中采用的施工参数如下:盾构推进初始端面 $Y=-43.5$m,推进步长 $dz=1.5$m。计算采用 Mohr-Coulomb 屈服准则,盾壳和管片衬砌均采用线弹性材料。根据地质勘察资料,该段地质分层从上而下分别为:素填土、粉质黏土、砾质黏土、全风化花岗岩及中风化混合岩。模型中的各种材料的力学参数见表 4-13。

各种材料的力学参数表　　　　表 4-13

土　层	密度 (kg/m³)	c (kPa)	φ (°)	泊松比 μ	弹性模量 (MPa)
素填土 Q^{ml}	2300	18	14	0.42	8
粉质黏土 Q_4^{al+pl}	2000	30	5	0.38	18
砾质黏土 Q^{el}	1810	31	22	0.33	33
全风化花岗岩 γ_5^3	1770	45	26	0.31	80
中风化混合岩 γ_5^3	2570	1500	35	0.28	8000
盾构钢壳	7850	—	—	0.3	210000
管片	2500	—	—	0.17	31500
液态注浆体	1700	—	—	0.48	0.25
固态注浆体	2100	—	—	0.2	400
间隙单元	1510	0.0011	10	0.48	0.033

③盾构推进过程的模拟

国内外有些研究者在用 FLAC3D 模拟盾构开挖过程时,使用壳单元模拟盾体的受力和变形情况。但是由于 FLAC3D 中的壳单元是由一系列的三个节点有限元组成,它适合于模拟法线方向位移可以忽略的薄壳结构,厚的壳状结构适合于用实体单元模拟。盾构机的盾壳相当于一个厚的壳状结构,在施工过程中盾体的变形非常小,近似于刚体。本文在模拟过程中用大于盾壳的弹性模量和厚度的实体单元来模拟盾壳的受力和变形。具体的做法是,在盾体通过时给数值模型中的注浆体单元赋予盾壳的属性,因此,在这一阶段盾壳的厚度相当于注浆体的厚度。

第一阶段,由于模拟过程中盾构机是一步一步地跳跃式前进。因此,这一阶段的一个模拟循环为:第一步开挖一段长度为一个衬砌单元长度的土体隧道;第二步给间隙单元和盾壳单元赋属性;第三步给开挖面施加一个法向的压力(即土舱压力);第四步进行模型的力学平衡计算。然后进入下一个循环,一直到整个盾体都进入土体。这个长度为7500mm,如图4-42所示。

第二阶段,盾体继续向前推进一个衬砌环的长度,这一新推进的长度的赋值过程如第一阶段;然后把盾壳最后一段长度等于一个衬砌环的注浆体单元和衬砌单元材料属性分别赋予注浆材料初期的属性和衬砌单元的属性,并给盾体周围的土体施加一个向外的径向应力,应力值为注浆压力,如图4-43所示。为了在一定程度上反映注浆材料的凝固过程,设定注浆材料初期的属性延续三环管片长度的隧道施工模拟的计算时间。

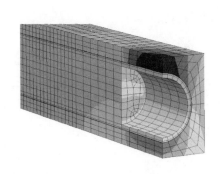 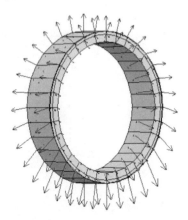

图4-42　盾体进入土体模拟图　　　　图4-43　盾体周围注浆压力的施加图

第三阶段,第一步和第二步循环进行,直到盾构掘进到第九环管片位置时,第一环管片位置的注浆材料的属性改为注浆材料的最终属性,并同时去掉施加于盾体周围土体的径向应力。这时,地层的应力完全由隧道的管片衬砌承受,如图4-44所示。整个盾构隧道推进的模拟过程不断循环进行,直到地表沉降值趋于稳定。

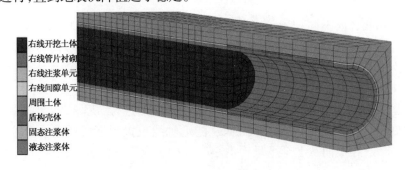

图4-44　盾构推进过程模拟图

④数值模拟计算结果分析

a. 初始应力场的形成

模拟的第一步是根据土体的初始条件计算模型的初始平衡状态。初始地应力是指在进行隧道施工之前地层的初始应力场,它的形成与地层构造、性质、埋藏条件及荷载历史等有关。由隧道开挖引起的地层反应与隧道开挖前地层的初始地应力状态密切相关。

垂直 S_{zz} 和水平地应力 S_{yy}、S_{xx} 按照以下公式考虑：

$$S_{zz} = 初始值 + g_x + g_y + g_z \tag{4-4}$$

$$S_{yy} = S_{xx} = \lambda_i S_{zz} \tag{4-5}$$

式中:λ_i——第 i 层土的侧压力系数;

g_x、g_y、g_z——分别为 X、Y、Z 方向的应力梯度;

x、y、z——X、Y、Z 方向的坐标。

经过 2388 个时步,模型在地应力的作用下达到平衡,如图 4-45 所示。

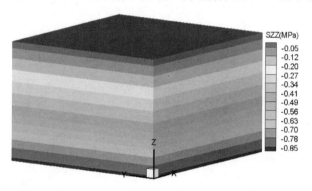

图 4-45 初始地应力计算图

b. 盾构推进过程计算结果分析

盾构机经过 40 个推进步,从 $Y = -43.5 \text{m}$ 推进到 $Y = 16.5 \text{m}$,开挖后的竖向土体位移云图如图 4-46 所示。从该位移云图可以得到以下规律：

● 随着盾构隧道的不断推进,周围土体位移场的范围在不断扩大;盾构隧道上方的土体产生沉降,盾构隧道下方的土体由于土体的开挖卸荷而隆起,切口前方土体的位移很小。

● 沿隧道轴线方向不同位置处,隧道周围土体的水平和竖向位移差异较大,盾构施工过程中隧道周围土体位移具有明显的三维特征。隧道轴线剖面的竖向位移矢量如图 4-47 所示。

● 首先,随着盾构的推进,竖向沉降最大值也逐渐增加,沉降增量在盾构推近直至推过这段距离间呈现先增加后减少的特点;其次,随着开挖的进行,沉降最大值区域也随之向开挖面前方发展;再有,竖向位移在水平方向从隧道轴线位置到远离隧道轴线位置不断减少,类似于 Peck 曲线,在竖向从上至下呈现由小变大的特点。各位置剖面的竖向位移如图4-48所示。

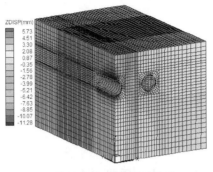
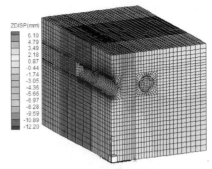

a) 盾构推进15m时隧道竖向位移云图　　　　　　b) 盾构推进30m时隧道竖向位移云图

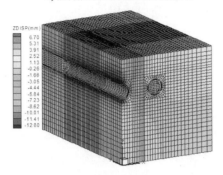
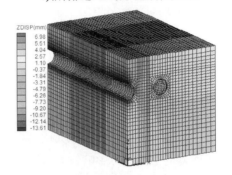

c) 盾构推进45m时隧道竖向位移云图　　　　　　d) 盾构推进60m时隧道竖向位移云图

图4-46　盾构推进不同距离时隧道竖向位移云图

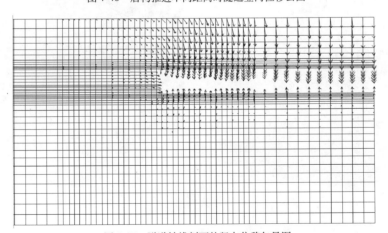

图4-47　隧道轴线剖面的竖向位移矢量图

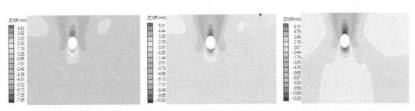

a) 刀盘切口剖面竖向位移　　b) 盾尾剖面竖向位移　　c) 切口后方30m处剖面竖向位移

图4-48　不同位置处剖面竖向位移云图

从以上图中可以看出：
- 盾构开挖面前方：土体发生趋向盾体方向的水平位移，轴线上方土体向下移动，下方土体向上移动。这是由于盾构推进过程中土仓压力设置得过小，使得盾构前方土体向土仓坍塌，影响范围大约为5m。
- 盾构机位置：土体发生较大的趋于隧道方向的位移，隧道上方的土体下沉，隧道下方的土体略有上浮，土体下沉量要大于土体的上浮量，盾尾位置的土体位移大于盾构前部的位移。主要是由于盾构前行的"工艺因素"在盾体周围产生的环状空隙，周围土体填充上述空隙导致上述位移，下部土体上浮的原因主要是盾体周围的环状空隙引起下部土体的应力释放以及隧道开挖引起的覆土重力的减少；土体下沉量大于上浮量是由于盾构通过过程中，盾体上部的孔隙要大于盾体下部的空隙；由于土体的位移有个时间过程，所以盾尾位置的土体位移大于盾构前部的位移。
- 盾尾后方：隧道上下方土体的位移有一定程度的增大，隧道左右土体的水平位移变化不大。这是由于管片衬砌脱出盾尾产生的盾尾空隙，盾尾同步注浆的注浆压力小于土体的竖向应力，致使隧道上下部的土体进一步向隧道位移；注浆压力与土体的侧向压力相差不多，因此它对土体的侧向位移影响不如竖向位移那么明显。

隧道开挖对最大、最小主应力影响分别见图4-49和图4-50所示。由该图可以看出盾构开挖对刀盘前方的土体应力影响较大，尤其是对最大主应力的影响；盾构开挖对盾壳周围的应力也影响较大。

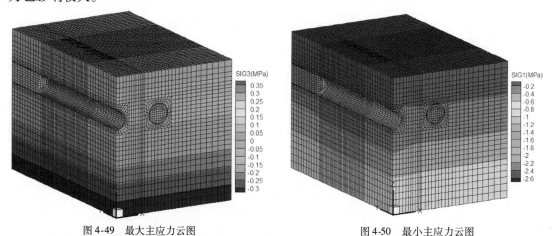

图4-49　最大主应力云图　　　　　　　图4-50　最小主应力云图

c. 盾构施工对临近桩基的影响分析

隧道施工引起的桩基周围土体位移和附加应力会引起桩基的附加变形和内力，桩基周围土体的沉降对桩基产生拖曳作用引起桩基沉降，降低其承载力。

由于盾构隧道处于较软的地层中，埋深较浅，初始应力场以自重应力场为主，在外部荷载作用下，管片衬砌的顶部和底部将向内变形，左侧和右侧将向外变形，同时由于盾尾注浆压力的作用，隧道两侧的土体将向远离隧道的方向移动，从而引起桩基下半部分发生向远离隧道的方向的侧移；另一方面，隧道开挖引起的地层损失将引起隧道上覆土体向隧道内移动，土体的移动将带动桩基上半部分发生向隧道方向的侧移，移动方向与下半部分相反。在单线和双线盾构隧道通过桥桩时，引起桥桩的水平位移分别如图4-51和图4-52所示。

从图 4-51 可以看出，盾构左线作为后开挖隧道对 2 号桥墩上的桩基侧向变形影响很小，但是对 1 号桥墩上的桩基侧向变形影响很大。从图 4-52 可以看出，盾构右线开挖完成后，1 号桥墩上的桩基向远离右线隧道方向的最大侧向位移到达 2.68mm，但是左线盾构隧道开挖完成后，1 号桥墩上的桩基又向远离左线隧道方向移动，最大侧向位移为 -1.68mm。这是由于左线盾构隧道离 2 号桥墩距离仅为 1.6m 造成的。可见隧道开挖离桩基越近对桩基的影响也越大，桩基水平位移数据见图 4-53。

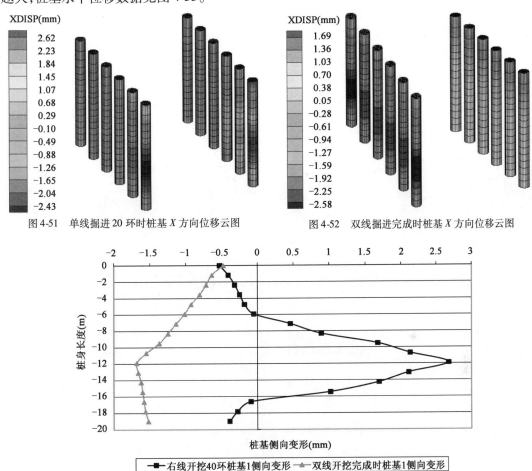

图 4-51　单线掘进 20 环时桩基 X 方向位移云图　　图 4-52　双线掘进完成时桩基 X 方向位移云图

图 4-53　桥梁桩基侧向变形曲线图

⑤影响地表沉降的因素分析

a. 盾尾注浆压力对地表沉降的影响分析

在实际盾构隧道开挖过程中，对地面沉降起关键作用的是盾尾注浆量的多少以及注浆量强度的大小。由于盾构壳具有一定的厚度，为了便于管片的拼装和盾构的纠偏而在盾构壳与衬砌之间留有一定的空隙。千斤顶推动盾构机前行时，在盾尾衬砌管片外围形成了建筑空隙，使得周围土体由于填充盾尾空隙而发生趋向隧道的位移从而引起地面沉降，工程中普遍采用同步注浆或二次注浆的方法来减小由盾尾空隙引起的地层损失，从而减小地面沉降。当注浆量较小时，可以抵消上部土体的部分沉降，当注浆量很大时也可能会引起地表沉降。

为了反映盾尾注浆压力对地表沉降的影响，分别取注浆压力为 150kPa、200kPa、250kPa、300kPa 进行有限差分计算。

从图 4-54 可以看出，地表沉降值与注浆压力成反比，注浆压力越大，地表沉降越小，注浆压力从 150kPa 升到 200kPa 时，地表最大沉降值降低了 1.11mm；注浆压力从 200kPa 升到 250kPa 时，地表最大沉降值降低了 0.88mm；注浆压力从 250kPa 升到 300kPa 时，地表最大沉降值降低了 1.13mm。这是因为在土体压力一定时，注浆压力越大，注浆体的变形越小。所以提高注浆压力可以有效降低地表沉降。从图 4-55 可以得出，隧道上方的土体在重力作用下向隧道方向运动，从而引起地表沉降；隧道底部的土体由于隧道的开挖而有个卸荷的过程，隧道底部的土体向上隆起。

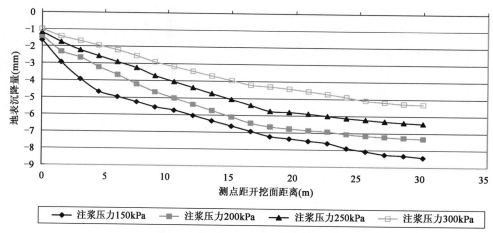

图 4-54　不同注浆压力隧道轴线上方地表沉降图

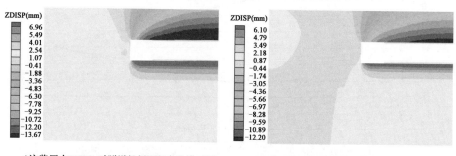

a) 注浆压力150kPa时隧道纵剖面竖向位移云图　　b) 注浆压力200kPa时隧道纵剖面竖向位移云图

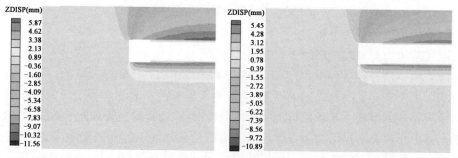

c) 注浆压力250kPa时隧道纵剖面竖向位移云图　　d) 注浆压力300kPa时隧道纵剖面竖向位移云图

图 4-55　不同注浆压力时隧道纵剖面竖向位移云图

同步注浆要求注浆是填充土体间隙而不是劈裂土体，在压入口的压力稍大于该点的静止水压与土压力之和。注浆压力过大，管片外的土层被劈裂扰动而造成较大的后期沉降，以及跑浆；反之，注浆压力过小，浆液充填速度过慢，间隙充填不实，地表变形也会增大。

b. 土舱压力对地表沉降的影响分析

土压平衡式盾构施工是盾构推进过程中，靠土舱内的泥土压力即舱压与盾构前方土体压力相平衡来保持开挖面的土体稳定的。实际施工过程中设定的盾构土压舱压力难以和开挖面土体原来的土压力达到完全平衡，总会存在一定的差值，从而引起开挖面土体的位移。当土压舱压力小于原位土压力时，开挖面前方土体会向土压舱坍塌；反之，当土压舱压力大于原位土压力时，开挖面前方土体向远离土压舱的方向挤出。开挖面处土体的位移又进一步影响地面沉降。为反映开挖面土舱压力变化对地面沉降的影响，分别取开挖面土舱压力为50kPa、100kPa、150kPa和200kPa进行有限差分计算，如图4-56所示。

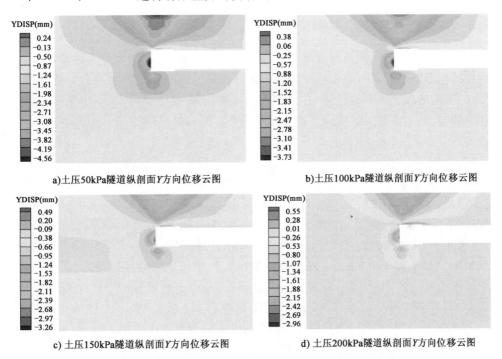

图4-56　不同土舱压力时隧道纵剖面Y方向位移云图

通过计算，从图4-57可以得出以下规律：随着土舱压力的增大，开挖面前方的土体向开挖面移动的位移减小。

从图4-57中的四种土舱压力的地表最大沉降值可以看出，土舱压力与土体的原始侧向压力接近时的地表沉降量最少，当土舱压力设置过大或者过小时，地表的最大沉降值都会增大。这是因为当土舱压力小于地层的原始应力时，土体会向土仓坍塌，导致地层损失；当土舱压力大于土体原始应力时，会对开挖面前方土体产生扰动，使开挖面的土体向远离开挖面的方向挤出，开挖面处土体的位移又进一步引起沉降。因此，施工过程中仅仅依靠增加土舱压力的方法降低地表沉降的作用非常有限，而且也是不科学的。

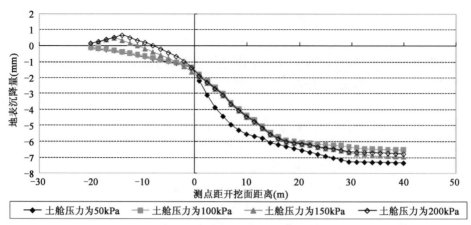

图 4-57　不同土舱压力时隧道轴线上方地表沉降曲线图

4.6.5　盾构下穿河流施工关键技术

本工程中盾构机将下穿多条河流施工,如新圳河、双界河、大沙河和布吉河。当河床底部为透水性好的粉细砂层和具有流塑特性的淤泥质粉质黏土,在施工时,可能会引起涌砂、突水现象,严重时可能造成冒顶事故;另一方面,由于下穿河流时覆土较薄,地下水丰富,盾构通过地层上软下硬时,施工中易引起盾构机抬头。现以布吉河为例,总结盾构下穿河流的施工关键技术。

(1) 工程概况

本工程位于深圳市龙岗区布吉镇,全长 1033m,起点为布吉站,区间隧道首先穿越深惠公路,然后下穿布吉河(南门墩桥),再穿过龙珠花园小区、华年华美工业区、深圳金鑫实业有限公司,终点位于高帆家私厂附近的百鸽笼站。所在地区为台地,地形稍有起伏,地面高程 23.0～42.6m。本区间于 DK31+649～DK31+683 处下穿布吉河,河底控制高程为 18.32,轨面高程 8.0～8.8m,拱顶最小覆土约 5m。区间穿越地质主要为中风化和微风化角岩,河床主要为强风化～中风化角岩,表层为砂层。根据地质勘察报告,布吉河在里程 DK31+639.533 地质自上而下依次为:粉质黏土(层厚 2.864m)、全风化角岩(层厚 1.498m)、强风化角岩(层厚 7.114m)、中等风化角岩(层厚 1.524m)、微风化角岩(布吉河河床顶面 13m 往下均为微风化角岩)。布吉河段工程地质情况如图 4-58 所示,图 4-59 为布吉河现状。

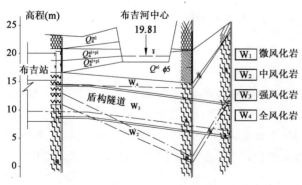

图 4-58　布吉河段工程地质图

图 4-59　布吉河现状

(2) 施工重难点

①保证旋喷桩的质量

隧道拱顶与布吉河河底之间的覆土厚度薄，最小厚度为5m。为了防止盾构推进时对上覆土层产生较大的扰动，在拱顶与河底之间形成贯通裂缝，产生切口冒顶甚至土体塌方，因此要对布吉河下端土体进行旋喷桩加固。而旋喷桩的施工工艺较为复杂，控制喷浆压力和旋喷提升速度，防止浆液大量喷射到河水中，污染河水是本工程施工的重点。

②下穿布吉河时掘进参数的选择

在盾构掘进过程中，掘进参数的选择不合适，将导致盾构机掘进线路不规则，容易产生蛇行甚至是切口冒顶现象的发生。同时如果掌子面土压力设定值不足，推进速度过快，螺旋输送机出土速度出土速度设定值过大，以及同步注浆量不足等都将导致盾构机前方地层沉降过大。

③盾构姿态的控制

盾构下穿布吉河时，若姿态控制不好，将会引起盾构超挖和欠挖，增加对围岩的扰动，不仅会改变围岩的应力分布，而且很可能会出现河床开裂渗水现象。在抗压强度相对较小的强风化岩段进行开挖，容易造成"抬头、低头"或者是偏移设定轴线的问题，而纠偏过猛容易造成盾构机蛇行前进。因此，对于盾构机姿态的控制，也是下穿布吉河时的难点。

(3) 盾构通过布吉河的准备工作

根据国内外的施工经验，所选用的德国海瑞克公司生产的外径为6280mm的复合式土压平衡盾构机完全符合下穿布吉河的要求。盾构机通过布吉河的准备工作包括：对河床的处理和旋喷桩加固。

①河床的处理措施

a. 先在加固河段两端做围堰，将水截断，围堰两边用麻袋装黏土堆积，中间采用黏土填充并夯实，围堰上口宽2m，坡度1:2.5。

b. 在围堰中间架设3条直径1.2m的钢管作为过水管，将上游水引渡到下游，保持布吉河排水畅通。

c. 围堰做好后，将围堰内河水抽干，将河底杂物、淤泥清除，在加固区范围内黏土夯实回填，再浇筑厚0.5m厚钢筋混凝土板，在混凝土板上预留旋喷桩施工孔，这样可对布吉河盾构通过段增加覆土厚度、土体固结和隔水。

d. 混凝土板下土体采用直径0.8m的旋喷桩加固，旋喷桩呈相互间咬合方式布置，桩间咬合0.2m，桩长4~5m，同时确保旋喷桩与隧道结构净距不小于500mm，加固宽度为至隧道两侧各3m的范围。加固后土体无侧限强度 $q \geqslant 0.8$MPa，渗透系数小于或等于 10^{-8} cm/s。加固后布吉河断面如图4-60所示。

e. 由于地铁3号线施工时，现有的南门墩T形梁与板梁桥要改造为双孔混凝土框架桥，旧桥部分桩基侵入隧道，在拆除旧桥时，应将旧桥桩基拔除。若旧桥在盾构通过时还没拆除，将对其侵入隧道的桩基进行桩基托换。

②布吉河旋喷桩加固技术措施

a. 旋喷桩施工工艺流程

根据施工设计，单管旋喷桩直径为800mm，桩间咬合200mm。先打试桩2~3根，了解施工工艺及旋喷效果,最后确定施工参数。再进行旋喷桩的施工,施工时应先施工靠近已建隧道的两排旋喷桩,并注意施工时浆液的喷出以及对河水的污染情况。为确保桩与桩间能很好地咬合,宜采用打一跳一法,且间隔时间应大于36h。旋喷桩的施工工艺流程为:定孔位→钻机造孔→浆液配制→浆液喷射→旋摆提升→冲洗桩孔→成桩→移至下一孔位。旋喷桩加固平面如图4-61所示。

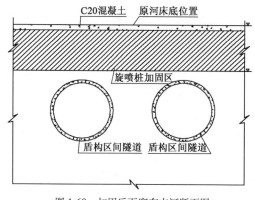

图4-60 加固后下穿布吉河断面图

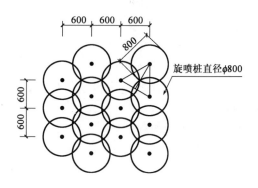

图4-61 旋喷桩加固平面图(尺寸单位:mm)

b. 旋喷桩施工工艺

• 大于开挖面的水压力。

• 测放高压旋喷孔孔位后使钻机就位,调整好钻机垂直度,钻机至设计孔深。

• 钻孔完毕后,插入旋喷注浆管到设计深度。在插管过程中,为防止泥砂堵塞喷嘴,可边射水边插管,水压力一般不超过1MPa。

• 当喷管插入到设计深度后,由下而上按设计的施工参数进行喷浆作业。当提升到设计高程后,即完成一次喷浆作业,旋喷即告结束。

施工完毕后用清水将注浆管、泵等机具设备冲洗干净,管内机内不得残存水泥浆及水泥砂浆。旋喷桩施工技术参数见表4-14、表4-15。

旋喷桩施工技术参数　　　　　　　　　表4-14

项　目	参　数	项　目	参　数
浆液压力(MPa)	20~25	提升速度(cm/min)	15~25
浆液流量(L/min)	80~120	旋转速度(转/min)	10~15
喷嘴个数	1~2	—	—

旋喷桩浆液参数　　　　　　　　　表4-15

材 料 名 称	水	水　泥
规格	自来水	普通硅酸盐水泥42.5
质量比	1	1

(4)盾构掘进施工技术措施

①掘进模式的选择

由于下穿布吉河为强风化地层,地层中岩石整体性差,结构松软,抗压强度低,掌子面自稳性较弱,为了避免掌子面涌水、涌泥等情况的发生,采用土压平衡的掘进模式。采用这种掘进模式,盾构机切削下来的渣土直接进入土舱内,并未即刻被螺旋输送机排出,而是充满整个土舱,形成土塞效应,达到土舱压力始终与掌子面压力平衡的效果。从而保证盾构机前方土体不坍塌,也不会出现切口冒顶的现象,使盾构机安全顺利地通过。

②盾构机姿态的控制

下穿布吉河时,盾构机姿态的控制非常重要,姿态控制得好,可以减少超挖及纠偏,从而减少对围岩的扰动,避免河床开裂渗水。由于下穿地层为强风化角砾岩层,岩层较软,在此岩段进行开挖,容易造成盾构机"抬头、低头"以及偏移轴线等问题。如果盾构机偏离了设定掘进线路,纠偏难度较大。调整千斤顶推力太大,稍不留意,会引起纠偏过猛从而导致盾构机蛇行前进。因此要控制好各组推进油缸的行程,保持盾构机的正确姿态,使盾构机安全快速地通过布吉河段。

③掘进参数的设定

在盾构掘进过程中,应设置合理的掘进参数。根据水深及上覆土层的厚度,设定土舱压力,其波动值控制在±0.02MPa以内;穿越河道中段,推进速度应适当提高,一方面可快速通过河中段,另一方面可降低渣土中水的比例,改善出土状况,保证盾构掘进的安全。

a. 穿越河堤段盾构掘进参数控制

盾构机开始下穿布吉河堤时,地下水丰富,水压力相对土压力更大。应及时调整设定土压力,以减少对土体的扰动。盾构进入布吉河前须将盾构姿态、管片姿态调整到位,注意不能抬头。为保护其安全,加密布点监测,根据监测情况及时调整施工参数。通过对掘进过程中推力、扭矩等参数异常以及刀盘发出的响声、出渣情况判断刀盘的运转和刀具的磨损情况,从而优化掘进参数,使得盾构机正常掘进。

b. 下穿布吉河段盾构掘进参数控制

盾构机进入布吉河下方时,隧道上层覆土厚度有一个突变,掌子面水土压力变化较大,此时应按照以下掘进参数来控制盾构机掘进。

- 盾构推进速度控制在 2cm/min 以内;
- 土舱压力设置在根据实际计算的参数上增加 $0.01 \sim 0.02$ MPa;
- 严格出渣管理,每环出土量控制在 $55m^3$ 以内,减少土体扰动;
- 总推力控制在 $8000 \sim 10000$ kN;
- 刀盘扭矩 $2000 \sim 3000$ kN·m;
- 刀盘转速在 $1.6 \sim 2$ r/min。

盾构轴线控制偏离设计轴线不大于±20mm,河床沉降量控制在+5~-10mm,及时纠偏,尽量避免在过河时超量纠偏、蛇行摆动;施工过程中对管片及河床加强监测,控制盾构姿态,防止盾构抬头,出现上浮现象立即进行压重处理。

④同步注浆参数的设定

盾构开挖后,已拼装的管片壁后与围岩之间有14cm的间隙,如果不能及时注浆回填,由于是在上坡地段,下组千斤顶推力大于上组千斤顶,从而有可能导致盾构抬头和管片上浮。在强风化角岩段掘进时,盾构开挖后隧道围岩收敛较快,因此要保证同步注浆浆液的初凝时间控制在 6h 以内,避免因为浆液的未固结而导致河床的沉降过大,进而出现开裂渗水现象。注浆量控制在每环 6m³,注浆压力控制在 0.3~0.5MPa,严格按浆液配合比来配置浆液,浆液稠度控制在 9~10cm,使浆液充分填充盾尾后隧道外建筑空隙。同时形成一层致密的防水层,对盾构隧道防水起到第一层保护作用。因此,同步注浆质量的好坏也是隧道防水的关键。

⑤二次注浆要及时

盾构下穿布吉河施工时,由于同步注浆参数难以有效控制,导致注浆不充分,或是注浆不及时,将导致浆液不能在较短的时间内固结,壁后仍留有部分间隙,从而导致地表沉降加大。因此需要二次补注浆将壁后间隙填满,避免河床因为沉降过大而开裂渗水。二次补充注浆材料主要选择水泥、水玻璃双液浆,以达到快速形成凝胶体的目的。由于河底含水率大,同步浆液流失较大,二次注浆可以补强堵水。注浆压力的控制主要以克服水压为条件,一般控制在二次注浆压力控制在 0.2~0.5MPa 之间。当发现注浆困难时,可以选择性地打开后部管片吊装孔放水的措施降低水压。

⑥及时更换刀具

布吉河下方为强风化和中风化角岩地层,采用以滚刀为主的刀具配置方式,依靠滚刀首先将岩石切割压碎,然后齿刀和刮刀将经过初次破碎的岩石切削下来。刀具具体布置为:4 把双刃滚刀,单刃滚刀 32 把(其中周边滚刀 12 把),周边刮刀 16 把,齿刀 64 把。在这种地层条件下长时间停机更换刀具的风险性较大,因此,当盾构机推进到布吉河下方前 10 环的位置时,即要停机全面检查刀具,配置适宜地质条件的刀具,同时把磨损严重的刀具更换下来,保证盾构机推进过程中刀具有效切削围岩,增加刀具的耐磨能力,减少停机换刀的时间,一鼓作气,快速通过布吉河段。

同时,要加强刀具管理,提前储备好充足的刀具以备更换,防止刀具发生非正常磨损。通过掘进过程中推力、扭矩等参数异常以及刀盘发出的响声、出渣情况判断刀盘的运转和刀具磨损情况。将更换下来的刀具进行补焊,达到规范要求即可重新利用,从而提高了刀具的使用寿命同时节约成本和资源。

⑦泡沫系统的使用

由于强风化角岩岩渣的流塑性以及和易性不是很高,需要加入泡沫剂来改良渣土的可塑性,使螺旋输送机出土顺畅,更好地形成土塞效应来控制土舱压力,防止涌沙、突水现象发生。同时掘进过程中向刀盘前方加入足量的泡沫剂能够起到冷却刀盘和刀具的作用,从而降低刀盘和刀具在高温下的磨损速度。刀盘前方的泡沫注射管很容易被开挖下来的岩削堵塞,在刀具检查和更换时,要及时检查和清通泡沫注射管路,确保泡沫系统的正常工作。

⑧密封油脂系统的使用

优化盾尾油脂注入时段,足量、均匀地压注盾尾油脂,针对漏浆部位集中压注盾尾油脂,以保证其密封性能,不仅可以避免因漏浆而导致注浆量不足造成河床开裂和沉降超限,也可阻止地下水从盾尾进入盾体内。及时定量地对刀盘轴承进行密封油脂的压注,可以避免刀盘轴承处因为渗入土渣而影响刀盘的正常转动和推进。

(5)加强施工监测

在下穿布吉河盾构施工过程中,为及时掌握盾构机姿态、管片姿态以及河床底部沉降和开裂情况,必须进行施工监测。过河段地下水丰富、水压力大,脱出盾尾的管片所受的上浮力较大,如果掘进过程中控制不当,易发生管片上浮现象。对安装后的管片进行洞内监测,可及时了解管片是否上浮,沉降是否超限,对监测数据处理完毕后,以日报表、周报表的形式及时反馈到工程技术部。技术部通过对数据的分析和比较,确定掘进参数和优化施工方案,将河床沉降量控制在 +10 ~ -30mm 的范围内。同时派工作人员观察河表面是否有冒泡现象,如果河表面一直在冒气泡,则证明有水渗入盾构隧道内。此时要降低推进速度,减少出土量,加强同步注浆质量的控制,及时进行二次补注浆,直到不在冒气泡为止。在盾构机穿越布吉河后仍对穿越段土体进行监测,直至其值稳定后方可停止监测。若穿越后土体沉降超限,则对管片壁后再次进行补注浆来加固土体。

(6)盾构下穿河流数值计算分析

①实体模型建立

计算采用有限差分程序 FLAC3D 建立三维模型,横向取 28m,竖向取 24m,向上取至地表,向下取隧道中心以下 10m,沿隧道长度方向取 42m,共 28 环。左、右、前、后边界施加水平方向约束,底面限制垂直位移,顶面为自由面。初始应力只考虑自重应力场的影响。地层、管片、注浆浆液均视为理想弹塑性材料,服从 Mohr-Coulomb 屈服准则;管片和同步注浆浆液均采用壳单元;地层和桩基则采用实体单元模拟。

模型共有 58688 个单元,62089 个节点。盾构机长 7.5m,盾构外径 6.25m,管片宽 1.5m,厚 300mm,盾尾间隙厚 75mm。布吉河河床未加固和加固后的盾构隧道三维计算模型如图 4-62 所示。

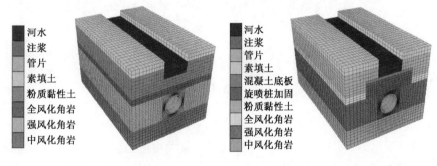

a)布吉河河床未加固的计算模型　　b)布吉河河床加固后的计算模型

图 4-62　布吉河河床三维计算模型图

根据地质勘察资料,该计算模型段地质分层从上而下分别为:2m 的素填土、6m 的粉质黏土、2m 的全风化角岩、8m 的强风化角岩和 6m 的强风化角岩。各土层的物理力学参数见表 4-16。

各种材料力学参数表　　　表 4-16

土　层	密度 (kg/m³)	c(kPa)	φ(°)	泊松比 ν	弹性模量 (MPa)	剪切模量 (MPa)
素填土	1780	28.9	21.4	0.2	38.1	17.9
粉质黏性土	1850	26.7	21.4	0.28	36.3	14.5
全风化角岩	1890	29.4	22.0	0.26	46.1	18.3

续上表

土 层	密度 (kg/m³)	c(kPa)	φ(°)	泊松比 ν	弹性模量 (MPa)	剪切模量 (MPa)
强风化角岩	1890	30.6	24.2	0.22	46.9	19.2
中风化角岩	1900	30.86	27.1	0.21	48.1	19.3
混凝土底板	2500	50.2	35	0.18	80	39.8
旋喷桩加固区	2200	20	29.8	0.2	25	10
固态注浆体	2200	600	30	0.2	7000	3010
管片	2500	1500	35	0.17	35500	28000

②数值模拟计算结果分析

a. 应力分布分析

在河床未进行和进行旋喷桩加固两种不同工况时，盾构推进42m即28环，最大主应力云图如图4-63所示。

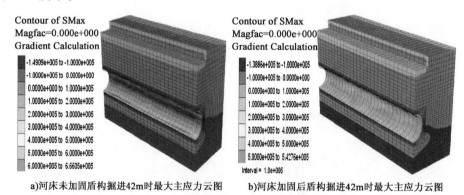

a)河床未加固盾构掘进42m时最大主应力云图　　b)河床加固后盾构掘进42m时最大主应力云图

图4-63　盾构掘进42m时最大主应力云图

从图中可以看出，当河床未进行旋喷桩加固时，最大主应力值出现在拱底周围的位置，最大值达到0.7MPa。最小主应力云图见图4-64所示，最小主应力值出现在隧道拱顶的位置，最小值达到-1.5MPa。当河床进行旋喷桩加固后，由于河床刚度增大，抵抗变形能力和承受的应力增大，其最大主应力值和最小主应力值均有所降低。其最大主应力值出现在拱底的位置，最大值为0.55MPa，最小主应力值出现在隧道拱腰以上的位置，最小值为-1.25MPa，均远远小于盾构管片的设计强度。因此，在河床加固后，盾构隧道施工时，管片衬砌应力减小，盾构管片所受到的内力不足以使管片结果产生破坏，管片结构仍有较大的安全富余量，安全性更高。

b. 地层沉降分析

从地层沉降图4-65中可以看出，当盾构开挖后，拱顶上部的地层产生沉降，拱底下部的地层产生隆起，拼装上的管片衬砌由于与地层密贴，因此，隧道拱顶也产生沉降，拱底隆起，并随着盾构的推进，已经拼装上的盾构管片的隆沉变形也越来越明显。随着与隧道距离的不断加大，地表沉降量也随之减小，地表沉降曲线基本上符合正态分布规律，同时也验证了横向沉降槽理论。

第4章 深圳地铁盾构隧道技术应用工程实例

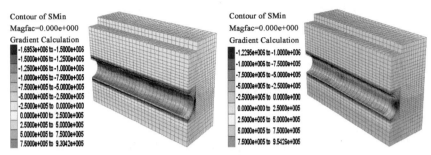

a) 河床未加固盾构掘进42m时最小主应力云图　　b) 河床加固后盾构掘进42m时最小主应力云图

图 4-64　盾构掘进 42m 时最小主应力云图

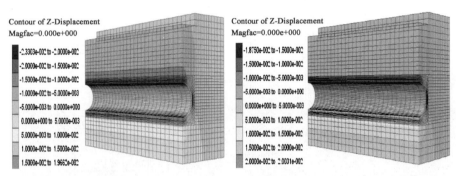

a) 河床未加固盾构掘进42m时竖向位移云图　　b) 河床加固后盾构掘进42m时竖向位移云图

图 4-65　盾构掘进 42m 时竖向位移云图

河床未进行加固前,隧道拱顶的最大沉降量达到 23mm,隧道底部最大隆起量有 19mm,河床底部最大沉降量也有 10mm。在加固河床之后,隧道拱顶和河床的沉降量均有所减少,隧道拱顶和河床的最大沉降量分别为 18.7mm 和 5mm,但就这个沉降值,只要保证盾构操作的正确和合理性,就不足以使 9m 的上覆土层产生贯通裂缝,盾构施工时不会发生切口冒顶的事故。

4.6.6　盾构下穿浅基建筑物施工关键技术

本工程盾构隧道正穿或是斜穿多栋建筑物,如翻灵区间的碧海花园、宝安汽车站、白金酒店;西大区间盾构隧道于 DK11+040～+070 位置侧穿人才公寓;民五区间盾构隧道穿越民兴工业区厂房、万科四季花城茉莉苑;布百区间盾构隧道穿过龙翔花园、牡丹苑、大坡头村委会、龙珠花园小区、华年华美工业区、深圳金鑫实业有限公司;怡黄区间盾构机在 DK38+320 处下穿黄贝岭小区 5 栋房屋。现以盾构隧道下穿碧海花园小区施工作为对象,研究盾构施工对建筑物安全性的影响。

(1) 工程概况

深圳地铁 5 号线翻身至灵芝盾构区间右线在里程 DK4+481.882～DK4+581.634 下穿碧海花园小区,穿越长度为 99.75m,穿越部分为 2 层和 8 层的混凝土框架楼房。

碧海花园桩基采用柱下独立基础,承台下桩基采用 $\phi 480$mm 沉管灌注桩,单桩设计承载力 600kN/根,贯入度控制 $\varepsilon \leqslant 3.5$mm,有效桩长 17m。按 17m 有效桩长计算,该建筑物桩基与隧道拱顶最近距离为 1.14m,掘进风险大,盾构姿态必须控制严格。该断面埋深 20.5m,地下水位埋深为3.2m。隧道位于砾质黏性土、全风化花岗岩及强风化花岗岩三种不同硬度的地层中,局部有硬岩突起,突起硬岩裂隙发育,地质条件复杂。区间隧道下穿碧海花园桩基立面关系如图4-66所示。

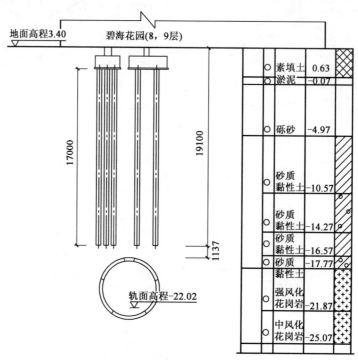

图4-66 隧道与碧海花园桩基位置关系图(尺寸单位:mm)

(2)下穿立交桥前的准备工作

为防止地面下沉而引起地面及建筑物沉降、开裂等安全问题,在盾构通过前,对小区内地质进行补勘,以进一步了解建筑物下方地质情况,同时在受影响的房子外侧布置好监测点,严密监测房子沉降变形情况及地表沉降情况;在盾构机通过时,洞内加强盾构机掘进参数控制,主要是掘进速度、土舱压力和盾构机姿态控制,加强同步注浆和二次注浆,减少地面隆起或沉陷,确保盾构机快速、平稳通过该地段。加强监测,通过监测信息及时反馈,对各项施工参数进行调整,以减小地面及建筑物的沉降变形;当变形量超限时,进行地面补强注浆。

①地质补勘

在详勘的基础上,对勘探点进行加密,以进一步了解地层情况。因隧道从小区楼房下穿过,难以全部对隧道范围进行地质加密补勘,部分只能在隧道外侧进行加密补勘。

②地面注浆措施

盾构机通过过程及通过前后,对地面及楼房进行监测,当地面沉降超过30mm时或房屋倾斜超过0.2%时进行补强注浆加固。注浆方式可采用水泥水玻璃双液浆、袖阀管注浆等。注浆孔位布置于沉降较大位置,间距按1.5~2m布置,注浆深度为地面下3~5m。对于楼房发生倾斜超限时,直接从沉降较大位置从房子外侧打斜孔进行注浆,注浆量及注浆压力以监测数据为依据进行调整,确保房子在原沉降基础上尽量回复到初始值。

注浆过程中,若出现注浆压力太低,可能存在浆液外逸或土层中有大的空洞,分析原因,确认浆液未流进地面排水管等市政管道后,必须继续进行注浆,直到注浆压力能上升至1.2~1.5MPa为止。在注浆的同时,必须即时进行地面沉降及房屋变形观测,防止注浆压力太大而使地面隆起或房屋发生变形。

③设备检修

在盾构机通过前,全面检修盾构机,对盾构机存在的一些问题彻底解决,为盾构机过建筑物做好准备。其中包括:

a. 驱动动力系统,如电机、油马达、高压油管等;

b. 电气控制系统中的电磁阀、接触器以及传感器;

c. 注浆系统,检修注浆泵、清通注浆管路,使之保持畅通;

d. 渣土改良装置,检修泡沫泵、水泵,清通管路,使之保持畅通;

e. 运输系统,含皮带机及蓄电池车。改造皮带机,在螺旋泵出口处的皮带下部设置刮泥板,使之少落泥;尤其是蓄电池车,必须保证制动系统正常工作;

f. 盾尾排水设备,潜水泵为备用设备;

g. 检查铰接密封、盾尾密封,保证各部位具有良好的密封性能。

④刀具磨损检查、更换

在盾构掘进进入碧海花园楼房之前15m位置(DK4+466),对刀具进行检查更换。

⑤掘进参数控制

盾构通过楼房时,严格控制掘进参数以及管片拼装、注浆质量,保证盾构机平稳、快速通过,并将地表及建筑物沉降控制在设计值之内。

a. 控制掘进速度

保持盾构正常掘进,在盾构机通过楼房过程中,将掘进速度控制30~50mm/min,以便保证出土量、正面土压力及注浆均匀、及时。

b. 严格控制正面土压力,注浆量和注浆压力

一般情况下,正面土压力、注浆量和注浆压力过大将可能导致地面隆起,相反正面土压力、注浆量和注浆压力过小将可能导致地面沉降。所以盾构掘进时必须加强施工监测,根据监测结果严格按照地面下沉及隆起量控制正面土压力、注浆量和注浆压力。根据地质、水文及隧道埋深情况按理论计算土压力、注浆量、注浆压力。

盾构掘进过程中必须控制好土舱压力波动,防止压力波动太大造成对拱顶土体扰动,发生拱顶土体沉陷。在通过时采取土压平衡模式进行掘进,为控制地表沉降设定掘进土舱压力为0.19~0.21MPa。同时根据类似工程施工经验,注浆压力等于土压力加上0.1~0.2MPa。盾构过楼房时注浆压力暂取0.2~0.4MPa,注浆量为≥6m³/环。

根据始发段掘进情况及实际监测情况,在理论计算的土压力、注浆量、注浆压力值基础上进行调整。

c. 二次注浆

当管片与岩壁间的空隙充填密实性差,致使地表沉降得不到有效控制或管片衬砌出现较严重渗漏时,采取二次注浆措施。施工时每隔10m进行二次注浆,通过二次补强注浆有效控制地表沉降。

二次注浆采用双液浆作为注浆材料,能对同步注浆起到进一步补充和加强作用,同时也对

管片周围的地层起到充填和加固作用。二次补强注浆根据地质情况及注浆记录情况,分析注浆效果,结合监测情况,由注浆压力控制。注浆压力控制在 0.3~0.4MPa。

d. 出土量控制

每掘进一环对应理论开挖土体体积不小于 $60m^3$。掘进过程中,时刻注意控制掘进速度和螺旋输送机出土速度,使掘削土量等于出土量,以保证不多出土,保证掌子面及拱顶土体稳定。

⑥防泥饼措施

当盾构主要穿越的地层为砾质黏性土、全风化岩层中时,由于盾构机刀盘自身的制约(中心区开口率低),盾构在高黏性土或砂砾岩等地层中掘进时可能会在刀盘尤其是中心区部位产生泥饼。当产生泥饼后,掘进速度急剧下降,刀盘扭矩也会上升,大大降低开挖效率,甚至无法掘进。对刀盘结泥饼的预测:对掘进参数进行比较,如果出现刀盘扭矩显著增大,推进速度降低,推力增大的情况,且出渣温度过高(>50℃),则可判断刀盘或者土舱内已结泥饼。因此,施工中采取以下主要技术措施防止泥饼形成:

a. 加强盾构掘进时的地质预测和出土管理,特别是在黏性土中掘进时,更加密切注意开挖面的地质情况和刀盘的工作状态。

b. 调整泡沫注入量,降低渣土的黏附性及泥饼产生的概率。

c. 一旦产生泥饼,及时采取对策。当判断泥饼刚形成时,可通过间断调整刀盘转动方向、调整泡沫注入量来消除泥饼。或者采用泥饼分散剂,对土舱内土体进行浸泡,使其分散。必要时采用人工处理的方式清除泥饼。

⑦防喷涌措施

盾构施工中,造成喷涌的原因很多,主要有以下几种:富水砂土地层引发喷涌;富水断裂带引发喷涌;江河下隔水层被击穿引发喷涌;已成隧道渗流水汇集到开挖面引发喷涌。但不管什么原因引起的喷涌,都有一个共同特点,即都有一个补给充足、迅速在密封土舱螺旋输送器出口处形成水头压力的水源。因此,防止喷涌,其主要方法就是分析原因,进行"治水"。

采取对背后同步注浆补充二次注浆的方式,对管片背后空隙进行密封,能有效防止管片背后汇水通道的形成。因此,本段隧道掘进过程中,将在桥架与1号台车连接位置每隔10m做二次注浆封水环,以防止管片背后汇水通道的形成造成喷涌。二次注浆采用水泥水玻璃双液浆,注浆以压力控制,注浆压力控制范围 0.2~0.3MPa。

⑧监控量测

在盾构机通过前,做好监测点布置,并取得原始数据。对建筑物进行沉降、倾斜、裂缝监测。一般当实际变形值达到最大允许变形值的80%时,须发出预警;当达到最大变形允许值时,应发出报警。当首次报警后,若测点以较大的速率继续下沉变形,应视情况继续加大监测频率,同时进行注浆加固建筑物基础的措施。

(3)盾构下穿浅基础建筑物数值计算分析

①实体模型建立

计算采用有限差分程序 FLAC3D 建立三维模型,横向取 40m,向上取至地表,向下取隧道中心以下 15m,沿隧道长度方向取 40m。左、右、前、后边界施加水平方向约束,底面限制垂直位移,顶面为自由面。初始应力只考虑自重应力场的影响。地层、管片、注浆浆液均视为理想弹塑性材料,服从 Mohr-Coulomb 屈服准则;管片和同步注浆浆液均采用壳单元;地层和桩基则采用实体单元模拟。计算模型如图 4-67 所示,模型共有 148192 个单元,154755 个节点。盾构隧道与桥梁桩基的位置关系如图 4-68 所示。

图 4-67　三维计算模型图

图 4-68　盾构隧道与建筑桩基的位置关系图

根据地质勘察资料,该段地质分层从上而下分别为:3m 的素填土、6m 的砾砂、10.5m 的砾质黏性土、2.5m 的全风化花岗岩及 16m 的强风化花岗岩。各土层的物理力学参数见表 4-17。

各种材料力学参数表　　表 4-17

土　层	密度 (kg/m³)	c (kPa)	φ (°)	泊松比 ν	弹性模量 (MPa)	剪切模量 (MPa)
素填土 Q^{ml}	1780	28.9	21.4	0.2	38.1	17.9
砾砂 L	1930	33.1	18.3	0.3	46.1	19.2
砾质黏性土 Q^{el}	1760	26.3	26.4	0.28	36.3	14.5
全风化花岗岩 γ_5^3	1850	29.86	28.1	0.26	46.1	18.3
强风化混合岩 γ_5^3	1890	27.6	27.2	0.22	46.9	19.2
固态注浆体	2200	600	30	0.2	7000	3010
管片	2500	1500	35	0.17	35500	28000

②数值模拟计算结果分析

a. 应力分布分析

盾构推进 15m、30m 和 40m 时最大主应力云图如图 4-69 所示。从图中可以看出,随着盾构的不断推进,已开挖的隧道衬砌的最大主应力增大,当隧道开挖到 40m 时,拱腰靠底部位置的最大值主应力值达到 2.3MPa,最小值出现在隧道拱顶的位置,最小主应力在拱顶的位置,其值达到 -6.7MPa,均远远小于盾构管片的设计强度。因此,盾构管片所受到的内力不足以使管片结果产生破坏,管片结构仍有较大的安全富余量。

b. 地层沉降分析

从图 4-70 中可以看出,当盾构开挖后,拱顶上部的地层产生沉降,拱底下部的地层产生隆起,拼装上的管片衬砌与地层密贴。因此,隧道拱顶也产生沉降,拱底隆起,并随着盾构的推进,已经拼装上的盾构管片的隆沉变形也越来越明显。当隧道开挖 40m 后,隧道拱顶的最大沉降量达到 13mm,隆起也有 10mm,但是由于埋深达到 20.5m,地层将消耗部分沉降。因此,地表的沉降也只有不到 10mm。这个沉降值,在城市地铁盾构施工的允许沉降值以内,只要保证盾构操作的正确和合理性,安全顺利地通过该小区建筑物时没有问题的。

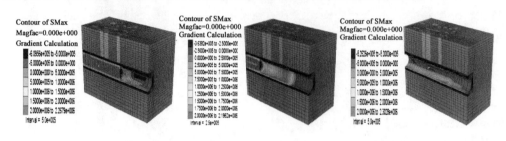

a) 掘进15m时最大主应力云图　　b) 掘进30m时最大主应力云图　　c) 掘进40m时最大主应力云图

图 4-69　盾构掘进不同距离时最大主应力云图

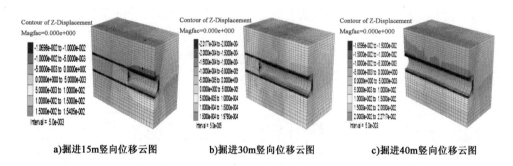

a) 掘进15m竖向位移云图　　b) 掘进30m竖向位移云图　　c) 掘进40m竖向位移云图

图 4-70　掘进不同距离竖向位移云图

图 4-71 是盾构隧道通过碧海花园小区建筑物后绘制的纵向拱顶沉降曲线。拱顶沉降一般控制在 11.5~12.5mm 之间,远小于 45mm 的允许范围。图 4-72 是盾构隧道修建后绘制的地表在正交隧道方向的沉降曲线图。管片拼装后,隧道正上方地表土体会有较大的沉降量,随着与隧道距离的不断加大,地表沉降量也随之减小,地表沉降曲线基本上符合正态分布规律,同时也验证了横向沉降槽理论。计算之后,地表沉降量控制在 1~5mm,在 10mm 的建筑物沉降允许范围之内。

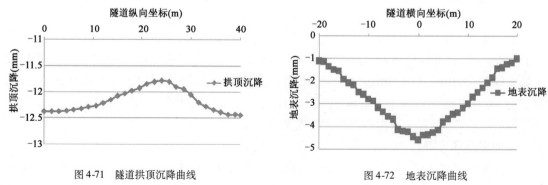

图 4-71　隧道拱顶沉降曲线　　　　　　　　图 4-72　地表沉降曲线

c. 桩基变形分析

图 4-73 和图 4-74 分别为碧海花园桩基的水平位移和竖向位移图。从图中可以看出,隧道正上方桩基的水平位移较小,而隧道周边的桩基,由于受到偏载的影响,其水平位移较大,最大值为 3mm,但仍在允许范围之内,不会引起桩基的破坏,能够保证盾构安全顺利地穿越碧海花园。隧道正上方的桩基的沉降较大,最大达到 6mm,在安全允许范围之内,但仍需要对所布设的监测点进行高频率的监测,确保隧道穿越期间房屋的安全。

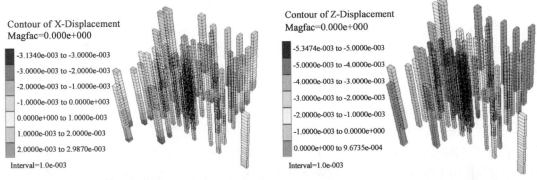

图 4-73　掘进 40m 时桩基水平方向位移云图　　图 4-74　掘进 40m 时桩基竖向位移云图

4.6.7　盾构下穿构造物保护技术研究

盾构推进引起的土体变形一般包括:盾构掘削面前的土体变形、盾构通过时的土体变形和盾尾脱出后的土体变形;此外,有时因盾尾漏水或隧道衬砌缝漏水引起地下水降低而发生大范围下沉,以及盾构在软弱黏土地层扰动引起的长期固结沉降。

若发生上述的土体变形,邻近建筑物的外在条件、支承状态就会发生变化,建筑物受到不同程度的影响而发生隆沉、倾斜,甚至结构损坏。影响程度的大小取决于原有建筑物的设计条件(与盾构的距离、邻近施工段长度)、结构条件、刚度、土层性质等。因此,在盾构推进过程中,若建筑物受到影响而发生隆沉、倾斜,甚至结构损坏,需要采取相应的处理措施,以保证建筑物的正常使用和安全。控制盾构掘进过程中对周边建筑物影响的措施,一般可以分为主动控制措施和被动控制措施两种。

(1) 主动控制措施

主动控制措施是指通过对施工参数的优化,从盾构开挖的源头开始采取有关措施来控制掘进对周边土层的扰动,以减少对建筑物的不利影响。盾构隧道沿线附近的建筑物保护,应首先把重点放在主动控制措施上。在施工前,首先根据经验选取施工参数,然后通过对地面变形和对建筑物影响的预测,优化选取和本工程相适宜的施工参数;施工时,通过信息化施工,进一步优化施工参数,精心控制地层变形,使其不至于影响周围建筑物的正常使用或安全。根据已有的施工经验及研究成果,盾构施工参数中对周围环境影响比较明显的是:正面压力、盾构千斤顶推力、掘进速度、开挖排土量、超欠挖量、背后注浆的浆压、浆量、浆液性质和注浆时间,以及盾构姿态等。

前舱压力的设定应随上覆土厚度的不同而变化。根据实践,一般设定为理论值(静止土压 + 水压)的 105% ~ 115%。推进速度的选取应尽量使土体受到的是切削而不是挤压。不同的地质条件推进速度不同。对于土压平衡盾构,施工中要注意调整掘进速度和排土量,使前舱压力的波动控制在最小幅度。壁后注浆的主要参数为注浆材料、注浆压力、注浆量和注浆时间。注浆材料一般选用合理配比和性质优良的材料,稠度值一般控制在 10.5~11.0,重度近似原状土。注浆压力在理论上只需使浆液压入口的压力大于该处水土压力之和,即能使建筑空隙得以充盈。但因实际注浆量大于计算注浆量,超体积浆液必须用适当高于计算的压力方可压入建筑空隙。但压力也不能过大,因为压力过大会使周围土层产生劈裂,这样管片外的土层将会被浆液扰动而造成较大的后期沉降及隧道本身的沉降。

实践中,多采用注浆压力为 1.1~1.2 倍静止水土压力。注浆量在理论上为衬砌和周围地层之间的间隙体积。但由于盾构纠偏、跑浆和浆料的失水收缩等因素,实践上常采用理论计算值的 1.4~2.0 倍。注浆时间一般以同步注浆为宜;在土层较好,地层变形控制要求不高的地段,为提高施工速度,也可采用即时注浆等注浆形式。

另外,还要尽量保证盾构掘进中的轴线和设计轴线一致,以减小盾构纠偏量,从而减小因盾构纠偏对周围土层的剪切挤压扰动,同时有利于控制盾尾和管片后背间的间隙和地层损失。实践证明,盾构停止推进时,会因正面土压力的作用而后退,从而增大周围地层的变形,因此,施工中宜保持施工的连续性。当必须停止推进时,务必做好防止后退的措施,正面及盾尾要严密封闭,以减少停机期间对周围环境的影响。

(2) 被动控制措施

被动控制措施主要指通过诸如隔断、托换、土体加固等工程方法来保护周围建筑物。对于对地面变形比较敏感且影响后果比较严重的建筑物,仅通过盾构各施工参数的优化可能不能满足安全控制要求,故还需要采取有效的工程保护措施。常见的工程方法主要有:

①隔断法

在建筑物附近进行地下工程施工时,通过在盾构隧道和建筑物间设置隔断墙等措施,阻止盾构机掘进造成的土体变形,以减少对建筑物的影响。避免建筑物产生破坏的工程保护法,称为隔断法。该法需要建筑物基础和隧道之间有一定的施工空间。

隔断墙墙体可由密排钻孔灌注桩、高压旋喷桩和树根桩等构成,主要用于承受由隧道施工引起的侧向土压力和由土体差异沉降产生的负摩阻力,减小建筑物靠盾构隧道侧的土体变形。为防止隔断墙侧向位移,还可在墙顶部构筑联系梁并以地锚支承。设置隔断墙可以有效地减少隧道开挖对建筑物基础的影响,效果较好。其中采用钻孔灌注桩的优点是桩的强度和刚度好,比较安全可靠,同时钻孔桩施工以后桩身强度增长快,施工过程中对原有建筑物影响很小;缺点是由于场地限制只能选用较小的设备作业,速度较慢。高压旋喷桩的优点是施工设备灵巧,速度快,施工中对建筑物影响小,成本比钻孔灌注桩低,但其强度较低,施工后桩身强度增长慢。树根桩的优点是成本低,施工设备较小,施工时对原有建筑物影响小,但由于桩小,隔断效果较差。不过还需注意,隔断墙本身的施工也是邻近施工,故施工中要注意控制对周围土体的影响。

②桩基托换

桩基托换是以特定的桩取代原桩作为建筑物的传力杆件,与原有地基形成多元化桩基并共同分担上部荷载,缓解和改善原有地基的应力应变状态,直至取得控制沉降与差异沉降的预期效果,如图 4-75 所示。在隧道开挖过程中,往往会遇到建筑物桩基侵入隧道净空的情况,当地铁从建筑物底部穿越时,建筑物底部的地基土被开挖,洞体四周土体应力状态将发生变化,且并伴随着土体的变形,一直延伸到地表面,并对建筑物的基础产生作用。此时必须对桩基进行托换处理,将建筑物原来的基础托承到不受施工影响的新的桩基上,同时建筑物上部荷载通过托换结构也得到了可靠的转移,从而减少了隧道开挖中地层变形对建筑物的影响,解决了隧道穿越既有建筑物的安全问题。托换处理主要有门式桩梁、片筏基础、顶升及树根桩等方法。

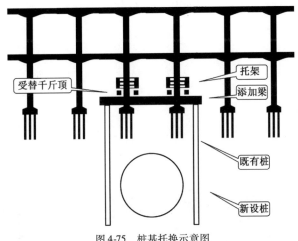

图 4-75 桩基托换示意图

例如:本工程翻灵区间,翻身立交桥部分桥桩侵入隧道断面,既有端承桩,又有摩擦桩。为了确保立交桥及行车的安全,采用由托换桩和托换梁组成的托换结构体系,对侵入隧道限界的部分桥桩进行托换和加固,使桥桩在原有基础被破坏的情况下,继续保持正常使用和安全状态。桩基托换技术经济合理,效果较好,而且通过改变力的传播途径来控制建筑物变形的发生,同时施工期间不会影响到建筑物的使用功能。但是桩基托换的机理比较复杂,托换技术难度大,综合性强,施工周期长,而且大部分基础托换工程工作在建筑物的室内进行,作业空间受到限制。

③土体加固

土体加固包括隧道周围土体的加固和建筑物地基的加固。前者通过增大盾构隧道周围土体的强度和刚度,以减少或防止周围土体产生扰动和松弛,从而减少对近邻建筑物的影响,保证建筑物的正常使用和安全。后者通过加固建筑物地基,提高其承载强度和刚度而拟制建筑物的沉降变形。这两种加固措施一般采用化学注浆、喷射搅拌等地基加固的方法来进行施工。当地面具有施工条件时,可采用从地面进行注浆或喷射搅拌的方式来进行施工;当地面不具备施工条件或不便从地面施工时,可以采用洞内处理的方式,主要是洞内注浆。例如:上海市的下水道主干线工程中,采用外径为 4.43m 的土压平衡盾构,通过洞内注浆的处理方式,顺利通过了临近桥台的基础桩,且把最终沉降成功地控制在要求的 10mm 内。

④建筑物加固

该法实际上是对建筑物本身进行加固,使其结构刚度加强,以适应地基土变形而引起建筑物变形的一种工程保护方法。对建筑物本体进行加固的措施有多种,如可以通过加筋、加固墙、设置支撑等来直接对建筑物上部结构进行加固,或通过加固桩、锚杆等对建筑基础进行加固。实际工程中需要根据建筑物的结构和基础特点选用相适应的方法。隔断墙、桩基托换和注浆等作为隧道开挖造成建筑物损害的治理措施,均有其特定的最佳使用条件,有些情况下也可以相互配合使用以减少建筑物保护代价。在隧道开挖靠近建筑物时,建筑物基础埋置较浅时,且场地受到限制,可以设置隔断墙来保护建筑物;在隧道开挖穿越建筑物基础将建筑物的桩基切断或者使其产生过大的变形,施工现场、施工技术许可的情况下,建议采用桩基托换法。注浆法可以作为其他两种方法的补充和辅助手段,在隧道开挖引起的地表位移不大时也可单独采用。

第5章 经验总结

结合深圳地铁5号线盾构施工，通过理论分析、现场试验、数值仿真模拟、对比分析等方法，针对土压平衡盾构机穿越复杂地层和建筑物地段施工面临的各种难点问题和关键技术作了深入研究，并结合现场的推广运用，最终形成并完善了一整套适合复杂地层和浅基建筑物地段盾构法施工的安全施工技术及工艺，取得了一系列研究成果，得出以下主要结论：

(1) 土压平衡盾构在黏土地层中掘进，尽量采用欠土压平衡模式，控制土舱压力，在保证地面安全的情况下，掘进过程中可以适当降低土舱压力。若刀盘结泥饼，要采取增加泡沫量、正反转刀盘，严重情况下要停机人工处理；盾构长距离穿越硬岩地段，采用敞开式掘进模式、设定合理的掘进参数和同步注浆参数、配置适应于硬岩掘进的刀具和使用泡沫剂改良渣土等措施，辅助采用"压重车"的方法减少了管片上浮；在软硬不均地层盾构施工时，要重点控制盾构机的姿态，避免盾构机在软硬不均地层中发生"抬头"或"低头"的现象，防止盾构轴线与设计轴线偏离过大。

(2) 孤石对盾构施工影响较大，其处理方法有地层注浆加固、钻孔爆破、人工挖孔桩破碎和冲击破碎等地面处理方法，也有盾构机超前注浆孔注浆、静态爆破、岩石分裂机破碎等洞内处理措施，还有盾构机直接推进通过的措施。孤石处理的原则是如果地面具有处理条件时，首先考虑地面处理；若不具备地面处理条件时则采用洞内处理。各种孤石处理方法具有各自的优势和劣势，具体采用何种方法，应根据孤石的大小、位置、形状、周边环境和施工风险等因素确定。

(3) 土压力和千斤顶推力是盾构施工中最重要的两个掘进参数。计算土压力时，应先判断该隧道为深埋还是浅埋隧道。若为深埋隧道，则可根据铁路隧道设计规范中的深埋隧道土压力计算方法进行计算；而浅埋隧道土压力简化计算方法包括上覆土重理论、朗肯理论、太沙基理论和普氏理论，不同地层适用不同的土压计算方法。盾构推力主要受土压力和周围土层对盾构外壳的摩擦阻力的影响，但是刀盘切土、盾尾与管片之间的摩阻力以及后方台车的阻力也是构成盾构总推力的一部分。

(4) 盾构在不同地层中施工时管片力学特性既有相同点也有不同点。相同点是：拱顶压力比拱底压力大得多，孔隙水压逐渐增大，而后趋于稳定；管片刚拼装上时，在盾壳的保护下，其内力较小；当管片脱出盾尾后，由于受到同步注浆压力、盾尾密封刷和密封油脂压力的作用，同时地层压力也通过注浆层传递至管片,管片内力达到最大峰值,而后水土压力和管片内力中将趋于稳定,稳定后的管片内力较刚脱出盾尾时要小。不同点包括:在软硬不均地层中,管片环左右两侧土压力并不对称,管片各部位内力差异较大;在黏土地层中,管片环各位置的土压力分布较为均衡,两侧土压力相对较小,地层会在较短的时间内完成沉降变形,形成拱效应,稳定时间较短,由于隧道外围渗透系数较小的砾质黏性土难以形成有效的过流通道,一定程度上削减了地下水压;在上覆建筑物的全风化花岗岩层中,地层土压力和管片内力较大,由于岩层破碎且极度发育,透水性好,孔隙水压变化速度较快,较快趋于稳定。

(5)当地质条件不佳时,需要对建(构)筑物的桩基或是地基的持力层进行预加固或是跟踪注浆,盾构机在建筑物下方施工时要增大监控量测的频率,做到边施工、边预报,有效防止地层沉降过大过快。在盾构推进过程中,保护建筑物发生隆沉、倾斜,甚至结构损坏的措施,一般可以分为通过对施工参数的优化以减少对建筑物的不利影响的主动措施,以及通过隔断、托换、土体加固等工程方法来保护周围建筑物的被动措施。

(6)采用FLAC3D数值模拟软件对盾构下穿广深准高速铁路、布吉河、广深高速立交桥和碧海花园小区的施工过程进行模拟,其结果表明,地表沉降较大处发生在隧道轴线上方,地表横断面沉降影响范围为(1.5~2.0)D(D为隧道直径)、纵断面主要影响范围为盾构前方(2.0~2.5)D、后方(3.0~4.0)D。地表下沉与注浆压力和土舱压力密切相关。适当加大注浆压力能有效控制地表沉降,但注浆压力过大,管片外的土层被劈裂扰动会造成较大的后期沉降,土舱压力与土体原始侧向压力接近时地表沉降量最小。建(构)筑物的桩基受盾构施工影响仍以竖向沉降为主,水平位移一般只有垂直位移的1/3。

(7)不同位置的刀具磨损程度不同。中心刀和周边滚刀磨损严重,正面滚刀磨损相对较轻;切削刀具的磨损为两侧磨损大,中间磨损小;在结泥饼的情况下,滚刀极易产生偏磨现象。深圳地区砾质黏性土地层和中风化花岗岩地层滚刀换刀频率分别为100m/把和3m/把。刀具更换主要有直接开舱换刀、降水加固、地表注浆、维护桩加固和气压加固等五种模式,具体采用何种更换模式要根据施工环境、施工难易、成本、工期和对周围环境的影响等因素来综合考虑。

(8)管片安装是盾构法施工的重要环节,其安装质量的好坏不仅直接关系到成洞的质量,而且对盾构机能否继续顺利推进有着直接的影响。管片拼装时采用错缝拼装方式,拼装时先拼装底部标准块,然后按左右对称顺序逐块拼装两侧的标准块和邻接块,最后拼装封顶块。按照正确的拼装方式拼装管片,可以有效防止管片错台、破损、上浮和渗漏水等现象的产生,保证盾构隧道的施工质量。

(9)始发和到达是盾构工法建造隧道的关键工序,始发施工直接影响隧道轴线的质量和工程施工的成败。端头加固、洞门破除施工、洞门密封及止水装置的安装是始发施工的关键工序。盾构到达施工良好可为盾构机拆卸施工提供较好的施工条件。盾构机定位及接收洞门位置复核测量、洞门处理和降低盾构机掘进参数等是盾构机到达施工的关键步骤。做好盾构始发和到达的各项施工步骤,能够保证盾构始发时地层稳定,避免涌水涌泥等事故发生,确保盾构机到达时姿态良好。在盾构机出洞时,为了保证施工安全,可以采用竖直冻结加固技术。冻结法对周围环境无污染,冻结封闭加固区可与盾构端头井围护桩形成整体防水体系,抗渗性和整体封闭效果要优于其他地层封水加固方法;盾构刀盘通过冻结加固体受力均匀,扰动小;冻结法适用于淤泥、松软泥岩、松散不稳定冲积层和裂隙发育的含水岩层以及饱和含水和地下水位特别高的地层。

（10）盾构过矿山法段施工前要计算空推所需反力、刀盘前方堆土量,同时要对端头墙和混凝土导台进行设计。盾构机空推施工有效地避免了盾构机在长距离硬岩地层中掘进的施工风险,减小了刀盘刀具的磨损,减少了因为换刀而停机造成的工期损失,提高了掘进速度和效率,极大地方便了城市轨道交通的建设,同时减少了施工对周边环境的影响。

（11）盾构隧道与矿山法隧道相接处的端头墙以及接收井的连续墙采用玻璃纤维筋代替传统钢筋。当盾构机推进至端头墙时,只需降低推力和速度,直接推进,避免了人工破除端头墙的繁杂工序,不仅节省了施工的时间和成本,而且能够保证盾构机进出洞的安全性,提高了施工效率。

参 考 文 献

[1] 尹旅超,朱振宏,李玉珍,等. 日本隧道盾构新技术[M]. 武汉:华中理工大学出版社,1999.

[2] 刘建航,侯学渊. 盾构法隧道[M]. 北京:科学出版社,1991.

[3] 竺维彬,鞠世健. 复合地层中的盾构施工技术[M]. 北京:中国科学技术出版社,2006.

[4] [日]土木学会. 隧道标准规范(盾构篇)及解说[M]. 朱伟,译. 北京:中国建筑工业出版社,2001.

[5] 张凤祥,朱合华,傅德明. 盾构隧道[M]. 北京:人民交通出版社,2004.

[6] 周文波. 盾构法隧道施工技术及应用[M]. 北京:中国建筑工业出版社,2004.

[7] 周红波,何锡兴,蒋建军,等. 地铁盾构法隧道工程建设风险识别与应对[J]. 地下空间与工程学报,2006(2):475-479.

[8] 黄宏伟. 隧道及地下工程建设中的风险管理研究进展[J]. 地下空间与工程学报,2006,2(1):13-20.

[9] 徐润泽,宋天田. 成都地铁土压平衡盾构隧道工程风险识别与评价[J]. 隧道建设,2007,27(6):98-100.

[10] 张恒,陈寿根,邓稀肥. 盾构掘进参数对地表沉降的影响分析[J]. 现代隧道技术,2010,47(5):48-52.

[11] 刘东亮. EPB盾构掘进的土压控制[J]. 铁道工程学报,2005,2(86):45-50.

[12] 钟小春,朱伟. 盾构衬砌管片土压力反分析研究[J]. 岩土力学,2006,27(10):1743-1748.

[13] 张云,殷宗泽. 软土隧道土压力问题的研究综述[J]. 水利水电科技进展,1999,19(5):23-26.

[14] 周小文,濮家骝,包承纲. 盾构衬砌土压力确定方法[J]. 工程力学,1997,19(增刊):366-370.

[15] ZHOU Xiaowen, PU Jialiu, BAO Chenggang. The determining method to the pressure of shield tunnel[J]. Engineering Mechanics, 1997, 19(Supp):366-370.

[16] 加瑞. 盾构隧道垂直土压力松动效应的研究[D]. 河海大学,2007.

[17] 叶康慨,王延民. 土压平衡盾构施工土压力的确定[J]. 隧道建设,2003,23(2):47-51.

[18] 张云. 土质隧道土压力和地层位移的离心模型试验及数值模拟研究[D]. 南京:河海大学,2000.

[19] 日本土木学会青涵隧道土压研究委员会. 青涵隧道土压研究调查报告[R]. 日本土木学会青涵隧道土压研究委员会,1977.

[20] 何国军. 超大型泥水平衡盾构出洞段施工技术[J]. 现代隧道技术,2006(增刊):440-444.

[21] 高波. 地铁隧道联络通道及排水泵房冻结加固技术[J]. 中国市政工程,2008(3):

50-53.

[22] 肖朝昀,胡向东,张庆贺.地铁修复工程中冻结法设计[J].岩土工程学报,2006,28(增刊):1716-1719.

[23] 张恒,陈寿根,赵玉报,等.玻璃纤维筋在盾构井维护结构中的应用研究[J].铁道标准设计,2011(3):73-76.

[24] 林刚,罗世培.玻璃纤维筋在盾构端头井围护结构中的应用[J].铁道工程学报,2009,131(8):77-81.

[25] 蒋小锐.玻璃纤维筋在地下连续墙中的应用[J].铁道标准设计,2009(10):48-50.

[26] 刘建国.深圳地铁软硬不均复杂地层盾构施工对策[J].现代隧道技术,2010,47(5):79-83.

[27] 李茂文,刘建国,韩雪峰,等.长距离硬岩地层盾构施工关键技术研究[J].隧道建设,2010,29(4):470-474.

[28] 张飞进.盾构施工穿越既有线地表沉降规律与施工参数优化[D].北京工业大学硕士学位论文,2006.

[29] 彭文斌.FLAC3D实用教程[M].北京:机械工业出版社,2007.

[30] 刘红兵.土压平衡盾构隧道施工引起的地表沉降三维数值模拟[D].中南大学硕士学位论文,2007.

[31] Phienwej N,Hong C P,Sirivaehiraporn A. Evaluation of ground movements in EPB-shield tunneling for Bangkok MRT by 3D-numerical analysis[J],Tunneling and Underground Space Technology, 2006, 21:273.

[32] 刘波,陶龙光,等.地铁盾构隧道下穿建筑基础诱发地层变形研究[J].地下空间与下程学报,2006,2(4):621-624.

[33] 刘波,叶圣国,陶龙光,等.地铁盾构施土引起邻近基础沉降的FLAC数值模拟[J].煤炭科学技术,2002,30(10):70-74.

[34] Jeon J S,Martin C D,Chan D H,e tal. Predicting ground conditions ahead of the tunnel face by vector orientation analysis. Tunneling and Underground Space Technology, 2005, 20, 344-355.

[35] 张海波.盾构法施工对周围环境影响的数值模拟[D].河海大学博士学位论文,2005.

[36] 朱合华,丁文其,等.盾构隧道施工过程模拟分析[J].岩石力学与工程学报,1999,18(增刊):860-864.

[37] 张云,殷宗泽,徐永福.盾构法隧道引起的地表变形研究[J].岩石力学与工程学报,2002,21(3):388-392.

后　记

　　深圳地铁一、二期工程,地铁区间隧道大多以盾构法施工,少部分采用矿山法或明挖法修建。隧道所经地层条件相当复杂,大部分区段要在交通繁忙、人员集中、高楼林立的繁华商贸中心区域穿越,局部地段从建筑物下穿越并需做基础托换,其施工技术难度和工程风险极大。

　　深圳地铁盾构施工从一期工程开始,就遇到许多意想不到的技术难题,尤其是在5号线的设计施工过程中,碰到了软弱地层、上软下硬、球状风化体、穿越建(构)筑物、托换等许多盾构施工技术难题。在政府、业主、设计、施工、监理、监测等单位的共同努力下,深圳地铁攻克了所有盾构隧道施工中的技术难关,施工顺利进行,确保了施工及建(构)筑物安全,项目施工取得了很大的成功。深圳地铁盾构隧道技术成果,对今后类似工程具有十分重要的指导意义。随着我国地下工程建设事业的发展,盾构施工技术的应用必将日益增多。为此我们尝试通过本书把深圳地铁盾构隧道施工的技术和经验,介绍给从事地下工程设计和施工的工程技术人员。

　　本书系我们初次的大胆尝试,由于水平有限,难免有错误和不足之处,热诚欢迎读者提出宝贵意见。

作　者